FÚTBOL
Y
PSICOANÁLISIS
La personalidad en el deporte

CARLOS FERNÁNDEZ DEL GANSO

EDITORIAL GRUPO CERO
COLECCIÓN: HOY EN LA CULTURA

Foto de contraportada: Carmen Salamanca Gallego

© Editorial Grupo Cero
© Carlos Fernández del Ganso
  Depósito Legal: M-5566-2016
  Impreso en Pinares Impresores, S.L.
  pinaresimpresores@telefonica.net
  C/ Buen Gobernador, 24
  28027 Madrid

  Impreso en España

A Miguel Óscar Menassa, maestro.

ÍNDICE

conocimiento. Apropiarse de lo heredado. El mecanismo de la identificación. Se desean deseos. El directivo como espejo. Gestión de la tolerancia. La virtud de escuchar la pasión de la ignorancia. El Grupo como máquina productora de líderes. El ABC del líder: hablar, leer y escribir.

Breve historia de la medicina deportiva. El perfil fisiológico del aparato psíquico. El metabolismo energético de la libido. Fuerza, velocidad y habilidad como paradigma de cuerpo y mente. El cuerpo una máquina de máquinas. La salud deportiva como producción. La muerte súbita. Las lesiones deportivas. Medicamentos y dopaje.

Generalidades. Los mecanismos psíquicos. El cuerpo como escenario temporal. Fisiología del músculo esquelético. Estructura muscular. Base molecular. Teorías de la contracción muscular. La unidad motora. Características mecánicas del músculo. La transmisión neuromuscular. Tres ejemplos analizados de lesiones en futbolistas.

Los juegos Olímpicos. Ganar es una propuesta de la mente. La discriminación en el fútbol femenino. La escritura base mateial del deporte. El primer partido internacional femenino. La masculinidad y feminidad. El Club Atlético de Madrid Féminas un paradigma del fútbol femenino. Conversando con la Presidenta Lola Romero.

CAPÍTULO SIETE
LA PERSONALIDAD EN EL DEPORTE Y SUS AFECTOS . 223

Introducción. Los pactos y el proyecto deportivo. Conceptos fundamentales. Gestión de la personalidad. Albert Einstein y Sigmund Freud. La variable afectiva en la alta dirección. Aprender a perder, ganar y delegar. El sentimiento de culpa inconsciente. La violencia en el deporte. La agresividad, la tolerancia y la angustia en el fútbol. Las supersticiones del talento. El grupo hace equipo. Curso psicoanálisis y fútbol.

CAPÍTULO OCHO
EL FÚTBOL AFICIONADO 263

Funciones del Psicoanalista en un club de fútbol. El Método Grupal de trabajo. La escucha poética y la interpretación psicoanalítica. El Club Deportivo Grupo Cero en la FMF. Tres años de existencia: dos ascensos, un record de goles y un campeonato. Primeras conclusiones. Informe deportivo.

EPÍLOGO 327

CAPÍTULO UNO
FUNDAMENTOS TEÓRICOS
EN LA DIRECCIÓN DEPORTIVA

La teoría es práctica y la práctica puede ser ideológica (trabaja cada actividad deportiva con nociones) o científica (son trabajados por conceptos los mecanismos y principios deportivos).

La práctica ideológica del trabajo deportivo opera con nociones imaginarias que por no estar conceptuadas por una teoría no puede regular, ni controlar los efectos que produce, por eso modifica sus técnicas con las variaciones de la realidad. Sin embargo la práctica científica está regulada desde la teoría, pudiendo ordenar, controlar y prever las variaciones que ofrece el campo deportivo en que trabaja, partiendo siempre, desde el resultado final.

En psicoanálisis los hechos existen después de ser interpretados. La teoría del Inconsciente dictamina cuál debe ser el método para apropiarse de la realidad que estamos trabajando. Y del método, cual discurso de circunstancias, se desprende la técnica psicoanalítica.

En la investigación "Fútbol y Psicoanálisis" situamos uno de los puntos de partida en los fundamentos teóricos que se imparten en la Real Federación Española de Fútbol, a través del Curso Superior de Formación de Directores Deportivos.

Este capítulo del libro se desprende del informe presentado a la junta directiva en diciembre de 2006 y cuyo primer resultado fue la inclusión académica de la materia "Fútbol y Psicoanálisis" en la RFEF para los dirigentes deportivos desde el 14 de mayo de 2007. Agradezco que Ángel Villar (Presidente), Jorge Pérez (Secretario General) y Jorge H. Carretero (vocal portavoz) de la RFEF se hicieran eco de la propuesta.

A modo de diálogo conversamos, con los ponentes de las diferentes áreas, sobre los mecanismos psíquicos que intervienen en la dirección deportiva, el interés que aporta la escucha del psicoanalista en el talento y la eficacia transformadora de la interpretación desde el grupo deportivo. El Fútbol es un paradigma grupal y cultural.

ÁMBITO JURÍDICO

Conversamos con el Catedrático de Derecho Administrativo en la Universidad de Zaragoza, don José Bermejo Vera.

José Bermejo Vera: "Hay que saber tomar decisiones, preguntar y derivar a un tercero, porque una cosa es el interés público y otra el interés del público. La ley, al confundir interés público con interés del público, ha puesto al deporte profesional o espectacular (fundamentalmente el fútbol) en una posición social que no le corresponde, al menos por lo que se refiere al derecho fundamental a la información. Lo privado siempre está tocado por lo colectivo, por lo público; así el deporte estaba alejado del poder público, hasta que empiezan los conflictos y ahí el legislador, considera qué fenómenos, necesitan un resorte social".

Carlos Fernández: ¿De cuándo es la primera ley deportiva?

JBV: "En España la primera ley deportiva se promulgó en 1961. Pero la primera ley vigente de la nueva Constitución democrática española data de 1980. La primera vez que se escribió un mensaje deportivo (artículo 43) fue en la actual Constitución. Podemos decir que cuando se redactó y escribió la Constitución, entró el deporte en el Estado. La ley estatal del deporte de 1990 (art. 41) impuso la forma de Sociedad Anónima Deportiva a los clubes, o sus equipos profesionales, que participen en competiciones deportivas oficiales de carácter profesional y ámbito estatal, y estableció Ligas integradas exclusiva y obligatoriamente por todos los clubes que participen en dicha competición".

CF: Me recordó que el "tabú" es la primera forma del derecho, sabemos que lo que está en juego en el tabú es un deseo, un deseo prohibido y lo prohibido funda el tabú, de modo que si no se desease no sería tabú. Es por desear universalmente lo prohibido (deseos incestuosos, caníbales y homicidas) que se temen. Se teme por ser tabú, de modo que si se renuncia a los deseos prohibidos, ya no hay tabú porque el tabú nace en el campo de una ambivalencia afectiva donde la fortaleza la otorga un proyecto. De ahí que el proyecto deportivo de la Institución debe incluir también lo cultural, lo social y lo económico. ¿Cuál es el carácter profesional del fútbol?

JBV: "El carácter profesional de las competiciones deportivas oficiales, éste carácter lo da el Estado, no las Federaciones Deportivas. Se puede considerar a las Ligas profesionales como una especie de federación dentro de la federación, pues la ley les atribuye personalidad jurídica y les reconoce autonomía para su organización interna y funcionamiento, si bien dicha autonomía y personalidad no impide que, como dice la ley, formen parte necesariamente de la Federación Deportiva Española correspondiente.

Y cuando hablamos de sociedades anónimas deportivas, las SAD, tienen una vertiente mercantil, primero son SA y luego son SAD, es decir están sujetas a una doble vertiente: como SA y a la Ley del deporte como SAD. El objeto social de una SAD nunca es exclusivo, es libre; es decir se puede elegir cualquier actividad con tal que sea lícita, posible y determinada".

CF: Y las dificultades para redactar una nueva ley del deporte ¿en dónde residen?

JBV: "Como ocurre en el caso del dopaje, el legislador español pretende atajar las repetidas muestras de violencia, racismo, xenofobia e intolerancia en el deporte. Estando en marcha un proyecto ya aprobado por el consejo de ministros, sobre la base de un Protocolo de Actuaciones contra el Racismo, la Xenofobia y la Intolerancia, que se firmó el 18 de marzo de 2005. Aunque la importancia del deporte en la Comunidad europea es innegable y así se ha puesto de relieve en muchas ocasiones, no existen en los Tratados Comunitarios normas específicas sobre el deporte. Es decir en sentido estricto no existe una política comunitaria del deporte. Ahora bien el derecho comunitario europeo ofrece las siguientes vertientes de interés: a) libertad de circulación de las personas, en relación con la obligación de los Clubes de aportar jugadores a las selecciones nacionales y, b) las normas comunitarias sobre las libertades de establecimiento y libre prestación de servicios".

CF: Podría señalar algunos artículos en la Ley del Deporte que nos ayuden a pensar el fútbol como paradigma cultural.

JBV: "El deporte como derecho social y como es denominado por nuestra Carta Magna *principio rector de la política social y económica* es digno de la atención y protección por el Estado porque contribuye a la libertad e igualdad entre los individuos, bien a través del desarrollo de la personalidad de los mismos por medio de la educación física, integrante de la educación general que todo ciudadano tiene el derecho fundamental a recibir (Art. 27.1 CE), bien como mecanismo de protección y mejora de la salud pública al cual se encuentra vinculado en el mismo (Art. 43.3 CE), bien como instrumento que posibilite la adecuada utilización del ocio (Art. 43.3 CE), bien como manifestación cultural que los poderes públicos han de promover y tutelar (Art. 44.1 CE), bien como generador de recursos económicos para la satisfacción de las propias necesidades cuando se configuran relaciones laborales especiales de los deportistas profesionales (Art. 35.1 CE)".

CF: En el diálogo propuesto y partiendo de lo que el propio régimen jurídico del deporte dictamina como sus Principios en el desarrollo de la personalidad, protección y mejora de la salud pública, utilización del ocio, manifestación cultural y satisfacción de las necesidades y considerando que toda escritura es producto-efecto de haber elaborado una lectura; rescatamos que primero debe producirse el lector deportivo y la manera de dar cuenta de lo leído será la producción de un escrito.

Para ello es necesario partir de conceptos epistemológicos, a saber, aquellos conceptos que dan cuenta cómo fue producida esa teoría. Para fundamentar la dirección deportiva se debe contar con los conceptos de: Ruptura y Trabajo, Sobredeterminación y Múltiple Determinación, Tiempo Real y Tiempo Histórico, Lectura como producción y Escritura base material del Deporte desde donde podemos articular que la ley es previa al sujeto.

Cuando comienza un proyecto puede sentirse miedo, angustia, dolor... Sabemos que el miedo es estructural, necesario. El miedo viene porque la ley llega. La angustia es una señal cercana al deseo que produce incertidumbre y el dolor es un límite singular del cuerpo. El miedo, la angustia y el dolor, que se suelen conocer por primera vez en la familia, dejan una impronta imborrable en todo deportista.

La familia es uno de los modelos ideológicos de transmisión del Estado. Es porque somos estructuralmente reprimidos que constituimos familias reprimidas. Y es porque en cada sujeto anida un personaje reprimido y uno represor que los miembros de una familia sienten distintos afectos sobre el resto de sus familiares. Todos somos hijos únicos y fantaseamos, en algún momento, pertenecer a otras familias.

En un equipo de fútbol o en un grupo de trabajo se repiten (debido al mecanismo psíquico de Identificación) conductas familiares, lo que puede actuar inconscientemente de obstáculo para el desempeño de las tareas previamente acordadas.

TECNOLOGÍAS APLICADAS AL FÚTBOL

En este novedoso apartado conversamos con diferentes ponentes, en primer lugar con Ángel Vales Vázquez (Profesor de INEF y Entrenador): "Tener mucha información no significa estar bien informado. Fútbol y Tecnología no son conceptos antagónicos, sino complementarios. El talento de un Director Deportivo (D.D.) reside en diagnosticar lo que necesita su equipo y pensar un paso por delante las necesidades de su club. En los informes técnicos que realiza un D.D. hay que minimizar los puntos fuertes del jugador, maximizar los puntos débiles y ¡mojarse! en el informe que realice".

También aportó sus conocimientos en Tecnología aplicada al fútbol el Secretario Técnico del Sevilla C.F. Víctor Orta: "Para la función de un D.D. obtener mucha información no es útil si no está ordenada".

Antonio Ruiz Vilches (Entrenador y Director Deportivo) recalcó: "Una de las tareas importantes, en la dirección deportiva de un club, es recoger datos, archivar información de los jugadores, tales como aptitud técnica, táctica, psicológica, estrategia y preparación física".

Miguel González (Entrenador Nacional y Profesor de Educación física) formuló: "Toda la información en fútbol debe servir para intervenir y su piedra angular es la planificación".

Y como psicoanalistas ¿Qué podemos aportar en el sector tecnología y deporte? Sabemos que la tecnología, con respecto al pensamiento humano, avanzó varios siglos. Podemos manejar máquinas de alta resolución y sin embargo no resolver conflictos laborales o inconscientemente podemos transmitir "virus afectivos" al equipo de trabajo, lo que resulta ser un infortunio habitual. Ya escribió Einstein: ¡Triste época la nuestra, es más fácil desintegrar un átomo que un prejuicio!

El grupo es una máquina productora de sujetos. El grupo maneja un saber (más allá del conocimiento) donde la información y la formación aumentan su eficacia. Sea quien sea el investigador, siempre está inmerso en el proceso de investigación por ser uno de los principales instrumentos de la lectura deportiva. Según se aplique dicho instrumento de lectura se producirán unos efectos u otros en la realidad deportiva.

FUNCIONES Y HABILIDADES DEL DIRECTOR DEPORTIVO

El Director del Curso don Miguel Ángel Ruiz (Director Deportivo y jugador profesional) impartió su magisterio: "El fútbol base no es una categoría inferior al fútbol profesional. Se trata de aprender a jugar al fútbol y los futbolistas deben ser más pensantes que ejecutantes. Un futbolista juega como entrena. El D.D. elige entrenador en base al estilo de juego del equipo, y no en base al sistema.

Hay que tener el mismo método de trabajo y estilo de juego en todos los equipos de las diferentes categorías del club. Los objetivos de un D.D. deben ser: sencillos, mensurables y tangibles. El capital humano, es el más importante en un organización y el más difícil de dirigir. Un D.D. debe formar y formarse, así mismo debe construirse una mentalidad empresarial, saber delegar funciones y oxigenarse física y mentalmente. La autoridad tiene que estar al mismo nivel que la responsabilidad. En las entrevistas es primordial: saber escuchar y no emitir opiniones".

La presencia en las aulas federativas de un Psicoanalista despertó interés y durante meses la interlocución fue constante con el director del curso. Y cuando me preguntaron aporté mi criterio: El deseo en la trasmisión nos lleva a implementar que el fútbol base es la base del fútbol. No es sólo la cantera, también el fútbol femenino es una de las bases del fútbol actual, así como básica es la formación de los directivos. El club que cuida la cantera, trabaja en su futuro. El capital humano, gran riqueza de toda Institución, empieza por uno mismo. Los dirigentes deportivos tienen derecho al mejor asesoramiento profesional posible.

Cantera, fútbol femenino y formación de los directivos conforman la base del fútbol en toda institución deportiva del siglo XXI.

COMUNICACIÓN

Con Gaspar Rosety, Periodista y Director de los Medios de Comunicación del Real Madrid acuñó desde el principio en sus ponencias: "todo club es una empresa deportiva y la comunicación es primordial en la dirección del mismo. El D.D. debe saber manejar una información, sabiendo que es imposible mantener un secreto más allá de 24 horas.

Hay que decir todo lo que se deba, no todo lo que sepa. Todas las filtraciones son interesadas. Y los jugadores son muy importantes en la comunicación de un club, porque tienen una gran credibilidad".

Javier Reyero (Periodista y Profesor Universitario) sumó algunas perlas al módulo de Comunicación: "El periodismo es anterior al fútbol en el tiempo. Todos los profesionales dicen que un equipo es un estado de ánimo y el fútbol debemos pensarlo como un ocio pasional".

Como profesionales de la salud sabemos que lo que se dice, se pierde en el decir, por lo que se escucha. Por eso le preguntamos al auditorio ¿dónde y cómo aprenden a escuchar los directores deportivos? Para aprender a escuchar, principal función de liderazgo, primero hay que aprender a hablar; es decir: a quién me dirijo cuando hablo, qué habla en mí y qué pensamiento me habita después de hablar, éste es el trípode que sustenta la escucha del líder.

Cuando un profesional dice que "dicen" queda retratado. Cuando rotulamos, diagnosticamos o titulamos, nunca lo hacemos desprovistos de ideología. No se puede dejar de tener ideología, si se puede modificar, pero conlleva un trabajo previo del profesional pues la ideología se transmite inconscientemente. La ideología no tiene tanto que ver con las ideas, sino más bien con el "cómo" nos fueron transmitidas. No es lo que decimos, sino lo que hacemos.

Un profesional puede estropear su quehacer cuando la ignorancia, los prejuicios o los afectos empañan el proceder laboral.

CONTRATACIÓN LABORAL Y TRANSFERENCIAS

Tuvimos el privilegio de contar con Clemente Villaverde, Abogado y Gerente del Atlético de Madrid, fue preciso: "El Real Decreto 1006 es el cuerpo legal al que hay que recurrir en la relación laboral de los deportistas profesionales, siendo el artículo 1.2. del R.D. 1006/85 el que establece quienes son de hecho deportistas profesionales.

En el contrato laboral, en la prestación del deportista profesional, hay cinco requisitos que cumplir: voluntariedad, regularidad, ajenidad, dependencia y retribución. Siendo la dependencia el aspecto que en mayor grado aparece en los deportistas profesionales y mucho más en los futbolistas (pautas de conducta, horarios, maneras de viajar, indumentaria, declaraciones…). El único caso donde se permiten la cesión de jugadores es en el 1006, ya que en el Estatuto de los Trabajadores, no está permitida la cesión de trabajadores".

Y cuando le preguntamos a Clemente Villaverde por los criterios jurídicos sobre la personalidad, el letrado concluyó: "Los derechos de personalidad son una trilogía de derechos: honor, intimidad y propia imagen. El derecho de imagen tiene una dimensión moral. Es un derecho inalienable e irrenunciable (no se puede renunciar) pero si se puede ceder. Es entonces un derecho moral con un contenido patrimonial. La cesión de imagen no debe suponer un atentado contra la dimensión moral.

En otro ámbito de cuestiones la regulación de las licencias federativas es una cuestión que debe afectar al ámbito deportivo, pero no al laboral.

El deber de Diligencia y de Obediencia, recogidos en el 1006, es algo subjetivo y hablamos de ello en el fútbol, en cuanto que los resultados no son los que se esperan, pero es difícil establecer una limitación concreta del concepto".

En éste punto nos sumamos al coloquio. El Psicoanálisis muestra en el recién nacido que la dependencia de los otros es absoluta hasta el punto que sin el deseo de la función madre y función padre, el cachorro humano moriría. Más tarde el sujeto descubre que "la dependencia" puede ser civilizadora, así cuánto más comprometidos e implicados estemos con el proyecto deportivo, más grandes somos en la Institución, Grupo o Club deportivo y más libres en la pertenencia, pertinencia y cooperación.

Hay contratos "emocionales" que no se firman, se rubrican inconscientemente, pero son los que posibilitan que lo firmado con pasión se cumpla y pueda generar plusvalía.

EL ARBITRAJE EN ESPAÑA Y LAS REGLAS DE JUEGO

Javier Losantos Omar, Abogado y Miembro del Comité Nacional de Árbitros, abordó la dificultad en la aplicación del reglamento: "La ley del deporte incluye a los árbitros como parte integrante de las federaciones. Los comités de árbitros son obligatorios, es un estamento federativo y el presidente del comité de árbitros es designado por el presidente de la federación.

El número de bajas de los árbitros en formación en los colegios territoriales, en los tres primeros años es enorme, en especial en las categorías infantiles, sobre todo, por la agresividad en torno al arbitraje. El perfil de un árbitro requiere: conocimientos teóricos, experiencia, esfuerzo mental, preparación física, actitud comunicativa y responsabilidad. El árbitro sin ser autoritario, tiene que transmitir autoridad".

Y preguntado por el tiempo de formación necesario para alcanzar la división de honor, nos respondió: "Los árbitros suelen llegar a primera división con 32-34 años".

En este capítulo como expertos en los recovecos del alma humana aconsejamos, a trencillas y amantes del fútbol, leer el reglamento del fútbol, para poder practicar e interpretar las reglas del juego que al fin y al cabo son el juego. Todos los estamentos del fútbol precisan el asesoramiento psicoanalítico ya que los ojos generan ilusiones. Los órganos de los sentidos pueden engañar al sujeto y hacerle creer que el sol se mueve en torno nuestro, a pesar de que las leyes científicas dictaminan que la tierra gira sobre sí misma y alrededor del sol.

Construir una mirada que arbitre la perfección es imposible, pero la palabra puede transformar lo posible en acción. Entre el poder de la impotencia y la potencia del no saber se disputa un partido de fútbol. A mayor tolerancia, mejor aceptación ideológica de las diferencias y por ende la eficacia en los directivos, técnicos, jugadores, árbitros, periodistas y aficionados se hace más precisa.

Siempre estamos "implicados" como sujetos en lo que nos sucede. Sabemos que en todo sujeto anidan deseos inconscientes, sexuales e infantiles contrarios a la realidad laboral, que nos pueden incitar a cometer errores contra la materialización del proyecto deportivo. Los errores si se aceptan y reconocen pueden rectificarse en el siguiente partido y ello conlleva nuevos conocimientos para el profesional. Como directivos se debe huir del confort intelectual.

INSTITUCIONES DEL FÚTBOL: ORGANISMOS

Emilio García Silvero, Abogado de la RFEF y Profesor en la Universidad Rey Juan Carlos, nos ilustró: "El artículo 43.3 de la Constitución Española, expresa literalmente: Los poderes públicos fomentarán la educación sanitaria, la educación física y el deporte. Asimismo facilitarán la adecuada utilización del ocio".

"Como la formación y la educación de un jugador se realizan entre los 12 y los 23 años, de ahí se desprende la regla general de la Indemnización por Formación que se pagará hasta la edad de 23 años por el entrenamiento efectuado, a menos que sea evidente que un jugador ha terminado su proceso de formación antes de cumplir los 21 años… El letrado recalcó: La Solidaridad es un mecanismo que se cobra siempre, toda la vida del jugador. Los derechos sociales, en un Estado Social como el nuestro, tienen como principal objeto asegurar la participación en la vida política, económica, cultural y social de las personas individuales, así como de los grupos en que se integran.

En derechos de formación los clubes se categorizan, es decir no vale lo mismo un jugador formado en España que en

Guinea. No todo el mundo del deporte tiene un RD como el 1006, donde club y trabajadores conocen sus competencias, derechos y donde aparece las leyes que regulan la relación contractual entre club y trabajador.

Desde el 2001 la FIFA presenta por primera vez un reglamento, donde se regula entre otras cosas de manera general y respetando lo que diga cada Estado, a qué deben responder los contratos".

Le preguntamos a Emilio García Silvero sobre el dopaje en el deporte pensando en la nueva Ley del deporte que se quiere redactar y nos respondió: "Hay que considerar criterios de salud y criterios deportivos a la hora de pensar la problemática del dopaje en el fútbol. Por ejemplo Argentina y Bélgica fueron los primeros países en dictar normas contra el dopaje. Los controles antidopaje se pueden realizar a cualquier deportista que tenga ficha federativa, esté o no en competición. Si a un deportista se le detecta un positivo lo máximo que le puede suceder es la suspensión de la licencia federativa".

Y ¿cuando comenzó esta investigación? El letrado concretó: "a raíz de la muerte del ciclista (Jensen) en 1960 y la detección del uso de sustancias en la autopsia, se plantearon normas sobre el uso de sustancias, ya que antes de 1960 no había ninguna ley al respecto. En 1990 se promulga la segunda ley del deporte y ahí se cambia el titular de la competencia pasando ésta de las federaciones al Estado. Se redacta una lista de sustancias que es para todos los deportes. Tras las diferentes listas de sustancias no permitidas en los diferentes países en 1999, se busca una lista única de sustancias prohibidas en una reunión de COI, Federaciones Internacionales y Estados, creándose la AMA (Agencia Mundial Antidopaje).

Hay una nueva ley del dopaje del 22 de noviembre de 2006. Es importante que exista una única norma específica que compile todo lo relacionado con la ley del dopaje; y la principal característica de esta nueva ley que entrará en vigor en unos meses, es la reforma del código penal, de modo que se criminaliza el entorno del deportista, pero no al deportista. Lo máximo que le puede suceder es la retirada de la licencia federativa".

Después de escuchar atentamente rescatamos algunos conceptos freudianos que puedan proyectar alguna sombra sobre tanta luz, en la Ley del Deporte. Por ejemplo sabemos que toda Institución busca eficacia y todo grupo deportivo ambiciona la historia. Un dirigente deportivo del siglo XXI debe saber que, decir toda la verdad es imposible porque nos faltan las palabras y por eso decimos que toda ciencia tiene un "Principio de indemostrabilidad" un imposible, un "no sentido", un indemostrable que posibilita toda frase y toda fórmula ya sea matemática, física, psicoanalítica, jurídica o económica. Es decir toda ciencia exacta es, simultáneamente, conjetural (por ejemplo las matemáticas o la física), así como toda ciencia conjetural es a la vez exacta (por ejemplo el psicoanálisis o la economía política).

La teoría es el fantasma de la ciencia, y ese real nunca podrá ser capturado, de modo que cuando aparece y se mantiene un sentido en lo real, eso hace síntoma. Y los síntomas en un club, así como los problemas en una Institución deportiva no se resuelven, sino que se deben analizar y es ahí donde reside la única posibilidad de ser transformados y evitar su inútil repetición sintomática en el tiempo.

El paciente le atribuye un saber al médico, el deportista le atribuye un saber al entrenador, el alumno le atribuye un saber al profesor, el cliente le atribuye un saber al abogado. Sin embargo los profesionales le atribuimos el saber al método científico.

Ley, límites y crecimiento hay para todos y, aún siendo posible, habrá quien no podrá estudiar ni trabajar o entrenar y eso es un límite. Gobernar, educar y analizar son tareas imposibles, quiere decir reales ya que sin la implicación del otro nada es posible, no pudiendo imponerse la felicidad ni el odio.

Para puntuar este módulo, añadir que nadie se puede apropiar del producto de su trabajo, es decir el entrenador no puede apropiarse de los jugadores, ni el directivo de los técnicos, ni los jugadores de los aficionados.

COLOQUIO de MESA REDONDA

Compartimos la divertida y entrañable experiencia con José Manuel Llaneza, Consejero Delegado del Villareal Club de Fútbol: "No creemos en cargos que tienen cargos. El trabajo del fútbol es un trabajo más y la inversión la planteamos en jugadores y ciudad deportiva, también en entrenador, jóvenes jugadores y médicos.

El equipo lo hace el club, no el entrenador. Para seguir creciendo hay que poner dinero, ilusión y trabajo, no hay milagros. El fútbol, ya es una empresa".

Se sumó a la mesa redonda Miguel Pardeza, Director Deportivo del Zaragoza, con sencillez: "No hay una teoría general sobre la dirección deportiva. El D.D. es un cargo de muy reciente creación, y tal vez, pudieron colaborar para crear la figura de D.D. varios hitos que han supuesto una inflexión deportiva: el fracaso de la selección en el mundial del 82, la ley Bosman, la quinta del buitre, el dream team de Cruyff, la globalización mercantil... Las funciones del D.D. son fundamentalmente: diseñar la plantilla y marcar la línea política del club. Hay una etapa histérica en el D.D. es el momento de los fichajes. Dieciséis jugadores soportan el 80% de los minutos jugados. Concluyendo su aportación con una sentencia: pagando se entiende la gente".

Con Jaime Barriuso, Presidente del Eibar, hablamos de la realidad cotidiana de los equipos mas modestos: "En un equipo de fútbol lo más importante es el fútbol. Hay que tener en cuenta la ciudad y la familia en un equipo como el Eibar".

Lucas Alcaraz, entrenador del Murcia, nos aportó: "todo es posible en el fútbol si está hecho con sentido común. Debe haber sintonía en la jerarquía de un club".

Antonio Gutiérrez, D.D. del Vecindario: "El modelo válido es el que funciona".

Julen Lopetegui, Departamento Internacional del R. Madrid, en la mesa redonda nos planteó: "Hay que diferenciar D.D y entrenador con gran energía y el D.D. debe elegir al entrenador y crear la estructura propia del club. La información para un D.D. es fundamental porque permite que te anticipes. Hay que invertir en información, sobre todo para descartar jugadores. El D.D. tiene mucho futuro, a pesar de los directivos, porque es importante la profesionalización de los directivos".

Nos sumamos a la conversación aportando conceptos psicoanalíticos: el Fútbol es cultura y es más, en el fútbol como paradigma deportivo se puede estudiar cualquier problemática social y puede reproducirse cualquier hecho cultural. El fútbol es una producción humana exquisitamente grupal que muestra cómo el lenguaje puso al sujeto en bipedestación. Crecemos jugando y el juego produce cada juguete. Jugar es la primera acción que tiene a su alcance el niño, para simbolizar la ausencia y presencia de sus primeros seres queridos. Después el inconsciente es la memoria que nunca olvida que jugar será vivir.

Para un Directivo es importante conocer que la "confianza" es una noción que se produce desde la Teoría del Inconsciente donde lo mejor de cada sujeto está fuera de uno mismo. La confianza se encuentra como la pasión entre los hombres.

La teoría del Inconsciente nos muestra que todo directivo está implicado en lo que a él le sucede, de una u otra manera, y la función que desempeña cada profesional le pertenece al club. El trabajador debe ocupar ese lugar siendo determinante la relación que mantiene, no exactamente con las personas, sino con el pacto deportivo previamente establecido.

Todos los intentos realizados para deducir una localización de los procesos psíquicos, es decir, todos los intentos de concebir las ideas como almacenadas en las células nerviosas y las excitaciones como siguiendo el curso de las fibras nerviosas, han fracasado por completo, nos recuerda Sigmund Freud.

Lo particular y lo general también está en el grupo, en la familia, en el club y en la empresa. Que cada uno haga en el camino lo que quiera, tarde o temprano, las teorías conversan entre ellas y nos encontraremos. La formación continuada del Director Deportivo pasa por el estudio, el trabajo y el psicoanálisis. Esta articulación permite al dirigente deportivo acometer su tarea con instrumentos de alta precisión, forjados por la teoría del inconsciente y la función poética. La producción del "saber hacer" conlleva en cada caso esfuerzo, inversión, disciplina, implicación, tolerancia y deseo si se pretende jugar. El triunfo es ocasional, ya que jugar asegura que habrá un resultado, pero ganar no asegura aprobar el examen final en la competición.

ORGANIGRAMA DE UN CLUB

Con Ramón Rodríguez "Monchi", Director Deportivo del Sevilla, aprendimos que: "La planificación deportiva de un club tiene muchas ramificaciones. Los modelos están en constante reciclaje. Hay dos pilares fundamentales la cantera y los fichajes. Para que salgan las cosas bien, hay que hacer cosas normales, ya que haciendo las cosas bien es difícil acertar, pero haciéndolas mal es imposible que salgan bien.

Hay tres modelos en la planificación de un club: a) la Presidencialista (el presidente marca las pautas); b) el método Inglés (el entrenador es fundamental y es el que marca la pauta) y c) el modelo Mixto en el que hay tres personajes importantes: el Presidente (lleva lo económico), el Entrenador (lo técnico) y el Director Deportivo (organigrama del club, planificación plantilla, cantera…).

Las funciones de un D.D. son: 1) es el máximo responsable del área deportiva. 2) organiza la infraestructura del club. 3) el fichaje de jugadores y entrenador, lo que le lleva el 80% de su trabajo y 4) cuidar la cantera. En la cantera de un club hay que cuidar del área médica, técnica, táctica, física y psicológica.

El D.D. debe estar informado y conversar con todos los técnicos, especialmente con el secretario técnico. El D.D. no tiene que hacer la alineación y el entrenador no tiene que fichar, tiene que demandar lo que necesita. Es fundamental en el D.D. el seguimiento y el haber visto mucho fútbol. Seguimiento en vivo y en videos, antes de emitir informes al consejo de administración del club. En el estudio de un fichaje hay que estudiar en el jugador lo personal (tipo de conducta, relación familiar, hábitos…) lo técnico, lo táctico y lo económico. La decisión se tomará en una comisión deportiva.

La adaptación de un jugador a un club es muy importante, y a veces se descuida. La incorporación de un jugador a un club necesita más tiempo del que se piensa, hay que explicarle las connotaciones filosóficas del club, las primeras declaraciones, presentación, pruebas médicas…

En la cantera la estructura es piramidal (D.D-Secretario Técnico, que es el D.D. de la cantera: área técnica-táctica, área física, área psicológica y área médica) En el Sevilla C.F. hay en la cantera 17 equipos cada uno con su entrenador y con 11 preparadores físicos, 7 psicólogos y 2 médicos. De una cantera con 350 jugadores llegarán 2 o 3 al primer equipo. El gabinete psicológico es fundamental, sobre todo en la cantera y también en el primer equipo".

Y de Miguel Ángel Ruiz rescatamos en éste módulo: "Para un D.D. un límite es respeto y amor. Hay que evitar el mal genio, la arrogancia, la susceptibilidad, y no hay que competir con el grupo. Lo que tiene que hacer un D.D. es escuchar, elogiar y realizar siempre una crítica constructiva. Para el jugador es importante saber que el vestuario es de los jugadores y que el D.D. está ahí para defenderle ante el consejo de administración. El vestuario es un espacio privado.

Hay un problema de estructura en los equipos de fútbol. La función del entrenador nada tiene que ver con la D.D. este por ejemplo tiene que estar pendiente de la labor con los servicios médicos".

Así fuimos construyendo durante el curso una propuesta: el psicoanálisis pone al alcance de los dirigentes deportivos la posibilidad de transformarse, sabiendo que es difícil llegar y, mucho más complejo mantenerse. Por ello en toda crisis deportiva un directivo debe ser "ciego, paralítico y mudo" para poder escuchar qué ocurre, qué hacer con la incertidumbre y poder ejercer la tolerancia de soportar las diferencias. El pacto previo debe puntuar la situación, ya que los diferentes estados afectivos pueden "contaminar" tanto el tiempo de producción como el desarrollo de la tarea. En lo que hacemos (y no en lo que decimos) se muestra la ideología.

En un directivo deben forjarse criterios más allá de las opiniones imaginarias, para lo cual su formación debe ser exquisita. Y así como un psicoanalista "cura"más por lo que es que por lo que dice, un directivo debe saber que pasados los lindes no hay límites y que los canallas se vuelven necios. Considerando "canalla" al que no tolera que crezca nada ni nadie a su alrededor, es decir el que no genera ni tolera la transferencia, la puesta en escena de la realidad del inconsciente (siempre sexual y no por ello menos social) que por hablante en su función directiva se va a desplegar.

Criterios donde lo que se enuncia bien, se concibe claramente y no al revés. Criterios lejos de dogmatismos, a saber, los conceptos que deben construirse en todo dirigente no son del orden de preguntarse ¿qué debo hacer? sino del orden de ¿cuál es la ética de mi deseo? sabiendo que no son tantas las maneras de pensar que existen.

En la historia del pensamiento se han producido cuatro estructuras de larga duración que siguen vigentes en cada sujeto: 1) El pensamiento mágico-animista, 2) El pensamiento religioso, 3) El pensamiento científico y 4) El pensamiento psicoanalítico. Éste último contiene a los otros tres pensamientos, pudiendo leerlos o interpretarlos al contar con instrumentos de precisión que producen efectos en la realidad del grupo deportivo.

LICENCIAS

Salvador Noguera, Director del área de licencias y registros de la RFEF, en este módulo aportó: "todos los que participan en nuestras competiciones tienen licencia federativa. Actualmente (año 2006) hay unos 700.000 federados. En las últimas trece temporadas se produjo un aumento de 263.000 licencias federativas, debido fundamentalmente a las facilidades con los clubes en la claridad de las inscripciones y rapidez en los procesos.

Para tener licencia de médico, se requiere titulación y es obligatorio para todos los clubes de 1ª división, 2ª y 2ªB que haya un médico por equipo y estar siempre en el banquillo.

Para tener licencia de ATS se requiere titulación. Para tener licencia de ayudante sanitario antiguamente masajista, no se precisa titulación.

Es diferente equipo filial y equipo dependiente. El equipo filial es un club distinto al patrocinador, no tiene ni el mismo nombre. Equipo dependiente es un equipo dentro del club. No existen profesionales en fútbol sala.

La ley obliga a tener al menos 6 jugadores sub 23 en 2ªB y en 3ª división".

Y ¿qué podemos aportar como psicoanalistas en éste módulo? Por ejemplo, en la formación de los dirigentes se puede aprender a decir SÍ y a decir NO; a discernir entre comportamientos y hechos. El comportamiento es ceremonial, del orden de la imagen (del Ethos del que habla Aristóteles) sin embargo los hechos sólo existen después de ser interpretados y son del orden de la Ética por ser el producto de un trabajo.

La ley que regula el trabajo se genera en la fábrica, la ley no se genera entre los legisladores del trabajo, sino entre el patrón y el contrato que según el grado de desempleo obtiene plusvalía absoluta o relativa, y desde ese contrato de trabajo se jerarquiza como ley. Y esto lo podemos leer en los prólogos del Método de la Economía Política de Karl Marx. En el prólogo de 1859 aclara que la infraestructura económica es la estructura determinante, y en el primer prólogo de 1857 ya demostraba cómo sin una dialéctica precisa entre la infraestructura y superestructura, (es decir la ideología, el amor, el arte y la ley) era absolutamente imposible la transformación de las estructuras.

De modo que sin una transformación de los modelos ideológicos que forman la familia, que educan a los hijos y a la cantera, que se transmite a los universitarios y a los directivos, no puede haber transformación de las sociedades ni de las relaciones de los hombres y las mujeres en las sociedades deportivas.

EQUIPOS DE TRABAJO

El curso avanza y el director del curso Miguel Ángel Ruiz despliega: "como D.D. hay que preguntarse qué es un equipo de trabajo y qué puedes aportar al equipo sin hacer comparaciones. Es fundamental la pertenencia al equipo y querer al equipo y distinguir los diferentes papeles dentro del equipo de trabajo. Es importante el capital intelectual, valorando opiniones, la empatía, la paciencia, el conocimiento del equipo y saber que los valores emocionales superan el conocimiento empírico. La clave es que todo el que participa puede aportar algo. Las reuniones son la mejor manera de trabajar en equipo, hay que conocer a los colaboradores creer y confiar en ellos. No creo en los poderes absolutos, cada uno debe trabajar en su parcela.

Una de las tareas fundamentales del D.D. es la puesta en marcha y organización del Departamento de Fútbol, para ello debemos tener una idea clara de qué queremos para nuestro club, para que todos los estamentos del club vayan en la misma dirección.

El fútbol base es una inversión a largo plazo y como la organización de un departamento de fútbol responde a criterios empresariales, la planificación del trabajo es básica para el desempeño y la consecución de objetivos. En el fútbol base se trata no sólo de sacar jugadores para la primera plantilla del club, es prioritario además y a la vez, formar y educar a los jugadores en valores tan humanos como el compañerismo, la amistad y la solidaridad, sin perder el norte de la formación de jugadores.

Las instalaciones, equipo médico, preparadores físicos, apoyo informático, administrativos, abogados, entrenadores, asesores financieros y otros especialistas son importantes en el organigrama del club, es decir en la formación de un Equipo de Trabajo. Hay que marcar la filosofía del club, los principios morales y deportivos a desarrollar día a día. Los colaboradores deben asumir responsabilidades, hacer suyos los objetivos de la empresa, para ello previamente hay que saber delegar en ellos. Si como D.D. los hemos elegido previamente, debemos dejarlos trabajar, teniendo las reuniones semanales o cuando se consideren oportuno para el desarrollo de las diferentes funciones y con ello participar de los éxitos y responsabilizarse de los fracasos.

Aportar soluciones es más eficaz que sólo plantear problemas. El estudio en los jugadores del fútbol base es muy importante, así como la conformación de un estilo de vida y la relación con su familia".

Y como Miguel Ángel Ruíz, nos solicitó participar, aportamos el método grupal del psicoanálisis el cual nos permite aseverar que la dirección basada en la confianza es básica en la sociedad capitalista. La dirección basada en la confianza se sostiene sobre una ley y un deseo. Es decir, según el concepto grupal de trabajo y de capital humano que conciba el directivo, así serán los resultados que obtenga, pues siempre habrá efectos. Y desde los efectos se puede leer la ideología que subyace en el directivo y las diferentes consecuencias en las acciones deportivas.

LIDERAZGO Y DELEGACIÓN DE FUNCIONES

Para poder aderezar este módulo, planteamos uno de los muchos diálogos que se plantearon entre el director del curso Miguel Ángel Ruiz (MAR) y el psicoanalista Carlos Fernández (CF).

MAR: "Un buen dirigente, no controla, sino que dirige en ausencia y en presencia, con el fin de obtener el compromiso del equipo, para ello el D.D. ha de ganarse su confianza y respeto. Dirigir no es algo que se hace a las personas sino que se hace con ellas. Un buen D.D. debe adaptarse a las nuevas tecnologías, debe formarse continuamente y formar a otros, debe tomar decisiones y responsabilizarse de las mismas, tener capacidad de trabajo, informar y comunicar, planificar, organizar, motivar, seleccionar personal, gestionar recursos humanos y evaluar adecuadamente".

CF: Y escribir. Un Director Deportivo necesita escuchar y escribir.

MAR: "Si, la gestión de los recursos humanos es importante y difícil ya que las personas que forman la organización son el capital más importante de la misma y a la vez el más difícil de administrar. La empresa es tan competitiva como lo son sus trabajadores y, aunque sean importantes los recursos financieros, si no hay expertos en recursos humanos, si el D.D. no está bien asesorado, los recursos financieros no alcanzan. Formar a los trabajadores es una inversión para la empresa. La gestión del saber y la administración del conocimiento son tareas imprescindibles en un equipo de trabajo. La ética no puede faltar en el ejercicio de cualquier dirección empresarial. En una entrevista de trabajo, la escucha del entrevistador es pieza cardinal".

CF: Añadimos que el deseo del entrevistador es requisito de selección.

MAR: "No existe una teoría que de cuenta, que explique la motivación en el trabajo. Hablamos de motivación como el conjunto de factores que configuran el comportamiento de una persona, impulsándola a conseguir determinadas metas. Y lo importante no son las frases en sí sino los mecanismos básicos que intervienen".

CF: El psicoanálisis nos enseña que cualquier motivación (unas vacaciones, un masaje, una novia...) puede producir cambios en el sujeto. Es la interpretación del trabajador la que produce transformaciones.

MAR: "El director no es estrictamente responsable de los empleados, lo que tiene es una responsabilidad con ellos. La toma de decisiones y la comunicación son inseparables en el proceso de dirección y gestión. En la preparación de una decisión el director está acompañado desde el principio, ya que los asesores e informadores participan desde el inicio, por ello la comunicación está presente así mismo desde la concepción de los programas de acción hasta la ejecución de los mismos.

Hay tres niveles de comunicación interna: descendente, ascendente y horizontal. Para la comunicación externa son importantes los departamentos de publicidad y marketing. Sabiendo que comunicar eficazmente no es sólo emitir, también es recibir, de ahí la importancia del feedback y su utilización en la información. El D.D. debe desarrollar cualidades personales fuertes, sobre todo en el conocimiento de sí mismo. Las cualidades profesionales del D.D. van más allá de sus conocimientos y consisten sobre todo en una habilidad compuesta por tres aspectos: personalidad, conocimientos y utilización del saber".

CF: Y ¿dónde adquiere un dirigente el conocimiento de sí mismo?

MAR: "Según algunas encuestas para evaluar el trabajo en una empresa los criterios más importantes son en éste orden: conocimientos del trabajo, liderazgo, iniciativa. Valorándose menos: organización, motivación y actitud. Para que un D.D. sea eficaz hay que tratar de concentrarse diariamente en aspectos importantes, seleccionar prioridades y no tratar de abarcar demasiado, ya que entonces la calidad del trabajo se vería mermada considerablemente. Los argumentos se entienden, las ordenes simplemente se obedecen. Es importante el elogio y la critica constructiva.

Es fundamental elegir correctamente los temas que tenemos que despachar con nuestro jefe, despachando con prioridad y presentando lo más importante con información fresca y reciente. Si se presenta algún problema, se deberá acompañar de alguna posible solución. Es importante la percepción que los demás tienen de nosotros (es decir cómo nos ven, ya que esa percepción es la realidad) y la percepción que nosotros tenemos del resto del equipo, incluido el jefe, por eso que es importante saber leer el estado de ánimo de los demás para saber cuando y cómo intervenir".

CF: Son fundamentales los instrumentos de lectura que se utilizan para poder leer (interpretar) los llamados estados de ánimo (tristeza, duda, miedo, alegría…). Por ejemplo el psicoanálisis nos muestra que los problemas no se solucionan, se analizan y sólo así se puede transformar, de lo contrario podemos caer en la catarata de cambios interminables que modifican casi todo para dejarlo igual así mismos. Existen numerosos ejemplos deportivos.

MAR: "Dirigir con integridad supone conocer las limitaciones, aceptar responsabilidades ser firmes y justos, delegar, dar ejemplo con nuestro comportamiento, ser honestos y valorar los resultados como corresponde. Un Director Deportivo debe administrar (adaptarse a la realidad) y saber dirigir (cambiar la realidad). Para dirigir hay que imaginar alternativas, tomar decisiones, rectificar, aceptar errores, delegar y compartir y escuchar".

CF: "El Método psicoanalítico nos muestra que el que sabe esperar no necesita hacer concesiones".

MAR: "En las situaciones de crisis es frecuente: escasa agilidad mental, mala utilización de recursos, nula comunicación, buscar culpables en lugar de soluciones. El quehacer del directivo, incluye el hacer de los demás. Un D.D. debe tener fuerza mental y preparación para perseguir y conseguir el éxito. Un D.D. debe tener en cuenta las siguientes realidades para crear moral en sus colaboradores: las actitudes (deseo), las aptitudes (conocimientos), las necesidades (personales y económicas), el premio (correspondencia entre necesidad y satisfacción), los valores (éticos y estéticos), las satisfacciones (subjetivas y objetivas) y la vocación (desarrollar sus expectativas de trabajo".

CF: De lo expuesto hasta aquí en la enseñanza a los Directores Deportivos en la RFEF, se desprende el interés del Psicoanálisis en la formación de los dirigentes.

MAR: "Los objetivos deben ser claros, mensurables, públicos, alcanzables, flexibles, coherentes y con plazo. Hay diferentes estilos de dirección: dirigir con valores compartidos, dirigir motivando, dirigir con objetivos, dirigir coordinando los grupos de mejora, dirigir organizando una comunicación eficaz, dirigir recuperando a los que se equivocan, dirigir premiando y sancionando (avisando) y dirigir negociando.

Podemos delegar todo el trabajo, pero no toda la responsabilidad, ésta es la regla de oro de la delegación. Delegar es acompañar, no abandonamos al otro. Los estilos de delegar principales son cuatro: controlador, instructor, asesor y coordinador, y las personas a las que se puede delegar las podemos clasificar en: principiantes, aprendices, integrados y expertos, de modo que podemos delegar de la siguiente manera: a) controlador (control directo) con los principiantes (no conocen el trabajo); b) instructor (estímulo-supervisión) con los aprendices (tienen escasa experiencia); c) asesor (apoyo continuado) con los integrados (más conocimientos que interés) y d) coordinador (solo acompañar) con expertos (conocimientos y motivación elevada).

El papel del líder, no consiste en saberlo todo, sino en saber donde acudir para encontrar respuestas. Un líder debe tener maestría en la delegación, de modo que la delegación sea una necesidad y un privilegio en un alto ejecutivo, y esto es lo más difícil de realizar".

CF: Por todo ello proponemos la presencia de Psicoanálisis en la Institución deportiva, ya sea Supervisando la toma de decisiones económico-políticas e ideológicas que dirigen toda Institución; Asesorando a los técnicos en su tarea y Coordinando al grupo que conforma el elenco de jugadores.

La función del psicoanalista en el club se realiza a través de la escucha y la escritura con objetivos claros y concretos que permitan:

A) Producción de salud, ya que la salud no es innata o natural.

B) Aumentar la eficacia deportiva, de modo que lo entrenado se pueda desplegar.

C) Disminuir los tiempos de producción en la táctica y estrategia grupal.

D) Prevenir y mejorar el pronóstico de las lesiones.

E) Supervisar la estructura social, deportiva y económica del Club.

Considerando como bien se dice en los cursos de formación de la RFEF que:

1) Formar a los trabajadores es una inversión, luego alguien debe formar a los directivos y técnicos en cuestiones emocionales y afectivas.

2) El director deportivo debe desarrollar cualidades en el conocimiento de "sí mismo". Y para que haya psicoanálisis (autoconocimiento) es necesario el psicoanalista.

3) Para un directivo es importante saber leer el estado de ánimo de los demás. El psicoanálisis permite una lectura productiva del estado de ánimo del grupo.

4) En las situaciones de crisis es frecuente escasa agilidad mental, mala utilización de recursos y nula comunicación. El

psicoanálisis permite capitalizar esa energía despilfarrada, al transformar toda crisis en plusvalía profesional.

5) El papel del líder no consiste en saberlo todo, sino en saber donde acudir para encontrar respuestas, es decir desplegar las preguntas que todo líder se plantea, ante el interlocutor adecuado que sin juzgar, ni resolver nada, acompañe al sujeto en la toma de decisiones.

Estas son algunas de las situaciones cotidianas con las que se encuentra todo directivo, cada técnico y el propio deportista en su carrera profesional.

FÚTBOL BASE

En este apasionante apartado contamos con Ginés Meléndez, Seleccionador Nacional de Fútbol Base en España, cuya experiencia internacional avala su enseñanza: "En el fútbol base hay que conocer el entorno del jugador, la familia, el barrio y hay que trabajar con la misma idea en los diferentes equipos.

En el fútbol base: jugar bien = ganar = progreso".

Hay que entrenar en el fútbol base a los jugadores como lo que son, como niños, ya llegarán a los 18 años y con otros entrenadores ya se les exigirá lo que corresponde, antes hay que formarles y educarles. Con 15 años de edad un 60% de los jugadores seleccionados abandona los estudios, y esto es un gravísimo problema. Los entrenadores tienen que ser también educadores y con las diferencias lógicas que existen hasta los 10 años, hasta los 13, hasta los 16 y hasta los 18 años de edad. Teniendo en cuenta la gran inestabilidad psíquica que hay en lo jugadores, especialmente en los menores de 16 años y más en los chicos que en las chicas.

No hay que olvidar, especialmente en estas edades que el fútbol es un juego, se trata de jugar, y se tarda 10 años en aprender a jugar, por eso a estas edades se tratará más de jugar

     Carlos Fernández del Ganso

que de entrenar. Los diferentes equipos de un mismo club deben tener un estilo propio y común, es decir deben jugar igual con el mismo sistema de juego. Siendo el esquema de: 9 x 9 con un sistema (3-4-1) el ideal a estas edades. Si hay grupo hay equipo, eso nos dice siempre el gran Juan Santisteban".

De fútbol base también nos habló José María Amorrortu, Entrenador y Director de Fútbol Base del At. de Madrid: "El trabajo con los jóvenes es fundamental en el fútbol, considerando tanto una formación teórica como una formación práctica. Entre los objetivos prioritarios del fútbol base está la formación de los jóvenes con la idea de llevarlos al primer equipo, además de formar y coordinar un grupo de personas.

El fútbol base es estructura, no coyuntura. El análisis del fútbol base debe tener una proyección, considerando el análisis de futuro según la jerarquía de los objetivos, y todo esto con una metodología. El gran objetivo, lo más importante, es el jugador.

Corresponde trabajar todos los aspectos en el desarrollo del joven jugador: futbolísticos, físicos, desarrollo personal y preparación para el futuro, con un carácter educativo. Conviene integrar al entrenador en un proyecto, ya que todos los club tienen una filosofía, una cultura, donde habrá que crear valor que sea referencia de futuro.

Sin continuidad no se puede llevar adelante un proyecto. La repetición es fundamental en el aprendizaje, teniendo visión a largo plazo. Un principio es, CREAR VALOR, de modo que debe estar el equipo al servicio del jugador en el fútbol base y no el jugador al servicio del equipo. Es básico enseñar a entender el juego: ritmos, distancias, espacio, velocidad…

El área físico-médica debería ser un I+D, esto es importantísimo. En el área educativa es importante el manejo de la ansiedad, hemos detectado que en los jóvenes la ansiedad es mayor en los defensas y porteros que en los delanteros y así mismo aumenta a medida que llevan más tiempo en el club. Hay que educar en los valores de identidad del club, prepararlos para la prensa, tener un plan estratégico, un plan de comunicación.

La inversión en fútbol base es rica, porque creamos valor en el propio jugador que representa al club. Las horas de trabajo irán aumentando progresivamente desde las 180 horas al año de los alevines, pasando por infantil, cadete, juvenil hasta las aproximadamente 500 horas al año de los seniors, con diferentes distribuciones de fuerza, velocidad, técnica que irán modificándose paulatinamente según las edades".

En las aulas me preguntan los dirigentes federativos sobre el curso. Cada vez por escrito les remito un informe de lo que escucho en los diferentes módulos y en qué se puede capitalizar las enseñanzas. Me llama la atención que no exista ningún especialista en temas psíquicos, a pesar de que casi todos los ponentes resaltan el tema para crear valor deportivo. Los psicoanalistas sabemos que los éxitos del fútbol base no son casualidad. El presente del fútbol base es la base del fútbol futuro, por ello queremos indicar para el fútbol base la "Orientación Vocacional" dispensada por profesionales de la salud psíquica, porque con este asesoramiento a tutores, padres y alumnos se puede evitar el elevadísimo porcentaje de abandono escolar entre los jugadores menores de 16 años de edad. El sujeto puede sumar, puede fracasar en casi todo o puede triunfar jugando y estudiando.

Nos alegra escuchar en las aulas de la federación que "Si hay grupo hay equipo". Esta fórmula avala que el grupo es una máquina productora de sujetos (deportistas, universitarios, entrenadores, trabajadores…). Si se juega como equipo es que se concibe como grupo y no al revés, por eso si no se escucha al deportista como sujeto grupal (psíquico y social), estaremos perdiendo la eficacia del jugador de equipo en el terreno de juego. Uno más uno no siempre es una victoria.

El Método Grupal produce jugadores. Sabemos que el talento de cada futbolista se produce entre los compañeros y no en el interior del jugador. Cuando hay grupo cada jugador es múltiple (pudiendo ocupar diferentes demarcaciones) y su función se divide en (pensamiento y acción, defender y atacar) lo que permite la suma de habilidades al equipo. Con este concepto se dispone de jugadores grupales que atacan y defienden porque juegan todos.

Por ejemplo: si la presencia de cada futbolista está determinada por el grupo, otro compañero distinto puede ocupar ese lugar. En este caso la singularidad es del grupo que genera a cada jugador, pudiendo desempeñar las diferentes funciones que son del equipo y no del futbolista. Así hablamos de "jugadores de equipo" que aceptan la permanente "sustitución" (mecanismo psíquico que se debe entrenar) lo que les permite desempeñar otras "funciones grupales" para el equipo.

Pero si reina el individualismo, el narcisismo del mejor, entonces "su lugar" no lo puede ocupar ningún otro jugador. En este caso la singularidad parece ser innata a ese jugador y se puede, equivocadamente, pensar que es previa al grupo. Son jugadores ávidos por la necesidad de ganar, en lugar de estar determinarlos por el deseo de jugar.

En el fútbol base existe la posibilidad de producir jugadores singulares. No siendo necesario para que el equipo funcione bien que los futbolistas sean amigos, lo que si es absolutamente imprescindible es que estén de acuerdo con el proyecto deportivo del club al que pertenecen. Siendo los diferentes mecanismos psíquicos inconscientes, los que posibilitan que se muestre una faceta u otra del deportista. Muéstrame cómo juegas y te diré como entrenas. Dime cómo piensas y te diré que teoría te sustenta. Un deportista no tiene porque ser futbolista, pero todo gran futbolista debe ser un excelente deportista.

Como psicoanalistas consideramos que la inversión en fútbol base no es más o menos importante, es imprescindible, hasta el punto que el club que no pueda o no tenga donde invertir difícilmente crecerá. La juventud es el futuro, son los dirigentes de la vejez y para fracasar siempre hay tiempo. El futuro se construye y si lo que dirige la actividad del profesional es el pasado, estará abocado a la mediocridad.

La creación de "valor" en el fútbol base, es el futuro "valor" del capital humano en un club deportivo. Lo que cuesta vale. Y la riqueza del hombre es la de sus relaciones sociales.

Habrá que atender y saber escuchar la "ansiedad" de los jóvenes jugadores y la "angustia" de los técnicos y preparadores del fútbol base, sometidos, a veces, a grandes presiones sociales desde el interior y el exterior del club. Por ejemplo una de las novedades más determinantes que aporta el psicoanálisis en el fútbol base son los conceptos inconscientes de sexualidad infantil y la metamorfosis de la pubertad desde donde podemos entender el crecimiento y los obstáculos del deportista benjamín, alevín, infantil, cadete, juvenil y senior.

EL DIRECTOR DEPORTIVO DE FÚTBOL

Benito Floro, entrenador nacional de fútbol, realizó diferencias muy oportunas como: "Nombrar a las cosas por lo que son es muy importante, entonces no deberíamos decir Director Deportivo, sino Director Deportivo de Fútbol (DDF), y al entrenador deberíamos denominarlo Director Técnico del Club de fútbol (DTF).

Un partido de fútbol, no se entrena, se dirige. El D.D.F. debería ser el más capacitado, es decir tener conocimientos de:

economía, entrenamientos, técnica, normas de dirección, sociología deportiva...

Un club de fútbol profesional representa una masa social: barrio, ciudad, escudo, ideología. Un club de fútbol profesional SAD es (a modo de poema):

una asociación de personas
con la finalidad de crear, componer y dirigir
un equipo de técnicos y jugadores
con el que participar en una competición,
enfrentándose a otros,
en representación de una masa social
que se identifica con sus emblemas.

La misión del D.D.F. es: A) Determinar estilo de juego (manera de jugar) que son fundamentalmente dos: defensivo y ofensivo. B) Determinar sectores de sus parcelas, por ejemplo: equipos base. C) Confeccionar primera plantilla y presupuesto. D) Dirigir a sus colaboradores, sabiendo que dirigir es llevar a alguien o algo a una meta concreta, mediante un proceso estratégico.

Un D.D.F. debe determinar el fin, analizar los impedimentos y medios para conseguir ese fin, definiendo los objetivos y eligiendo los métodos de trabajo, todo ello a través de una planificación y un programa de actuación, con lo que se ejecutará el plan, controlando los resultados y fijando conclusiones. Un D.D.F. debe tener conocimientos amplios y sólidos, ser estratega, poseer virtudes morales, gran capacidad de trabajo, conocimientos técnicos (ataque directo, combinado, contraataque, acciones a balón parado...) todo ello en función de los futbolistas que tenga y el terreno de juego.

Uno de los problemas más importantes del fútbol son los celos y las envidias entre los familiares de los jugadores (que si fulanito gana más que tú, pide más dinero o que corra él...).

El D.D.F. no es que no deba tener dudas, no debe trasladarlas al equipo. En fútbol se puede hacer de todo, pero con sentido común. Hay que enseñar los estilos de juego más importantes, luego ya se verá lo que se hace en el terreno de juego.

Hay que aprender hasta la muerte.

El proceso estratégico del D.D.F. es ser inteligente para resolver problemas, investigar y crear".

Benito Floro de forma pública aplaudió la presencia de psicoanalistas en el curso desde aquí agradecemos su aportación y rescatamos el concepto de Trabajo como categoría central en toda producción deportiva más allá de los resultados. Los efectos del proceso del trabajo (que siempre se producen) nos indican que no hay lugar perfecto, ni armonioso, ni eterno al cual llegar y además siendo difícil llegar, lo más difícil es mantenerse. Para ello estar acompañados en el trabajo y en el vivir, no es un consejo, es la única manera donde el trabajo es un don y vivir sea el ejemplo.

LOS AGENTES DE JUGADORES

Salvador Gomar, Abogado de la RFEF, difundió la siguiente información de interés general: "Los Agentes en el fútbol surgen alrededor de 1960 y el primer reglamento de Agente de futbolistas es de 1992. Los Agentes tienen licencia de la RFEF ya que la FIFA da esta potestad a cada federación. El contrato de un jugador con el Agente no debería hacerlo el presidente, sino el D.D. o el Secretario Técnico.

En España hay un reglamento propio, pero no está aprobado, entonces se funciona con el reglamento que aprobó la FIFA. Un Agente es una persona física, no puede ser una empresa. Las licencias para Agente de Jugadores se obtienen tras un examen en la RFEF. Hay que tener una póliza de responsabilidad civil, y firmar un código deontológico, la licencia es personal e intransferible. En España la licencia es mundial, sirve para todos los países, excepto para Francia.

Los honorarios del agente suelen ser el 10% del sueldo del jugador, sin considerar ingresos extras. En la actualidad hay unos 4.000 Agentes en España, y un futbolista puede tener más de un Agente, no hay porque tener exclusividad.

Hay una mala imagen en los Agentes de futbolistas, y dificultades a veces en la relación con el jugador y el D.D. El contrato (agente-futbolista) es un contrato de mandato, y debería ser de confianza, si se acaba ésta, se acabará el contrato. Hay poca ética en los contratos, y debería existir una máxima transparencia.

Existe intrusismo en el mundo de los Agentes, gente sin licencia federativa que lleva y ofrece jugadores. Un representante debería ser como un segundo padre".

Y Ángel Caballero, Agente de futbolista de la RFEF, asesoró a la concurrencia exponiendo: "Un Agente debe defender al jugador, y ante cualquier dificultad, aconsejo negociar y nunca llegar a los juzgados. Suele existir alguna dificultad en las relaciones entre los familiares del jugador y el Agente. Entre D.D. y Agente lo primero que debe existir es respeto. Hoy en día un Agente está más preparado".

Los agentes FIFA, fueron los primeros en acercarse a conversar y preguntarnos que podemos aportar en su profesión. El psicoanálisis por ser exquisitamente comunitario muestra que en todo trabajo y toda compra venta hay tres momentos o fases diferentes por las cuales atraviesa el proceso laboral:

La primera fase o Instante de Ver (es el inicio de la relación, la toma de contacto, no corresponde en ese momento negociar nada, es el protocolo de la presentación, del abrir una conversación previa, ya que el sujeto entra en acción después de las palabras) Se trata de comenzar sin preocuparnos si la negociación continuará o no y cual será el resultado. A veces las conversaciones de una negociación se concretan años después de iniciadas.

La segunda fase la denominamos Tiempo de Comprender, en donde las partes, desarrollan sus intereses, se estudian las propuestas, los resquicios del contrato, se pregunta y evalúa. Siendo ésta una fase de máxima confianza, sin la cual difícilmente se puede llegar a un acuerdo. Preguntar es señal de confianza. Mejor hablar. Las dudas no analizadas corresponden a planes individualistas no privados de prejuicios que suelen estropear la contratación a corto plazo o generar obstáculos a medio plazo.

El tercer y último movimiento en el que se abrocha todo el proceso lo llamamos Momento de Concluir, y es el más delicado pues cercano al pacto se puede romper por la angustia de alguno de los personajes del contrato, al pretender cerrar con premura los acuerdos o dejarse influir por opiniones (siempre contradictorias) o por el miedo a lo novedoso que todo compromiso conlleva.

El psicoanálisis asegura una escucha especial en las negociaciones aportando con la interpretación, la precisión de lo posible y lo necesario en el momento indicado con el fin de que el proceso contractual continúe su cauce.

EL MARKETING Y LOS CLUBES DE FÚBOL

José Alberto Callejo, Director de Marketing del Málaga C.F. aportó: "el marketing es un estudio de mercado y el fútbol se trata como una empresa más. Mitificar a un jugador significa que aunque no sea bueno pueda ser rentable. El departamento de marketing de un club, no vende ni compra, lo que realiza es comunicar: a través de mesas redondas, cartas, televisión, radio, para conseguir nuevos abonados y también mitificamos a los jugadores haciéndoles ídolos, héroes".

CONCLUSIONES

Después de revisar la documentación y bibliografía que se aportó en el curso, se presentó un trabajo escrito y se diseño un proyecto deportivo mostrando el interés del psicoanálisis para la puesta en funcionamiento, organización y/o mantenimiento de un departamento de fútbol.

Toda teoría es práctica, es decir aplicable en todos los casos, con datos tangibles (materiales y/o corpóreos) y los resultados de este trabajo pueden ser a su vez materia prima o instrumentos de otros trabajos. Y así como son necesarios los errores para aprender, también en las victorias es conveniente leer el discurso futbolístico débil, para seguir creciendo.

Es importante en toda Institución deportiva la producción, distribución y uso de la economía y los afectos. Ya que no hay Instituciones buenas o malas, personas sanas o enfermas, ideales revolucionarios o primitivos; hay Instituciones que son pensadas y trabajadas con métodos científicos y otras son trabajadas por técnicas ideológicas.

Sabemos que un grupo, un equipo de fútbol, ambiciona la historia y a una Institución deportiva le interesa la eficacia.

Toda ciencia surge en un campo ideológico. Sabemos que sin práctica utilitaria, sin práctica técnica, sin empirismo, no hay producción científica. Pero la producción científica surgida del campo de la ideología, por ser efecto de un trabajo realizado, por ser producto de materia prima transformada ya nada tiene que ver con los instrumentos que se utilizaron, ni con la materia prima con la cual se trabajó.

El jugador que llega al primer equipo no es aquel cadete, si así fuera todos llegarían a ser profesionales. El tiempo psíquico puntúa todo proceso humano siendo diferente (aunque lo incluye) al tiempo cronológico. Un ejemplo clásico es que con la madera (materia prima) puedo construir una portería (efecto) pero el arco no estaba ni en los tablones de madera, ni en los instrumentos con los que trabajé (martillo, sierra eléctrica...) ni tampoco estaba en el árbol (materia natural).

Sin el trabajo humano, sobre la madera, con instrumentos precisos no podríamos obtener el resultado de dicho trabajo. Trabajo que podemos reconstruir teóricamente, para estudiar que medios de producción y mecanismos intervienen en su producción.

PROPUESTA: CURSO FÚTBOL Y PSICOANÁLISIS

Para la organización, desarrollo y mantenimiento de un Departamento de Fútbol, en un Club hemos paseado durante el curso por conceptos que destacan la importancia de diversos profesionales trabajando para el fútbol profesional: Abogados, Médicos, Fisioterapeutas, Informáticos, Periodistas, Agentes...

Estamos de acuerdo en que los buenos resultados sólo llegan con trabajo, con mucho trabajo, siempre y cuando esté realizado con pasión, orden, estrategia, alegría, fervor y para ello es necesario disciplina, tolerancia, respeto, visión de futuro, ambición y capacidad de trabajo. Sabemos que en "La gran familia del fútbol" siempre hubo, están presentes y habrá sujetos jugándose la comida, las ilusiones, el dinero o su cuerpo.

Por todo ello indicamos el interés del Psicoanálisis como instrumento de precisa eficacia en la gestión emocional, desarrollo de personalidad y producción de talento en un club de fútbol. Proponemos comenzar con ponencias dirigidas a directivos, técnicos, futbolistas y otros profesionales sobre los siguientes temas:

1) Gestión Emocional de la Personalidad aplicado al equipo de fútbol

- Todos soñamos. La Personalidad y el talento son inconscientes.

- Los Sentimientos son susceptibles de regatearnos.

- El Sentimiento de Culpa en las lesiones musculares.

- La Agresividad es necesaria, las agresiones son improductivas.

- La mediocre resignación y la libido grupal.

- La Tristeza en la victoria y la Tolerancia en la derrota.

- Los pequeños detalles, que nos hacen ganar o perder, son psíquicos.

2) Manejo de la Variable Afectiva en la Alta Dirección

- La Seguridad y el Confort intelectual de los directivos

- La angustia como señal y la incertidumbre de las decisiones.

- Los errores y la soledad en la función de liderazgo.

- Para aprender a escuchar, primero hay que hablar. ¿Dónde aprender?

- Las supersticiones y la magia del fútbol son cuantificables.

3) El poder de la Transferencia en las relaciones Federación-Club-Afición

- Importancia del Punto de Partida en toda Institución deportiva

- La Ideología, la Necesidad, la Demanda y el Deseo.

- Lo Social, lo Económico y lo Deportivo.

- Relaciones grupales y Singularidad del talento

- Amor, Odio, Celos y Envidia en el vestuario y los despachos.

4) Las Teorías Grupales en las Instituciones Deportivas

- ¿Qué cohesiona a un grupo? El grupo como máquina productora de jugadores.

- Los pactos permiten materializar el proyecto deportivo.

- Las alianzas, para ganar o fracasar en el club, son inconscientes.

- Los tiempos de producción del grupo y de la institución son diferentes.

- El juego, la fantasía, el humor y la realidad deportiva.

Este proyecto se entregó en Madrid el 18 de diciembre de 2006 a la RFEF.

CAPÍTULO DOS
EL GRUPO. EL EQUIPO. EL CLUB

El Grupo es el alma del equipo. El Equipo es el cuerpo del club. El Club es lo social de la institución

Lo posible en un equipo de fútbol, si es reproducible en otros clubs, merece ser estudiado. Este capítulo expone los criterios del método grupal "poesía y psicoanálisis" en la organización, desarrollo y mantenimiento de un Departamento de Fútbol.

En las aulas de formación de la propia RFEF se puede escuchar: "Si hay grupo hay equipo", criterio de los seleccionadores nacionales del fútbol base.

Consideramos que "el fútbol base es la base del fútbol" es decir: la cantera, el fútbol femenino, la formación de directivos, técnicos y árbitros conforman la base del fútbol, sin olvidarnos del periodismo deportivo de investigación y la voz deseante de la afición.

Volvamos al criterio que se transmite en las aulas deportivas: "si hay grupo, hay equipo". Y nos preguntamos: ¿puede haber equipo sin grupo? Existen equipos de fútbol, cuyas individualidades marcan diferencias en el juego y cuando dicho jugador no participa, el juego colectivo se resiente mostrándose deshilachado tácticamente e improductivo en su puesta en escena; en estos casos hay equipo pero ¿hay grupo?

Es primordial en un equipo de fútbol trabajar y cuidar la "cohesión" e interpretar la "desconexión". El problema en los grupos no parece ser lo que cohesiona (la libido) sino lo que disgrega (el desamor).

Bien diferente es el caso del equipo que cuenta con futbolistas (producidos por el grupo) que aceptan la función que el grupo les otorga: liderazgo, capitanía, suplencias, tácticas, representante del club, cantera, ojeador... de tal manera que cuando un jugador no puede disputar un partido o su estado deportivo no es óptimo, siguen formando parte del equipo aunque no juegue.

Toda genialidad y talento es grupal, nada es individual o innato en el sujeto, todo se construye con trabajo. Los sistemas simbólicos que ordenan los actos deportivos (aunque lo desconozca el deportista) son: los sistemas religiosos (aunque no sea creyente), jurídicos (aunque desconozca la ley), científicos (aunque no estudie) y políticos (aunque se crea apolítico). Y no hay superposición ni conjunción de estos sistemas; entre ellos hay hiancias, fallas, desgarraduras por lo que no podemos concebir un discurso deportivo unitario. Durante el análisis, en ese discurso que se desarrolla en el registro del error deportivo, ocurre algo a través de lo cual hace irrupción la verdad, la certeza del gesto. En el fútbol la verdad alcanza al error por el cuello en la equivocación del rival, por eso decimos que los partidos se ganan en los pequeños detalles: los lapsus de concentración, el resbalón, el despiste en el marcaje, la anticipación, el amago...

Cuando un jugador destaca en el equipo, es efecto grupal del mecanismo psíquico de "Sustitución" y las operaciones inconscientes de "Alienación y Separación" que permite desplegar los movimientos grupales en la táctica y estrategia.

El narcisismo exacerbado de creerse "el mejor" es una noción individualista que poco o nada puede frente al criterio grupal de jugar "entre los mejores". Así en toda entrevista con laureados deportistas y en cada tertulia con un técnico ganador se puede escuchar la función poética en la que: escribir el nombre propio en un campeonato es tan difícil como saber jugar y ganar, de hecho los mejores futbolistas y escritores son poetas.

El fútbol como deporte colectivo es un paradigma grupal y cultural.

A un equipo por grupal, le interesa la historia y, así hubo, hay y habrá equipos de fútbol inolvidables en donde destacaban grandes jugadores. Los cinco magníficos del Zaragoza, la Quinta del Buitre del Real Madrid, el Dream Team del Barcelona, la Máquina de River, la Naranja Mecánica de Holanda, la Delantera de Seda del Atlético de Madrid, El Brasil de los 70, la Argentina de Maradona y un largo elenco de equipos donde "el grupo" construye la singular diferencia que "revaloriza" a cada jugador, surgiendo con ello la estética del deporte rey.

El equipo pertenece al club, es su cuerpo. El grupo es el que produce al equipo, siendo su alma. La institución es la encargada de la eficacia y las relaciones sociales del club; siendo la estructura poética la que posibilita que se articulen el éxito deportivo con el superavit económico y el beneficio social. Descuidar alguna de estas facetas no impide obtener rendimiento económico pero dificulta los triunfos deportivos, siendo desde lo social donde se evalúa la ética del club de fútbol.

El Grupo y la Institución pueden caminar en sentidos distintos, puesto que son diferentes los conceptos de Tiempo que intervienen en su producción.

El tiempo grupal de un equipo de fútbol es exquisitamente comunitario, es decir, es un concepto de Tiempo Histórico el que lo determina con las características de ser:

recurrente, discontinúo, material e interpretable desde los efectos. Los hechos en un equipo de fútbol solo existen después de ser interpretados. Los instrumentos de lectura que se utilicen para la interpretación deportiva del resultado, deben ser cuidadosamente seleccionados por ser un tiempo psíquico el que rige el concepto grupal.

En la Institución el concepto que interviene es un Tiempo Real (lineal, continúo, corpóreo, mensurable, con una dirección constante igual a sí misma que se conoce de donde viene, se hace presente y se dirige hacia el futuro) es el tiempo del calendario de competición, de los compromisos internacionales, de lo pautado con otras instituciones, de los contratos con jugadores y técnicos; en general es el tiempo de la eficacia cuyos resultados concretos están sobredeterminados y dirigidos por el tiempo psíquico. Y éste es uno de los motivos por el que las Instituciones deportivas que mejor funcionan son aquellas en las que existe un grupo comprometido con la tarea del proyecto deportivo.

Un grupo es la multiplicidad de sus efectos y esto siempre es diferente a la suma de las partes. No hay grupo sin Identificación y esto nada unifica, es decir el despliegue de las singularidades colabora en la materialización grupal del proyecto deportivo.

En un equipo de fútbol ¿a quién le pertenece el talento? Los jugadores y los trabajadores del club adquieren de la poética del imaginario universal la riqueza de sus diferencias y la singularidad en cada gesto técnico. El lenguaje siempre nos precede, y es el significante el que impide la circularidad de lo absoluto, la armonía de lo imposible y la incertidumbre de nada saber antes del partido.

En los ejercicios de entrenamiento cuando algo se aprende ya es conocimiento. Y el conocimiento se puede perder u olvidar, sin embargo el saber no olvida nunca, es una memoria permanente de todo lo posible en el humano. Los llamados automatismos son mecanismos psíquicos, leyes del lenguaje cuyas funciones, la máquina grupal nos permite entrenar.

El grupo sabe, produciendo en el equipo el arte de lo posible y el talento en sus jugadores para competir. Por eso no se puede copiar el fútbol, se puede estudiar los sistemas, reproducir tácticas, pero siempre será una constante invención su práctica, tan estética cada jugada como deseante el resultado. Las jugadas como las frases se deben concretar: disponer de sujeto, verbo, predicado y destinatario el júbilo del gol.

Las jugadas de fútbol son leyes psíquicas y las leyes no se entienden, se pueden estudiar. Por ejemplo son los efectos llamados "Amor y Hambre" los que como Padres de la Cultura Humana le permitieron al hombre, transformar con trabajo, la madre naturaleza en ciudades habitables con calles asfaltadas y servicios para sus habitantes. Recordemos que el fútbol en sus 150 años de historia (nació el 26 de octubre de 1863 en Londres, donde se reunieron representantes de distintos estamentos deportivos y culturales para redactar el primer reglamento, con 14 reglas, y crear la (FA) Football Asociation) ha sufrido modificaciones, por ejemplo: la figura del árbitro aparece en 1891, antes eran los capitanes de ambos equipos los encargados de dirimir las diferentes disputas del juego. Ese mismo año se crea la pena máxima o penalty. La ley del fuera de juego de 1866 se modifica en 1925 y nuevamente en 1990. La posibilidad de realizar cambios no aparece hasta 1958 y en un principio sólo se permitían dos sustituciones. Las tarjetas surgen en 1970, aplicándose por vez primera en el Mundial de México. Desde 1990 son obligatorias las espinilleras en los futbolistas. Al principio las camisetas no llevaban dorsal y es desde 1994 que además llevan el nombre del jugador y así podemos enumerar otras modificaciones sobre las dimensiones del terreno de juego, la red en las porterías, las apuestas deportivas, el cuadro médico, etc.

Somos animales de horda (no hay instinto de agregación) y el hombre primitivo, después de haber descubierto que estaba literalmente en sus manos mejorar su destino en la tierra por medio del trabajo, ya no pudo considerar con indiferencia el hecho de que el prójimo trabajara con él o contra él, jugará con él o contra él. Adquiriendo así los semejantes el carácter de colaboradores o adversarios, con quienes resultaba útil vivir y competir en comunidad. Somos animales de horda y también somos masa.

Y después de esta breve introducción trabajaremos algunos conceptos básicos para desplegar las fórmulas:

El Grupo es el alma del equipo.

El Equipo es el cuerpo del club.

El Club es lo social de la institución.

LO GRUPAL ES COLECTIVO E INDIVIDUAL

Partiendo de los textos psicoanalíticos: "Psicología de las Masas y análisis del Yo" de Sigmund Freud y "No hay producción de sujetos fuera de la producción grupal" de Miguel Oscar Menassa, podemos pensar el Grupo como máquina productora de jugadores, directivos, técnicos, prensa y afición.

El sujeto es psíquico y social simultáneamente, por ende no está justificada una diferenciación entre la psicología individual y colectiva. De modo que el otro semejante (compañero, entrenador o rival) forma parte de cada sujeto ya sea como adversario, modelo, objeto o auxiliar.

Del Sujeto también podemos decir que es: dividido, doble y múltiple.

-dividido (inconsciente en sus actos y conciente en sus consecuencias)

-doble (singular y grupal cada vez)

-múltiple (por sobredeterminación histórica, económica y psíquica).

Como grupo repetimos el primero al que pertenecimos: el familiar y como masa repetimos la forma más primitiva de sociedad: la horda primitiva.

El sujeto es una articulación de deseos, de modo tal que en cualquier proyecto se puede pensar e incluir a todos aquellos que implicándose pidan pertenecer, ya que todos los elementos de la ecuación forman parte de la fórmula; siendo la fórmula la que permite por estructura que las diferentes variables se puedan relacionar entre sí, de modo tal que ningún elemento aislado es por "si mismo" la fórmula. Y la fórmula (representación de la estructura y vacío formal de la teoría) no puede aplicarse si la articulación de sus elementos no se enuncia correctamente.

Se puede no estar de acuerdo con el entrenador o discrepar con un compañero de equipo, pero si el desacuerdo es con el proyecto grupal, el integrante mostrará como obstáculo una fisura en su trabajo que puede poner en peligro la tarea deportiva.

En las aulas deportivas también se escucha "Se juega como se entrena" quiere decir que la interpretación (la lectura de cada partido) es por recurrencia. Desde el efecto se puede interpretar, desde el punto final se puede leer. Un partido de fútbol se puede interpretar (produciendo lo que no existía) después de jugado y, esa lectura de la realidad puede resultar eficaz sobre el grupo deportivo para el próximo evento, por eso a los técnicos les gusta decir vayamos partido a partido, verso a verso.

LA REALIDAD SE PRODUCE

La lógica psicoanalítica va de lo particular a lo general, es decir, un jugador o un directivo pertenecen al club y en cada uno existe un equipo, dicho de otra manera en cada sujeto hay un grupo si el pacto que nos dirige es el proyecto deportivo.

Estar de acuerdo, es acordar que solo no se puede nada, que lo mejor de cada uno está fuera de uno mismo (en el grupo que te produce), que el peor rival anida dentro de la piel si existen conflictos contrarios al pacto. Así por ejemplo se puede firmar el contrato laboral con el nuevo club, pero no se rubrica con el pacto emocional de pertenencia, pertinencia y cooperación al proyecto deportivo. Y no es banal, tiene consecuencias, pues de lo mediocre a lo sublime hay un solo paso, unos centímetros repelen el balón del travesaño o lo alojan en la red, en un instante surge la genialidad o el despiste.

La realidad se construye en todos los casos. No hay una realidad psíquica ya hecha para ganar, no hay una realidad material concreta esperándonos con la victoria. Todo lo deportivo se construye con trabajo, entrega y dedicación.

El psicoanálisis descubre que en el sujeto hay una doble alteridad y un nuevo nivel de objetividad. El nuevo nivel de objetividad parte de lo que dice el deportista y la doble alteridad habla de la relación de cada profesional con el semejante y consigo mismo. Por eso que hablar y ser escuchado en la competición tiene consecuencias sobre el equipo. Sin la interpretación psicoanalítica no hay palabra y acto simultáneo. Es decir cuando hay grupo se juega en equipo. Después la vida con sus crueldades, las lesiones inoportunas, el árbitro, los postes, el azar con sus propias leyes que nunca son azarosas, sólo después sabremos qué estilo de juego tiene el equipo y la historia dictaminará.

Y no se trata de convencer (con-vencer) sino de conmover (con-mover) porque no se puede convencer a nadie, ni se puede luchar contra los antiguos pensamientos. Lo que se puede es incluir los nuevos pensamientos y estos trabajaran, en la medida del deseo del sujeto, a los antiguos pensamientos pudiendo transformarse el sujeto y con ello se producirán nuevos resultados en la realidad del deportista.

El psicoanálisis, en este sentido, no viene a arreglar nada en el fútbol (si es que algo hubiera que resolver). El psicoanálisis es un instrumento eficaz, novedoso y por ende no comparable con otras disciplinas ya existentes en el club de fútbol. Los efectos hablan por si mismos.

La puntuación que realiza el psicoanálisis del fútbol, puede ser útil para capitalizar, sumar y mejorar la dinámica psíquico-social de los sujetos que participan en la experiencia grupal de un club. Que de ello se desprenda una estética deportiva, triunfos en buena lid o una economía rentable, son beneficios extraordinarios del propio deporte que redunda en la gran masa social de aficionados.

LA FUNCIÓN POÉTICA
DEL REGLAMENTO DEL FÚTBOL

Somos "unos" entre otros "unos". No siempre fue así, hubo un tiempo en que la libertad fue máxima, el viento imperaba en cualquier territorio, la fuerza se imponía, los dioses reinaban todos los corazones y la peste era una ciudadana con credenciales. No siempre existió una Ley del Deporte. Pero el hombre siempre produjo juguetes, descubrió ciencias e inventó máquinas con otros hombres para dominar la naturaleza, transformarla en habitable y jugar a ganar.

Se pueden analizar los prejuicios que obstaculizan lo nuevo en el deporte y estudiar todo aquello que, no siendo mensurable ni visible, si puede ser imaginado.

La teoría de los números naturales, la teoría heliocéntrica del universo, la teoría de la reproducción de las especies, la teoría del valor y la teoría del inconsciente han permitido repetir lo diferente y verificar lo singular del humano: todos soñamos y jugamos, tenemos capacidad para amar y odiar, somos sujetos psíquicos y sociales siendo el grupo la máquina productora de sujetos.

Otro ejemplo inalcanzable e infalible por no enamorarse nunca, es la Poesía, en todos los casos instrumento de conocimiento capaz de develar en cada realidad alguna ceguera del hombre. Y así el hombre pudo llegar por ejemplo a practicar junto a otros compañeros algún deporte en equipo y enfrentarse con otro equipo por haber pactado un previo orden simbólico, del que se desprende un resultado en el marcador. La función poética permitió que se redactara el primer reglamento de fútbol y anticipando la realidad deportiva posibilitó las posteriores modificaciones de sus reglas.

Los hechos sólo existen después de ser interpretados y los sentimientos son siempre infantiles. Por eso hasta que no hubo un código escrito, una reglamentación que legislara la práctica del fútbol (hecho que sucedió en un tiempo lógico) éste no se pudo practicar como tal deporte. Antes de estar escritas las reglas de su práctica no se sabía de qué se trataba, siendo un juego más de pelota.

El tiempo lógico es el tiempo colectivo, es decir el tiempo del sujeto psíquico, que nos permite pensar el sujeto de las ciencias, el sujeto de la ética, el sujeto de la lógica grupal que puede transformar la ideología; considerando que la ideología, como interés de los gobernantes, es el conjunto de los modos y creencias inconscientes que permiten el manejo de la realidad.

La poesía, como instrumento de conocimiento es precisa: Jugar hasta vivir y, vivir desde el principio es separarse, dejar algo y también es abrirse a otras realidades. Por eso que apropiarse de los nuevos conocimientos y aceptar que los conceptos, que ya gobiernan, puntúen los nuevos sentidos en todas las direcciones del deseo, es una apuesta fuerte. Que el trabajo de todos los integrantes de un club, los proyectos de las Instituciones deportivas y las ilusiones de los aficionados, dependan en su rodar azaroso de que el balón traspase la portería contraria, es una apuesta fuerte.

Que todo o casi todo (la comida de varias familias, los proyectos empresariales para nuevas inversiones, los diferentes planes de salud y educación, la calidad de vida de los vástagos, la creación o no de cantera…) que casi todo dependa de ese "azaroso" rodar del esférico, es una apuesta fuerte. El fútbol compromete, sobretodo cuando sabemos que el azar está sobredeterminado por las leyes del juego, que no hay azar sin ley, que un cristal nunca se rompe azarosamente, sigue en todos los casos sus líneas de fractura.

En el jugar, es ley del juego que se gana cuando se pierde y se vuelve a jugar, pues el momento de concluir el instante de ver es el tiempo de comprender. Diferenciar el tiempo cronológico del tiempo lógico es tan importante como la inadecuación que existe entre la palabra hablada y la palabra escrita o entre la pizarra y el terreno de juego.

En todo deportista anida una ideología, ya que no se puede no tener ideología y según sea la teoría que nos piense, así será la ideología que nos gobierne. Sabemos que en todos los casos es inconsciente la transmisión de ideología y nunca deja de funcionar en el sujeto; tan inconsciente es que no se sabe porque somos de ese equipo de fútbol.

Cuando se redacta y publica la primera La ley del Deporte, entra el deporte en el Estado, lo que permite la transmisión ideológica de ese "derecho social" según lo denomina nuestra Carta Magna. Sabemos que en la acción se ve la ideología, luego no se puede decir cual es la ideología antes de la acción. Se puede interpretar después de la acción. La ideología nada tiene que ver con las ideas; es decir el momento de la ideología impide pensar, es lo que determina la acción, de tal modo que sin ideología no hay acción, no hay movimiento, no hay sujeto social sin ideología ni fútbol sin pasión.

LA ESTÉTICA DEL JUEGO Y LA ÉTICA DEL RESULTADO

Si hay grupo hay equipo, se produce en un tiempo que llamamos tiempo lógico.

Tiempo lógico caracterizado porque es desde el futuro que se construye éste presente, es desde el árbol que puedo reconstruir que hubo de haber semilla, es desde el jugador profesional que puedo leer que hubo proceso de formación. No todos los niños llegan a ser adultos, sin embargo desde el adulto podemos asegurar que hubo infancia.

Tiempo lógico donde la ideología que determina la acción, nos permite pensar el primer juego del niño representado por un carrete de hilo que lanza fuera de la cuna acompañado de una exclamación ¡oh! y cuando regresa el juguete lo acompaña con un ¡ah!. Juego que repite incesantemente, tirar lejos de sí y esperar que vuelva acompañado del oh-ah!!!, oh-ah!!!, oh-ah!!! goal!!!, goooooaaaal!!! simbolizando todo jugar adulto.

El tiempo del juego grupal depende de la constitución del grupo que podemos estudiar en las tesis deportivas siguientes: a) Si hay grupo hay equipo, b) Un equipo es un estado de ánimo y c) Se juega como se entrena. Estas tesis las estudiaremos desde la Teoría grupal: "El grupo es una máquina productora de sujetos".

Hagamos un paréntesis: cuando decimos "no hay dos sin tres" es desde el tres que se anuda el uno y el dos. Así Institucionalmente para poder hablar de los grupos, decimos: FIFA, UEFA, RFEF. Y esto es posible por la existencia (fuera de la estructura pero conformándola) de una instancia simbólica que posibilita, sin necesidad de intervenir, la dinámica del juego. En el caso del fútbol, esa institución, ese "padre simbólico" es el TAS (Tribunal de Arbitraje Deportivo).

Volvemos al tema. Los tiempos del juego: FORT-DA, son lanzar algo fuera de sí, lejos de uno (fort) esperando que vuelva (da), quien atendió niños lo puede atestiguar. Alejar un juguete (por ejemplo el balón) y saber esperar que vuelva (seguir en el juego) para volver de nuevo a lanzarlo y... Juego de presencia y ausencia que permite simbolizar el jugar en el hombre con una pelota, una máquina o un palo. Fort-da es el primer juego del niño que ante la desaparición y posterior aparición de la madre, produce el goce omnipotente de "poseer" al otro, cuando en realidad es la manera humana de simbolizar que el otro nunca nos perteneció ni podrá pertenecernos, así como nunca le perderé porque nunca le tuve.

Algunos jugadores durante el desarrollo del partido "se ausentan" desaparecen en el terreno de juego, se despistan, se resbalan, se equivocan, señal de algún obstáculo en el proceso de simbolización que se debe trabajar en los entrenamientos.

El primer "gran otro" humano que nos da la vida, tiene otras actividades, otras tareas además de amarnos cual niño indefenso en el mundo. Ese primer Gran Otro, tuvo a su vez otro primer Gran Otro que colaboró, no sólo en que naciéramos también permitió nuestro crecimiento. Ese gran Otro es el Símbolo, el Lenguaje, la Ley que permite poder simbolizar a los padres, a todos los padres que conforman la formación del futbolista.

Algunas dificultades en la formación de la cantera guardan relación con la no aceptación de los límites, el reglamento que algunos jugadores nunca se han leído, la metamorfosis de la pubertad y la ambivalencia afectiva frente a la autoridad. Si un niño muestra dificultades para jugar, hay que entrevistar a los padres.

Es a través del juego hablado oh-ah!, oh-ah! que pudo elaborar el niño la ausencia de los padres y, así ya nunca se olvida de jugar. Todos los demás juegos inventados por el hombre son sustitutos de ese primer gran juego apasionante de ausencia y presencia. ¡oh-ah! sonido onomatopéyico de "goal".

TODO DEPORTE ES GRUPAL.

No hay deporte individual, no hay práctica solitaria, hasta el onanismo tiene dedicatoria. Tomar un sencillo café, conlleva más de veinte trabajos diferentes.

Una cosa es poetizar y otra fantasear. Poetizar no es más que jugar (jugar y no fantasear). El poeta es poeta porque nunca abandona el juego, no nos cuenta sus fantasías, sino que lo que nos cuenta es cómo juega con las palabras. El que juega es libre, se divierte y no necesita ocultárselo a nadie. Ser deseante es lo más deseable, por eso el deportista deseante puede obtener del juego beneficios extraordinarios. Para los técnicos y directivos se puede decir lo mismo.

El que reemplaza el juego por la fantasía es el neurótico (individualista). Para fantasear no se necesita la realidad, de modo que cada vez que fantasea, es un ser aislado que inventa una realidad nueva que no existe y que nada tiene que ver con la realidad.

Sin embargo el niño cuando juega siempre toma un elemento de la realidad para jugar, por ejemplo a falta de árboles, con dos piedras hace una portería o toma una escoba y puede estar montando un gran caballo blanco, pero si le preguntas porque no da de comer alfalfa a su caballo, te responde que no seas tonto, que es una escoba. El poeta cuando juega siempre juega con la realidad. El juego del niño como el juego del poeta es la transformación de una realidad conocida.

El niño y el poeta jamás confunden la realidad con la fantasía, jamás confunden la realidad con el juego, sin embargo el neurótico no puede eso y permanentemente le quita espacio a la realidad para poner en ella sus fantasías.

Y con fantasía del neurótico nos referimos a los deseos insatisfechos o deseos detenidos o deseos prevenidos o deseos renegados, es decir las fantasías son los estados psíquicos preliminares de los síntomas patológicos de los que se quejan los pacientes; y toman su gran fuerza de la pulsión (empuje constante que tiende a la satisfacción) de manera tal que cada fantasía es una rectificación de la realidad insatisfecha de deseos.

Los sueños nocturnos no son diferentes de las fantasías o ensoñaciones diurnas. Freud descubrió que los sueños son realizaciones "alucinatorias" de deseos sexuales, infantiles, reprimidos. Deseos que son disfrazados (por el material que conllevan) para poder acceder a la conciencia. En los sueños hay también vergüenza del material como en las fantasías. Podemos soñar que nos han robado en el coche, pero sería ridículo al despertarnos salir corriendo a la comisaría para denunciarlo, sin embargo en la fantasía el sujeto puede buscar pruebas en la realidad que confirmen su presunción, datos que alimenten su prejuicio o los rastros causantes de su sufrimiento.

Cuando un sujeto cuenta sus fantasías puede generar indiferencia o asco, sin embargo, en el juego se produce un placer que no viene exactamente del juego, sino del sujeto, por eso que en el jugar hay una estética diferente a la ética del resultado.

Es diferente disfrutar jugando (jugador deseante) que obligarse a ganar (jugador estresado). El que juega por necesidad, pierde por obligación. Jugar disfrutando siempre tiene consecuencias, jugar por obligación tiene otras consecuencias. Al igual, cuando el poeta nos cuenta "yo" obtengo placer, y ese poco que da el poeta (jugador), procura ese gran placer en el lector (espectador) porque libera un placer preliminar, es como la interpretación, donde el psicoanalista nunca le dice al futbolista o al entrenador cómo tiene que vivir, sino que le señala qué es lo que no le deja jugar según su deseo.

El poeta mitiga el carácter egoísta de la fantasía a través de modificaciones (que permiten las leyes del lenguaje: metáfora y metonimia) y nos soborna con un placer puramente formal, es decir estético.

Una vez que hemos planteado el juego como un proceso psíquico, el juego como ese modo peculiar de elaborar la presencia-ausencia del otro semejante (fundamental e imprescindible en la constitución del sujeto); una vez que reconocemos el jugar como el mecanismo grupal para humanizarse teniendo en cuenta la realidad, transformarse y crecer junto a otros semejantes; una vez planteadas estas cuestiones ahora podemos decir que el juego inventó el juguete. Hay un lenguaje (que es estructural) y muchas lenguas. Hay un jugar y muchos juegos. El lenguaje del fútbol es universal después cada equipo juega como entrena y genera un estilo de juego.

En todo ello la libido, es lo que mantiene unido a los sujetos. Por eso se dice que un equipo es un estado de ánimo (alegría, duda, tristeza, apatía, furor...) y un efecto de la libido es que un solo balón puede reunir a más de veinte niños jugando en equipo.

¿CÓMO SE PRODUCE UN GRUPO DEPORTIVO?

Partimos de la teoría grupal que nos dice: "No hay producción de sujetos fuera de la producción grupal" que nos plantea tres ciclos: I) Producción del Grupo, II) Producción de Proyecto Grupal y III) Materialización del proyecto grupal.

Los ciclos son topológicos, es decir, simultáneos en su formación, sincrónicos en su funcionamiento y sólo desde la materialización del proyecto grupal se pueden leer los efectos en el equipo deportivo. El tiempo que interviene en estos ciclos es el tiempo del inconsciente y, por sobredeterminación, no es necesario que las leyes se conozcan para que actúen sobre el sujeto en el pacto deportivo.

En la producción de los ciclos trabajaremos las tesis deportivas: a) "Si hay grupo hay equipo" que se representa en el Instante de ver, b) "Un equipo es un estado de ánimo" que se despliega en el tiempo de comprender y c) "Se juega como se entrena" es el momento de concluir, el instante de ver, el tiempo de comprender la producción del grupo en un tiempo más lógico (recurrente y discontinúo) que cronológico (lineal y continúo).

I) PRIMER CICLO

En el tiempo de la Producción del Grupo, se puede desplegar la tesis "se juega como se entrena" de modo que si se juega bien se está entrenando correctamente, dicho de otra manera no es que si concibo bien un grupo lo haré jugar bien, sino que si juega correctamente está bien concebido el tiempo del concepto grupal.

Los conceptos y mecanismos que intervienen en los entrenamientos para la psicología colectiva o grupal de un equipo, se relacionan con la formación de un:

A) Imaginario grupal,

B) Ideología grupal.

C) Deseo grupal.

Para ello deben ser trabajados e interpretados los "obstáculos" que se oponen a la producción del grupo bajo las estructuras psíquicas: Yo, Superyó y Ello.

A1) Desde el psicoanálisis sabemos que a la constitución de un imaginario grupal se opondrá el Yo (instancia psíquica que mantiene relaciones con la realidad exterior e interior de cada deportista y relaciones consigo mismo). El Yo representa en la vida deportiva la razón y la reflexión, y una de sus funciones principales es el movimiento. Radica en el "Yo" la asimilación de conceptos tácticos en los entrenamientos que como grupo se plasman en el terreno de juego.

En un jugador individualista se puede escuchar: "yo necesito, yo quiero, yo, yo…" lo yoico se diluye en la constitución del imaginario grupal. Disolución imaginaria (nos referimos a la imagen) de cada integrante para poder resolver el obstáculo que precozmente aparece en la constitución de todo proceso grupal. Concepto muy importante en las nuevas incorporaciones al grupo de jugadores, técnicos o directivos.

De entrada todos "creemos" estar en posesión de un equipo ideal, una alineación o un mejor sistema de juego; todos creemos estar en posesión de alguna verdad que nos acompaña. Sin embargo las indicaciones del cuadro técnico se deben trabajar y olvidar, entrenar nuevamente y olvidar para volver a ensayar y olvidar nuevamente hasta que inconscientemente (memoria que nada olvida) se ponen en escena esos movimientos tácticos, esa estrategias, el talento, el desmarque, la precisión del último pase …. y el gol.

La construcción del grupo permite el juego de equipo, en caso contrario son las diferentes individualidades jugando amarradas a la libertad de cada soledad, temor o esperanza las que se enfrentan al contrario. Solos podremos ganarle al espejo, pero nadie otorga campeonatos ni paga por eso.

A2) El Superyó tiene entre otras las funciones de autobservación, conciencia moral y se relaciona con los ideales del sujeto; a su vez es el heredero del Complejo de Edipo y con ello una especie de "abogado interno" tendente a la perfección que también mantiene relaciones con la realidad exterior. De modo tal que los obstáculos para la formación de una ideología grupal surgen del Superyó. Pudiendo decir que la función del Superyó es una especie de teología negativa: "no quiero entrenar, no necesito adelgazar, no puedo correr más, no hago, no estudio…" un fantasma psíquico cubre toda la escena del pensamiento y no funciona el equipo, apareciendo conflictos, lesiones y expulsiones con el consiguiente perjuicio al equipo.

Esto opera en el grupo como una ideología negativa del sentimiento de culpa y del sentimiento de inferioridad. Ya vimos que la ideología es aquello que determina la acción, no son las ideas, no es lo que digo que quiero hacer (entrenar, crecer, colaborar) es lo que hago (entreno, trabajo, acepto una disciplina) y según la ideología haré o no haré, y según la ideología haré en contra del proyecto o haré a favor, y según la ideología haré a favor sonriendo o enfadado, y los resultados (que siempre hablan del trabajo) serán diferentes. Son centímetros los que repelen el balón del travesaño o alojan en las mallas el trabajo grupal, son instantes, resbalones, despistes en el marcaje o genialidades los "pequeños detalles" que le hacen ganar los partidos al equipo.

El Superyó se opone a toda novedad en el equipo de fútbol ya se trate de un automatismo, dieta, entrenamiento diferente o nuevo compañero.

Siempre hay consecuencias por la ideología grupal y son los productos los que hablan de cada equipo en el campeonato. Es la acción, y no los buenos propósitos, los que hablan de la ideología del grupo, como equipo de fútbol competitivo. El futbolista, el directivo o el técnico no pueden hablar de "su" ideología, ya que es inconsciente, sino que la ideología habla en el deportista a través de sus actos.

El compromiso del jugador con los compañeros y el entrenador, el compromiso del mister con los directivos, el compromiso de la junta directiva con los aficionados y otras instituciones deportivas es un compromiso no escrito, es ideológico y se ve en los actos.

A3) El Ello representa las pasiones indómitas, es un caldero hirviente de pulsiones que no juzga tiempos ni espacios. Únicamente le interesa mostrarse, aunque así ponga en peligro al sujeto. No se puede jugar al fútbol sin la agresividad necesaria para competir; si se puede jugar sin agredir. Los impulsos hostiles y otros conflictos que, a veces, se muestran en los estadios no pertenecen al fútbol. El fútbol no genera agresividad. El fútbol, como el arte, genera humanidad. El fútbol es un paradigma cultural y grupal.

Esta fuerza desorbitada del Ello, este caballo salvaje tiene como jinete al Yo, el cual le intenta domeñar tomando fuerzas prestadas del propio Ello para la vida cotidiana del sujeto. El Yo tiene relaciones de servidumbre con la realidad, con el Superyó y con el propio Ello.

No es interés del capítulo profundizar más en el funcionamiento preciso del aparato psíquico, el cual presenta una complejidad tan estudiada como el aparato cardiovascular, el sistema neuromuscular o el nutricional en un deportista. Si podemos afirmar que los peligros que rodean al futbolista, al técnico o al directivo no difieren de aquellos que señalan la ética del cuidado corporal y la estética del deseo en cualquier profesión.

El cuerpo del futbolista le pertenece al equipo en cuanto es cuerpo grupal (y por ley no se puede del cuerpo hacer carne ni puro símbolo) y los sentimientos infantiles no deben dirigir los pensamientos del profesional ni los pactos deportivos. Por eso que el cuerpo y la personalidad de los futbolistas deben ser pensados grupalmente, ya que se producen entre otros, para que no supongan un obstáculo en el equipo.

Este tercer obstáculo para la producción de un grupo (el Ello) es de tal modo que si el Ello gobierna, sería un obstáculo a la producción del deseo grupal. En un deportista debe gobernar el pacto grupal contraído con el proyecto deportivo. Los pactos nos permiten desear, trabajar para competir y, a veces, ganar.

Concretando decimos, el Yo sirve a tres amos: la realidad, el Superyó y el Ello.

Los obstáculos que hemos visto (Cuerpo y Personalidad) se materializan en el intento de borrar las diferencias, por ejemplo la diferencia radical entre la tarea (del jugar inconsciente) y la actividad (del entrenamiento consciente). Diferenciar tarea de actividad es fundamental, ya que funda la diferencia que hay entre la producción de un grupo como tarea inconsciente (producirse como grupo jugando) y las actividades del saber jugar con lo grupal (las charlas, táctica y estrategia, los videos, las reuniones, dietas, gimnasio...). Hay un decir que es hacer grupo y un saber jugar con lo producido.

Albert Einstein nos demostró que sin imaginación es imposible la representación y sin la representación no se puede conceptuar. Partimos para ello de una poética que nos permite estudiar el fútbol y el psicoanálisis. El imaginario universal de la poesía nos permite articular los conceptos grupales del fútbol y el psicoanálisis.

Para continuar la investigación nos preguntamos:

¿Qué no puede faltar en un equipo de fútbol? Futbolistas.

¿Qué no puede faltar en un grupo deportivo? El líder

¿Qué cohesiona un grupo para que haya equipo? La libido

Sabemos que no hay estructura deportiva sin sujeto, ni deportista sin estructura. El grupo no es un conjunto de sujetos, sino una máquina que produce sujetos (por ejemplo futbolistas) que a su vez son el soporte material del equipo, con lo que podemos concluir que para producir lo grupal de un equipo se precisa la escucha poética y la interpretación psicoanalítica. También se precisa la escritura del proceso grupal.

Escucha, interpretación y escritura son el tiempo de un mismo proceso grupal.

Así mismo se habrán de construir las diferentes relaciones dentro y fuera de la Institución para la existencia material de la Institución en lo social, del club en lo deportivo y del grupo en lo histórico. Y al ser la libido (energía psíquica) la que cohesiona el grupo deportivo, insistimos en diferenciar la tarea totalmente inconsciente de las actividades. No puede darse intrusismo, de la tarea se ocupará el psicoanalista y de las actividades los diferentes profesionales del club, sabiendo que hay una tendencia (por los obstáculos mencionados anteriormente) a diluir la tarea (el trabajo del psicoanalista) en multitud de actividades para nada ingenuas (prejuicios ideológicos) donde estará privilegiado el narcisismo sobre el trabajo, la familia sobre el grupo y la opinión sobre el criterio que no dejan de ser señales sintomáticas de lo personal (individual) sobre lo institucional (grupal).

II) SEGUNDO CICLO

El segundo ciclo podemos trabajar la tesis "un equipo es un estado de ánimo" y tendrá como tarea la Producción de Proyecto Grupal. Y ¿qué obstáculos podemos encontrarnos en esta fase?, en general nos toparemos con los restos de haber trabajado sobre: A) El imaginario grupal (yo). B) La ideología grupal (superyó) y C) El deseo grupal (Ello).

Los restos de las operaciones realizadas son:

A) Los restos del Yo después de haber trabajado sobre el Imaginario Grupal.

Después de haber operado sobre la producción del imaginario grupal, es decir después de producirse la interpretación acontece la disolución imaginaria (comienza a simbolizarse la importancia del grupo) de cada integrante empezando a trabajar sobre el sujeto el imaginario grupal. El "nosotros" puede más que "yo".

De modo que si se han levantado (interpretado) los obstáculos del Yo sobre el cuerpo, la personalidad y la familia, estos conceptos se transformarán en:

A1) El cuerpo ya no será sólo biológico (medible, cuantificable, palpable), ya que ese cuerpo puede doler, pesar, molestar, engordar, envejecer, picar o lesionarse de más; sin embargo el cuerpo psíquico está provisto de pasión, goce, palabras y deseo, siendo estético y preciso en sus movimientos, versátil, ligero y frente a las lesiones facilitará la restitución ad integrum ya que el cuerpo psíquico permite pensar el cuerpo biológico y no al revés.

A2) La personalidad no sólo será razonable, única, consciente, lineal, eterna e indivisa en la victoria, ni lo extraño será peligroso ante la verdad, ni el amor siempre será bueno, ni el odio malo...

La personalidad inconsciente posee efectos que se manifiestan como imaginación y fantasía en el juego. Los sentimientos son pensamientos y la energía se puede canalizar en la creación de juego. En la personalidad psíquica lo mejor está fuera de uno, el peor rival anida bajo la piel y está sobredeterminada por el deseo grupal de competir entre los mejores.

A3) La familia además de una institución de la especie, presimbólica es decir únicamente reproductora, puede ser productora de nuevos sentidos en lo grupal.

Debemos preguntarnos ¿Qué criterios deportivos dirigen la salud y formación de los integrantes de un equipo de fútbol? Los conceptos de Cuerpo, Personalidad y Familia deben ser pensados desde el imaginario universal de la Poesía y la teoría del Inconsciente. Así la familia es el centro de la máquina productora de modelos donde acontecen las primeras identificaciones del sujeto, por eso según el concepto de familia que trabaje en cada integrante serán diferentes los modos de apropiarse de la realidad y por consiguiente la eficacia grupal del equipo en la competición.

El cuerpo estará dotado de lenguaje no siendo exclusivamente imagen animal, sino que está sobredeterminado por lo simbólico de los pactos, de este modo las manos del portero comienzan en las botas del delantero centro, la banda izquierda no es sin el centro del campo que descentrado desempeña la función motora que corresponde a cada sistema de juego y la afición podrá llevar en volandas a sus jugadores. El cuerpo grupal es constante pulsión temporal construyendo espacios donde la velocidad y la precisión producen la estética del juego.

Con respecto a la personalidad, decir que, es un conjunto de pensamientos inconscientes que se construyeron en los primeros años de vida del sujeto y no son para nada originales, por ello que poder analizar cómo se piensa y construir criterios es más eficaz que pretender imponer opiniones generalmente tendenciosas.

Se debe saber que el Yo grupal tiene como característica primordial poder mirarse a sí mismo, y para esto es necesario que el Yo se disocie, es decir la personalidad grupal puede ser tan múltiple y divertida como las jugadas a realizar sobre el terreno de juego. Los equipos que juegan para jugar, para divertirse suelen obtener como beneficio extraordinario del buen juego la victoria, lo equipos que juegan para ganar o no perder sufren durante la competición y nada asegura que ganen o se diviertan más. Los ejemplos son por todos conocidos.

B) Los restos del Superyó después de haber trabajado sobre la Ideología Grupal.

Después de haber operado sobre la Ideología Grupal, a saber: las Instituciones del saber, la moral y los modelos ideológicos del Estado, es decir, después de acontecer la interpretación-construcción del obstáculo por el método psicoanalítico y sólo después de haber sido interpretados los obstáculos de la ideología imperante del estado, la familia, la universidad (más allá de sus muros carentes de ciencia) y la religión (más allá de la eterna inmortalidad) más allá de las ideologías que se desprenden de los pensamientos: mágico animista, religioso y científico; sólo después de acontecida la interpretación, y con ello la producción del inconsciente, se levantarán los obstáculos del superyó. No es fácil, es con trabajo.

Para poder conceptualizar hay que representar, por eso el hombre es capaz de modificar la realidad social, histórica y deportiva si es capaz de imaginarla y con ello en lugar de apoltronarse en el conocimiento yoico del confort intelectual es mejor bajar del podio, huir del halago tanto como de la critica, volver a entrenar como la primera vez, aprender a soportar la incertidumbre y con ello gozar del saber inconsciente que se produce en el grupo. No es fácil mantenerse entre los mejores, es con mucho trabajo.

En lugar de la segura moral heredada, deslizarse en la estética del errático deseo; una estética donde de lo único que puede sentirse culpable el sujeto es de ceder en su deseo.

Y en lugar de los modelos ideológicos del estado, la libertad que se produce en la escritura inconsciente de la ideología grupal, por eso el grupo será el que acuñe la historia del club deportivo. Y aquí queremos señalar la importancia de la Prensa Deportiva presente desde el nacimiento del fútbol en Inglaterra, para rescatar que sin formación la información es tendenciosa. El periodismo de investigación en el deporte tiene derecho a beber en las fuentes poéticas que precise para no contaminarse de la prensa rosa y amarilla de ideología poco deportiva. La formación permanente de los profesionales difunde los valores que el fútbol aporta como cultura grupal.

También sabemos que el capitalismo reina porque está estrechamente unido al ascenso de la función de la ciencia. Sin la ciencia física no hubiese habido capitalismo y debemos saber que cualquier máquina o instrumento del gimnasio es producto de la ciencia. El sujeto de la ciencia está implicado en el avance tecnológico que supera en varios siglos el avance de los sentimientos humanos. Los colores de la prensa deportiva hablan del discurso del amo, no del deporte o de la poesía que nunca alcanzarán.

C) Los restos del Ello después de haber trabajado sobre el deseo grupal.

Para concluir el segundo ciclo del proyecto deportivo, estudiaremos los restos que hacen obstáculo a la producción del deseo grupal. Con ello alcanzaremos una teoría de grupos y la producción de una interpretación de la realidad material concreta, más allá de los mitos deportivos.

Son los grandes clubes de fútbol, aquellos que se caracterizan por tener una cantera sólida, fútbol femenino (una de las bases del fútbol actual), ciudad deportiva, modernas instalaciones, peñas deportivas, relaciones internacionales, museo, foros culturales incluyendo en el club otras actividades deportivas... El deseo grupal, piensa la institución deportiva creciendo en el tiempo, siendo útil para otros que vendrán, alojando lo nuevo sin dañar lo que funciona, es en esta eficacia institucional donde se juega el liderazgo de aquello que dirige al grupo deportivo.

Los celos, la envidia, el miedo y la culpa tal vez, sean los peores rivales deportivos para el desarrollo del proyecto grupal. Y no se trata sólo de reformar el equipo, no se trata de cesar al entrenador o cambiar de táctica, se trata de comenzar e ir más allá sin interesarnos especialmente en los obstáculos, ni caer en la tentación de la reforma que lo único que consigue es la decadencia. Los problemas no se resuelven, se analizan; en caso contrario corremos el riesgo de quedar detenidos en el problema, repetir el obstáculo y no poder ir más allá.

C) TERCER CICLO

Desde el tercer ciclo podremos desplegar la tesis "Si hay grupo hay equipo" como el instante de ver, el tiempo de comprender en el momento de concluir la tarea inconsciente, es decir la materialización del proyecto grupal.

La materialización del proyecto deportivo, producido en los ciclos anteriores, se procesará durante un tiempo psíquico de constante apertura y cierre del inconsciente, caracterizado porque los obstáculos, errores, derrotas, victorias, lesiones, expulsiones, conflictos y oscilaciones necesarias en la competición (materialización del pensamiento concreto) estarán sometidos a tres grandes polaridades que dominan la vida anímica en el deporte. Estas oscilaciones se darán entre: 1) individuo y grupo, 2) economía libidinal (grupal) y economía política y 3) producción deportiva y producción de historia.

C1) La polaridad Individuo-Grupo, trabaja la oscilación entre el "Yo" y el "Mundo exterior". La antítesis entre el sujeto (deportista, técnico o directivo) y el objeto de su satisfacción (jugar, entrenar o dirigir) es absolutamente soberana en lo referente a: la función intelectual, los movimientos tácticos, la estrategia y la salud deportiva del grupo. Así podemos afirmar que las lesiones musculares en un equipo son tan grupales como los goles.

C2) La polaridad Economía Libidinal-Economía Política, trabaja la oscilación entre "Placer" y "Displacer". En la mate-

rialización del proyecto suceden "sensaciones" siempre enga-
ñosas que no deben superar las decisiones y actos del equipo,
porque la antítesis entre el confort de la victoria y la ambición
es una oscilación necesaria en la economía grupal y en los recursos del equipo frente a la economía política o social del
club. No hay idea vigorosa sin una economía que la sustente y
sabemos que lo que mantiene unido al grupo es un energía psíquica que llamamos libido. Hablar, entrenar y estudiar son
tiempos del jugar grupal.

C3) La polaridad Producción de Vida Deportiva - Producción de Historia trabaja la polaridad biológica entre "Actividad" y "Pasividad" en los efectos grupales, es decir la
antítesis entre amar y ser amado o reconocido en el club, juega
un importante papel en la materialización del proyecto grupal.
La formación de la cantera habla de las oscilaciones biológicas
entre dejar crecer (actividad) e imponer un crecimiento (pasividad). El grupo ambiciona la historia y la Institución deportiva ambiciona la eficacia.

Las tres polaridades tienen conexiones y no se puede pensar una sin las otras.

Desde el resultado podemos realizar una lectura con el
preciso instrumento de la interpretación y así evaluar por
ejemplo: si hubo éxito deportivo y/o económico, si la afición
forma parte del grupo, si la inscripción social y compromisos
internacionales avalan el crecimiento del club, la salud deportiva, la formación de los directivos del club, la cantera, el fútbol
femenino y la investigación deportiva.

Recordar que el estudio del grupo se realiza en un tiempo
lógico (psíquico) de los tres ciclos de modo tal que si falta uno,
los demás no funcionan, es decir no es lineal ni cronológica la
producción grupal, sino que desde el tercer ciclo podemos dar
cuenta de los dos anteriores. Pensamiento concreto o materia-

lización de los proyectos donde no hay ideas fuertes sin una economía vigorosa que la sustente; así mismo una economía vigorosa sin ideas no llega muy lejos en sus producciones sociales.

Sabemos que el grupo tiene extensiones y le interesa la historia deportiva y que las instituciones tienen sucursales y le interesa sobre todo la eficacia. Sabemos también que la ideología es inconsciente y se ve en la acción y que la política es la articulación de las prácticas, el arte de lo posible, es decir en la economía política se ve con qué ideología se hizo la articulación.

Y para producir un grupo es necesario, ya que es un instrumento del trabajo teórico, la escucha del psicoanalista. La presencia del psicoanalista asegura antes de cualquier acto o pensamiento la dimensión del dialogo, por ello que, sin la transferencia (campo de operaciones donde intervienen los mecanismos y operaciones necesarios para la producción del grupo) sin la transferencia nada de todo esto será posible.

Y si para poder pensar los grupos hay que aceptar que procedemos de padre y madre, también tendremos que aceptar que el campo de lo grupal y el campo de la mujer son los dos agujeros negros de nuestra cultura deportiva actual y a su vez única posibilidad de subversión de los actuales modelos ideológicos y máquina formadora de sujetos tanto psíquicos como sociales. El fútbol base es la base del fútbol y el fútbol femenino forma parte de esta base.

Hay torneos oficiales donde las chicas ganan, jugando al fútbol, a chicos de la misma edad liderando la tabla de clasificación del campeonato y, aunque la noticia no sea portada en los medios de difusión, no por eso deja de ser subversivo y cultural.

Cuando decimos mujer, no nos referimos a la novia o esposa, ni siquiera a la hermana o vecina, y cuando decimos grupo no hablamos de la peña de quinielistas ni la reunión de amigos para jugar al fútbol. Estamos hablando, estamos siendo trabajados por una teoría que nos trabaja desde otro lugar al que nos trabajó y determinó la ideología de los modelos transmitidos en la infancia: donde se dice por ejemplo: "los celos son malos", "no cambies nunca", "ese juega por enchufe", "lo que no pasó ya nunca pasará", "esto es por aquello que sucedió hace años", "el futbolista nace, el talento es genético", " las ideas están dentro del cerebro", "los niños no tienen sexualidad", "el sexo débil es el femenino" y donde el dinero nunca se piensa como equivalente general en circulación constante y donde si uno no habla con siete años de edad se le lleva al especialista, pero si no lee o no escribe con veinte años, no se le lleva a ningún especialista. A esos ejemplos ideológicos nos referimos.

"La calle es la escuela del fútbol" es una frase tan popular y conocida como "estudié en la universidad de la vida" y ambas dan cuenta que sin deseo, sin implicación del sujeto no hay productos socialmente valorados. Y esto nos lo permite pensar la poesía. Por estar escrito puede ser vivido. No es porque nos pasó que ahora jugamos al fútbol, dirigimos o entrenamos en un club o amamos de esta o aquella manera, sino que por estar escrito es que podemos amar aquellos colores, aquel ideal o jugar gozando.

"Si es posible el poema es posible la vida" escribió el poeta Miguel Menassa.

"La poesía es un arma cargada de futuro" nos dejó escrito Gabriel Celaya.

Nuestra manera de odiar, de amar, de jugar no son originales, no hay nada original, no hay origen de las cosas, hay discurso sobre el origen, hay producción de los hechos y sólo después de haber sido interpretados. La interpretación produce el deseo.

No hay resultados mágicos, hay trabajo, entrenamiento, planificación que producen diferentes efectos según el concepto de trabajo, la materia prima y los instrumentos utilizados. Por ejemplo si el grupo lo trabajo con instrumentos del orden de la percepción, la razón y la conciencia tendré resultados del orden de las nociones y los consejos pueden producir cambios pero no transformaciones. Si trabajo con mecanismos psíquicos, la imaginación significante y el inconsciente tendré otros resultados del orden de los conceptos y la interpretación si puede producir transformaciones en la realidad del equipo.

Las preguntas sirven no sólo para responder al interlocutor, sino para desplegar alguna cuestión, ya que no se trata de responder ¿qué es el inconsciente? si no de plantear dónde está. Así hemos podido producir frases: El inconsciente es. Un hombre sabe lo que no es un hombre. Fútbol es fútbol.

Y no se trata de dónde nació, sino dónde paga sus impuestos. El fútbol nació en tierra inglesa, la maternidad del fútbol le pertenece; otra cuestión es la paternidad de la que pueden apropiarse todos los pueblos.

Las ciencias no tienen patria, son para todos o no son ciencias.

En el deporte en general, se trata de jugar, no del juguete. En fútbol se trata de la acción que es estrictamente grupal. El fútbol es cultura, tal vez su éxito social radique en que individualmente todos tenemos más defectos que virtudes, y sin embargo en grupo conseguimos que actúen más las virtudes que los defectos.

Para concluir decir que no hay grupo sin líder y el líder puede ser una idea.

CAPÍTULO TRES
EL LIDER UNA ESCUCHA EN ACCIÓN

> "Estoy decapitado.
> Necesito para conversar un hombre decapitado.
> Un hombre, que tampoco se crea a sí mismo".
> *Psicoanálisis del líder (Miguel Oscar Menassa)*

Un líder escucha, interpreta, escribe y eso marca las diferencias. Sufrir todos sufrimos, eso no puede ser condición de liderazgo. Gozar sobre lo vencido tampoco asegura nada, la ideología del poder te hace sentir la responsabilidad por cada acción, antes de escribir.

Siempre hubo líderes, la humanidad no los olvida, esculpe grandes estatuas de bronce al aire libre de la paz para el excremento de las palomas, inmortales estatuas de mármol bajo los techos ornamentales donde una corona o la soga circunden las ideas. Siempre hubo líderes, la humanidad no olvida ni perdona.

Sí. Estamos hablando de fútbol y ¿de qué escucha hablamos? Desplegar la cuestión es uno de los elementos que incide directamente en el proceso deportivo del equipo y la clasificación final del campeonato. Escuchar es "un hacer" inconsciente que requiere una exquisita formación por parte del líder.

El líder siempre es elegido por el grupo deportivo, al que sirve para cohesionar, siendo esa la principal función de la tarea grupal del líder, aún en soledad, pues no hay grupo sin líder y el tiempo del liderazgo es una producción que no vuelve nunca.

Tomar decisiones siempre es interpretar, hacer lecturas grupales de una realidad concreta con la incertidumbre de no poder saber nada a priori; y a la vez, mantener la responsabilidad del desarrollo y la materialización del proyecto deportivo y empresarial.

El método grupal, que trabajamos en el anterior capítulo nos permite pensar la escucha y la escritura en la función del líder. La escucha esa lectura poética sobre la realidad de la competición en donde no hay más verdad que: la escritura produce el tiempo grupal del proyecto deportivo.

Estudiar la fisiología de los afectos del deportista, la histología del músculo que con dicho afecto se modifica o las sustancias químicas que participan en la experiencia deportiva no explican: el talento del jugador o cómo pudo fallar ese balón, ni la técnica en el manejo del balón, ni el mecanismo psíquico presente en toda lesión muscular, por ser fenómenos tan grupales como el gol. El líder deportivo escucha, interpreta y escribe.

OBJETIVOS EN LA ALTA DIRECCIÓN

Partamos de la Implicación y la Tolerancia en la Escucha del Líder, conceptos anudados, entre sí, pues la seguridad, el prestigio o el dinero que arriesga el club no son comparables a la ganancia histórica que lo grupal ambiciona.

Los números son operaciones y ya que la teoría de conjuntos permite sumar elementos diferentes, enumeremos cinco objetivos del liderazgo:

1) Trabajar la tolerancia y la humildad, como base de toda diferencia, para que surja la semejanza entre los integrantes del grupo.

2) Discriminar el trabajo del trabajador y lo laboral de lo familiar, para poder alcanzar un nivel ético en la toma de algunas decisiones: contratos, despidos, sanciones, relaciones sociales, premios, prensa deportiva, lesiones, publicidad...

3) Reconocer y detectar afectos como los celos, el amor, la envidia o la culpa en el grupo deportivo para canalizar esa energía en la dirección basada en la anticipación y la sorpresa. Pues, si bien la escucha no previene de nada, si permite desplegar la acción grupal del equipo de fútbol.

4) Conocer técnicas y estrategias durante las entrevistas y negociaciones, en donde la escucha es una herramienta privilegiada para poder interpretar la implicación del grupo de trabajo y el deseo de los nuevos candidatos.

5) Por último postular la Salud como Producción, concepto fundamental para los proyectos a medio y largo plazo en un directivo, trabajando con ello cuestiones como la incertidumbre y la angustia.

La alta dirección, como la cumbre de una montaña, es una meseta desde dónde mirada y voz no hubieran sido posibles sin la exquisita "tolerancia" del que permite el crecimiento de los técnicos, jugadores y empleados de la institución deportiva.

El Líder sabe que cuando se necesita corregir alguna actitud en un trabajador del club, el primero que se "implica" aceptando que la ley no está para ser cumplida ni para castigar, si no para legislar, el primero que debe estar de acuerdo con el proyecto y las normas es el propio líder.

Se impone preguntar: ¿Cómo se construye un Líder?

Ley, límites y crecimiento hay para todos, algunos no obstante, no podrán. Un Líder no nace, se hace en todos los casos.

La ley es un derecho no es un deber. Las leyes legislan para que en caso de infringirlas, la condena impuesta por el castigo cometido, reintegre al infractor de nuevo en lo social. Ejemplo de ello es cómo y cuándo debemos sancionar a un directivo, jugador o técnico, y no tanto "por" lo que hizo sino "para" que pueda continuar en el futuro perteneciendo a la Institución.

Un Líder, un directivo sabe escuchar el momento en el que se debe sancionar sin postergar la decisión y sin menoscabo de la valía del sancionado, ya que todos hemos marcado alguna vez un gol, inconscientemente, en la propia portería.

El problema de "la miseria de las masas", son los dirigentes, porque nadie quiere ser líder. Todos buscamos amo y preferimos ser mandados en busca de un goce aunque sea necio, mezquino y primitivo. Por eso que un Líder no debe "ser manejado" por los gustos y las opiniones. Sabemos que lo valioso son los criterios, es decir las ideas de cómo se hacen las cosas correctamente sin preocuparse de los resultados, pues los efectos se evalúan en otro contexto. Las opiniones son siempre personales y los criterios responden a una economía-política.

LA DELEGACIÓN EN LOS PROYECTOS A LARGO PLAZO

El poeta es maestro en la delegación, anticipa por escrito lo que pasa y, a veces, conversa con el psicoanalista del pasado; cuando ambos amigos ilusionados quieren jugar al porvenir, la quiniela del domingo o la diaria lotería, la realidad les manda a trabajar.

Tan difícil es para el joven poeta como para el anciano sabio, tan difícil es la correspondencia entre lo social, lo psíquico y lo económico que: generalmente tenemos la edad de nuestros prejuicios, es decir somos neuróticos frente a cualquier novedad. Así por ejemplo el dolor y el silencio son actualmente "más moneda de cambio" que el propio dinero.

Es más frecuente envidiar que admirar y, a veces, despilfarramos tiempo y dinero intentando "hacer hablar" a un mono, en lugar de "escuchar" al compañero, al entrenador o al propio hijo. Y para poder delegar, es necesario aprender a abdicar, abandonar los lugares para hacer del arte de lo posible: economía deportiva, gestión social y jugar a vivir. Delegar no significa hacer hablar o corregir afectos, sabemos que si un mono hablara (fonética y anatómicamente imposible) no sería un mono, sería un hombre hablando, es decir que un Líder tiene el derecho a ser escuchado para poder algún día escuchar.

Para delegar un Líder debe aprender que las nuevas relaciones sociales, en el desempeño de su función, producen transformaciones (no sólo cambios) sino verdaderas transformaciones en los gustos, las vísceras, los sentimientos y ciertas mutilaciones en los sentidos y la moral, porque lo humano es inconmensurable.

El Líder se hace, no se nace. No hay nada innato que no haga referencia al reino animal. En el humano hay pulsión, deseo, sueño, trabajo, lapsus…Un directivo debe aceptar que el club de fútbol que dirige puede haber nacido antes que él y tener proyectos a largo plazo que otros inauguren. Tenemos el derecho de apropiarnos de lo heredado ya que somos deudores de una muerte segura a la naturaleza. La Escucha de los obstáculos en los proyectos es fundamental en la delegación.

Si el humano no tiene Instituciones sociales, se las construye imaginariamente, es lo que denominamos: "instituciones sintomáticas privadas". De cómo construir un Líder estamos hablando, porque somos animales de horda, es decir, la familia o la llevamos fuera o la padecemos dentro (no se puede no tener familia) no se puede nada en soledad, siempre habrá recuerdos acompañando los pasos y la sombra del olvido.

No se puede libertad máxima sin estar sometido a lo que permite y construye esa cierta libertad. Por todo ello un Líder debe ser un experto deportista de la humildad ya que el trabajo es un don. Y podemos lanzar culpas sobre todo lo que nos rodea, protestar por todo lo que pasó, pero la infancia sólo existe para aquel que se construyó una infancia. El pasado no existe como ya pasado. Existirá un pasado si en el sujeto hay un futuro que lo comanda, que lo determina, y esto no esperen encontrarlo en el club de fútbol o el supermercado, ni se trata de estar o no de acuerdo.

Un club sólo tendrá historia si tiene futuro, en caso contrario formará parte de la historia de otras Instituciones. El que ambiciona la historia es el grupo, no la Institución deportiva y repetimos que no hay Grupo sin Líder. Así fue que en el 2001, la FIFA pudo designar al mejor club de fútbol del siglo XX. Un líder abanderó aquel grupo y otro recogió el premio, es decir, una idea también puede liderar un grupo, por ejemplo: Fútbol y Psicoanálisis.

La libido, puesta en el lugar del Líder, es lo que cohesiona al grupo deportivo y una de las funciones básicas es la confianza en la delegación, de donde se deduce que si un Líder se muestra deseante, contagia el deseo a otros porque lo que se desea son deseos; por el contrario si le acompañan las dudas, los conflictos o desacuerdos con el proyecto, aunque se disimulen (como se transmiten inconscientemente) contaminará a todo el plantel deportivo que dirige.

El crecimiento del Grupo se desprende del Proyecto Deportivo. Es función de los dirigentes pensar la estructura del club, en cuyo organigrama se encuentran las diferentes funciones laborales.

No hay una psicología colectiva o del equipo que no sea la psicología del sujeto psíquico. El hombre es *tiempo* cuando trabajamos en grupo. El tiempo en fútbol es el tiempo colectivo, es decir el tiempo que señalan los guarismos en el marcador final del partido.

Un Líder para ser habitado por una escucha, no debe responder rápidamente a las cuestiones que en su función se le plantean, sino que debe interrogarse para abrir nuevas cadenas de pensamiento, porque la ideología siempre es cerrada y se transmite inconscientemente como las creencias que cada sujeto puede acaudalar en los procesos únicos, las certezas indivisibles y las verdades absolutas.

Un Líder debe sabe esperar: leer, pensar, hablar, escribir, porque para preguntar, uno tiene que tener muchas respuestas, muchas lecturas.

Sabemos que la dialéctica que rige las relaciones de producción, es la de Hegel, en la que el esclavo goza pero no sabe y el amo no goza pero sabe. Si un líder acepta que en algún lugar hay uno más grande y mejor que él, podrá crecer y colaborar en que otros crezcan, uno de los objetivos de la delegación.

Cada crecimiento de los que integran el grupo, es un crecimiento del grupo. Un líder sabe que si algún integrante del grupo no se alegra del éxito de un compañero, está imposibilitando sus propios éxitos, ofreciéndose como mezquino compañero. La alegría es también un derecho, no se puede reprimir la revolucionaria risa del chiste sobre el propio líder.

En la antigüedad a los jerarcas, a los jefes, a los reyes, los maltrataba el pueblo si los resultados no eran los esperados, por ejemplo si no llovía los podían tener sin comida como castigo, incluso los decapitaban y aunque pasaron algunos siglos algo de ese maltrato al jefe permanece. Aunque sea verbalmente, la hostilidad se elabora en ocasiones por medio del chiste y así hay, una infinidad de chanzas que se debe a la figura de autoridad que representa el Líder.

Sobre la figura de autoridad se transfiere, de manera inconsciente, sentimientos infantiles paternos. Al padre (en su función paterna) se le quiere mucho y también se le odia, esta ambivalencia afectiva, se debe a que fue el primero en poner límites, en decir "no", eso no se hace. Si nadie te pone límites no crece la humanidad en el sujeto. Más tarde el sujeto descubre que si puede ese no, el resto es más sencillo; y si no se pudo ese no, "a nada en concreto" se terminan desplazando los afectos hostiles allí donde haya una figura de autoridad. Si las paredes de los vestuarios hablaran…

EL TIEMPO DEL LIDERAZGO SE PRODUCE

No progresa el hombre, progresan los objetos técnicos, la tecnología.

La complejidad del tema nos lleva a discernir los conceptos de Tiempo Real y Tiempo Histórico. Un partido de fútbol está pautado que se dispute en dos tiempos reglamentarios de cuarenta y cinco minutos (el tiempo real del reloj). Pero el tiempo del encuentro puede discurrir rápida o lentamente, según el resultado a favor o en contra, la vistosidad del juego, la pertenencia al equipo y otra serie de cuestiones (tiempo histórico).

El concepto físico maneja el patrón Aristotélico, único, el tiempo cronológico (Real), mensurable, pautado previamente y es un suceder continúo, lineal desde el pasado al futuro pasando por el presente. El tiempo del inconsciente es un tiempo psíquico (Histórico) discontinúo, no medible, recurrente ya que está sobredeterminado por el futuro. El psicoanálisis parte del último efecto, del resultado final para producir la interpretación de los hechos que no preexisten antes de jugar el partido.

El sujeto no está fuera del tiempo, sin embargo con el concepto Aristotélico, es sólo un espectador que ve discurrir fuera de él la vida. El Psicoanálisis maneja otro concepto de tiempo, donde si lo desea puede ser el protagonista.

El tiempo psíquico es un tiempo tal que lo primero es después, sin tres no hay dos, primero se manejan los números naturales (sin saber sumar) después se aprende a operar y cuando se aprendió a operar lo que funcionan no son los números (que pueden ser sustituidos por letras) lo que existen son las operaciones. Y además los números que llamamos naturales son artificiales (son productos del símbolo).

Anotar los goles, tener en cuenta la diferencia de goles o el valor doble en caso de empate son acuerdos que se produjeron. Recordemos que al principio los futbolistas no llevaban dorsales en la espalda o que años después se añadió el nombre del jugador. Podemos decir que sin las matemáticas no habría nacido el fútbol, ni las quinielas, ni la fórmula física de la velocidad, aunque antes de la tecnología ya existían las traiciones.

La Aparición del símbolo (del número natural) rompió para siempre la relación de los conjuntos reales y una noción imaginaria de proporción en los intercambios del trueque donde el único símbolo posible era Dios. Desde entonces la articulación de un conjunto real, uno imaginario y otro simbólico, permite el intercambio, la teoría de los conjuntos, las proporciones geométricas, la fórmula de la velocidad, la máquina herramienta, la producción en serie, el fútbol… etc.

Un Líder reconoce en su práctica que la eficacia es posible gracias a la articulación de diferentes disciplinas durante el campeonato. No se puede concebir el fútbol sin la medicina, el derecho, la informática, la prensa, la poesía…

Confundir grandeza con fuerza en el pensamiento y en las decisiones, significa no disponer de mucha fortaleza y haber perdido la grandeza. Un directivo sabe Escuchar y puede discernir entre grandeza y fuerza, entre el poder de la decisión y la decisión del poder. Se dispone de poder cuando no se lo usa. Si se usa el poder, ya no es poder es fuerza y con fuerza se puede vencer al otro, pero no se convence a nadie. Un directivo saber Escuchar la diferencia entre vencer y con-vencer.

No es función del Líder contratar o despedir, es la Institución la que toma la decisión amparada en los informes realizados por sus profesionales, entre los que puede figurar el Líder, si fuera una persona. En el trabajo si no fuéramos tan buenos seríamos mejores. El Líder debe recordar el acuerdo con el proyecto empresarial y deportivo del club. Un Líder, debe potenciar su salud mental y laboral. No interesa destacar individualmente, interesa que se desarrolle el proyecto y ese es el tiempo del liderazgo.

El líder es el tiempo de una escritura.

El liderazgo de la humanidad es la posibilidad de esa metamorfosis.

El lugar del liderazgo es diana de Identificaciones para todos los integrantes del grupo, por ello se deben reconocer los sentimientos comunes de celos, envidia, miedo, amor, odio... porque los afectos grupales, bien gestionados, representan energía a favor del proyecto deportivo.

Desconocer estos conceptos no exime de padecerlos a modo de angustia, hostilidad o presiones añadidas que pueden generar conflictos laborales, cierto fracaso deportivo e incluso producir enfermedad, pues sabemos que no es lo mismo conocer la etiología de una enfermedad que conocer y dispensar su tratamiento.

UN DIRECTIVO DEBE APROPIARSE
DE LO YA HEREDADO

Antes de caminar se aprende a caer. Primero nos nacen y luego nacemos, después se descubre que todo es anterior y más grande. Nacemos perdiendo y somos deudores de una muerte segura a la naturaleza. Después de recibir como humanos, todo o casi todo a cambio de nada, y ya crecidos, debemos partir por el mundo, pagando lo que usamos, haciéndonos grandes tanto como la sombra que cobije nuestros pasos.

Después de ser grandes podemos adquirir fortaleza y un Líder debe reconocer que la grandeza de un dirigente no se puede producir sin la maestría, de otros, donde él se construyó como discípulo. Un líder puede no llegar a conseguir maestría. Se puede ser directivo sin maestría, sin embargo en todo Maestro hay una escucha que lidera, un no hacer que es acción y no habrá posibilidad de estilo sin escritura. Líder puede ser una idea, un grupo, un hombre mortal...

Hay diferentes estilos de liderazgo y dirección. Lo que mejor funciona es la tolerancia, perseverancia y discreción. Y no tanto por lo que dice sino por cómo dice, y no tanto lo que dice sino qué hace, y no tanto por ser el mejor sino que siempre se puede hacer mejor. Todo buen deportista, todo amante reconoce la existencia de otros y solo entre los mejores está la grandeza del líder.

Después de "ser grandes" en diferentes batallas imaginarias, donde lo victorioso consiste en salir ileso y tras adquirir alguna formación académica, el trabajo será la plataforma definitiva desde la cual poder empezar a vivir, separados del primer amor, las primeras caricias y el inolvidable "engaño" de no ser el único, ni los primeros, ni lo más grande. Recién ahí, aprendemos las decepciones del caer, donde lo importante no es la caída sino el cómo te levantas después de caer; una hombría diferente en cada puesta de sol habrá de construirse. Hombría como la capacidad de amar y trabajar para más allá de lo que cada uno precisa en el orden de las necesidades básicas. Ahí será importante diferenciar necesidad, demanda y deseo, porque lo humano se mueve por dinero y por afectos. Todo Líder hace para algo y/o para alguien, el resto también.

EL SABER ES DIFERENTE AL CONOCIMIENTO

Si la función que ocupamos en la Institución es directiva, y ya somos grandes, tenemos el derecho y el deber, de hacernos fuertes. Fortaleza que no se tratará, en ningún caso, de ser aplicada. Si llevamos a cabo la fuerza, podremos ganar alguna porción de tierra al mar, pero habremos perdido la grandeza del robledal que necesitando del agua, no la implora.

Un Directivo, un Líder, un Jefe es una función temporal, no espacial, que se desempeña en un lugar que pertenece al Club. Y ese trabajo que desempeña necesita manos (no necesariamente las suyas) e ideas (conceptos y pensamientos que lo habiten).

Cuando se nombra a un sujeto como jefe o líder, no significa que ya lo sea o que lo será para siempre. Se trata de saber si está dispuesto a trabajar para construir ese líder que nombra el grupo o la institución. Después se puede cambiar de club o de cargo, pero siempre hubo quién primero te puso nombre y te pensó en alguna función.

La formación del profesional autoriza a impartir una enseñanza. Debemos para ello diferenciar saber de conocimiento. La Escucha puede diferenciarlo, de modo que podemos decir que no nos determina lo que se ve, sino lo que miramos. No hay nada, en sí mismo, interesante en el mundo deportivo. Sólo nos interesa lo que ya hemos mirado, puesto que no son los objetos que vemos, sino la imagen, la propia imagen que veo de lo que miro es lo que interesa al sujeto. Es decir, no es el objeto en sí lo importante sino aquello que, como sujeto, miro en el mercado de los objetos. Si veo embarazadas por la calle, algo se está gestando en el sujeto. De modo que un Líder si aprecia hostilidad en el equipo de fútbol, debe saber que es un afecto desamarrado que indica malestar en el grupo. Entonces se debe analizar el conflicto.

Todos queremos resolver los problemas y cuanto más rápido mejor, sin embargo se deben analizar para que no se repitan generando un síntoma deportivo en el club. Lo analizado es posible de ser transformado y eso siempre es eficaz, lleve el tiempo que nos lleve. La gran familia del fútbol tolera la mediocridad, el engaño, la muerte súbita y, también tolera el talento, la estética del deseo grupal y la efímera belleza del gol.

Para un Directivo la mirada y la voz, forman parte de la Escucha. Por ejemplo basarnos en los ojos o sólo en la palabra por la palabra, es del orden de la ingenuidad. Algo puede oír la sorda manera de repetir del neurótico, pero la Escucha requiere mirada y no sólo ojos, voz y no sólo palabra y un campo de acción (que no sólo sea el cuerpo) donde poder escenificar la Escucha y los pactos del proyecto deportivo.

La Escucha del líder marca la diferencia al aceptar que su grandeza no reside en el cuerpo biológico, sino en el cuerpo grupal del Club, en el cuerpo transferencial de las relaciones sociales. En el cuerpo pactado de los proyectos reside la Escucha que marca diferencias y asegura un resultado favorable en el orden de permanecer en la tarea.

El que se mantiene, triunfa. Triunfar es vivir rodeado de asesores, colaboradores, auxiliares, modelos e instrumentos que el proyecto grupal construyó para todos los que conforman el proyecto de jugar hasta vivir.

Los sentidos, los órganos de la percepción son útiles para "dejarnos engañar y llevar siempre razón". Pero cuando nos apoyamos en los sentidos y, nos dejamos engañar por los sentidos, es para no reconocer un deseo inconsciente, a veces contrario al proyecto deportivo. Por ejemplo cuando estando capacitado (cuando alguien tiene las condiciones necesarias para conseguir algo) y dice: "no puedo" algo en él "puede no queriendo".

La realidad que tenemos es la realidad que cada uno produjo. En lo que sucede en el club esta implicado el sujeto. Aceptar que estamos jugados en eso que sucede es un paso adelante. Y si existe hostilidad o conflictos en el equipo, el Líder debe mirarse el ombligo, analizar su implicación, detectar posibles errores ya que la figura del Líder es fuente de Identificaciones e invisible diana donde dirigir todo conflicto, lo cual no debe considerarse como algo personal. Se trata de un entramado de afectos grupales con aliados, detractores y silenciosos cómplices lo que está en juego.

Para construir la Escucha se debe aceptar que se escucha, no "exactamente" lo que se dice, sino aquello que tolera la implicación de cada sujeto. Se escucha con los oídos de la ideología y no con las orejas. Este proceso es inconsciente, así por ejemplo cuando nace el cachorro humano sus ojos no ven, y antes de que vea algo del mundo, ya lo ha mirado y eso determina la relación con el mundo. Se ve lo que mira el inconsciente. No se ve con los ojos de la cara, son los ojos de la ideología lo que ven. Cuando el Líder siente que algo le mira, es porque él lo ha mirado previamente.

Toda imagen que cautiva es pantalla, opacidad que impide ver, dejando al sujeto fascinado, como ocurre en el enamoramiento, donde el amor puede cegar a los amantes y los sentimientos al líder. La construcción de un saber inconsciente es una herramienta de alta eficacia en toda transformación más allá de los cambios que permiten los conocimientos conscientes.

EL DIRECTIVO ES UN ESPEJO DE LA INSTITUCIÓN

Hay un triunfo de la mirada (que es inconsciente) sobre el ojo. El ojo está inserto en el cuerpo y la mirada está fuera.

Solo no se puede nada y aceptar la ideología de los otros supone aceptar el mundo como diferente, donde hay tantas maneras diferentes de pensar, sufrir o triunfar como humanos existen en el redondo planeta del balompié.

Y de los ojos como órganos de la percepción, debemos saber que nos permiten la posibilidad de que los sentimientos nos engañen, ofreciéndonos una información donde reconozco y desconozco a la vez. Por ejemplo miro el sol, y tengo la ilusión de que sale, se mueve, girando alrededor de la tierra, información que nos dan los ojos, sin embargo, sabemos que es la tierra la que gira alrededor del sol.

Un Directivo para poder Escuchar debe estar descentrado de sí mismo. Si piensa por líder ser el centro, cuando se precise, no podrá escuchar el latido central de la cuestión. Todos somos exiliados del universo de lo único.

El entrenador, los técnicos, los jugadores también tienen opinión sobre el trabajo de los directivos, así como los aficionados y la prensa pueden opinar del equipo, pero la opinión no es criterio, así como oír no es escuchar.

La teoría del Valor nos dice que "lo que cuesta vale". Hay que leer varias veces un texto para producir un lector. Hay que olvidar para poder volver a leer. Hay que comenzar cada vez como una primera vez todos los partidos, todos los entrenamientos, todas las juntas directivas, todas las reuniones de trabajo, todos los encuentros amorosos como si fueran verdad, como una primera vez y para siempre. No es fácil jugar finales.

Somos como espejos que reflejan pero que no podemos ver. Nadie puede verse por completo en un espejo. El semejante es un espejo para cada uno y a su vez somos espejos para otros que, a su vez, se reflejan. Este proceso es un mecanismo psíquico que se denomina Identificación y cuyo proceso utilizan los magos en el escenario.

La primera relación del sujeto con el mundo es a través de la familia. La familia es el primer modelo de sociedad, por lo tanto el primer modelo de Identificación ideológico y de aprendizaje de lo que somos, de lo que son los hombres y las mujeres. También aprendemos ahí, una manera de amar, de odiar, de jugar...

Para poder continuar con el tema, debemos aceptar que eso que aprendimos en la familia es el primer acercamiento a los afectos, no la única manera de amar, de odiar o de jugar. Posteriormente, y gracias al proceso de la Identificación, acontecen todas las relaciones humanas. Bajo este proceso se genera una corriente afectiva que determina el acontecer de las relaciones de cualquier ámbito: familiar, laboral, personal o social.

Las relaciones humanas están sobredeterminadas por este mecanismo psíquico de la Identificación y acompañadas de afectos, porque las primeras relaciones para el cachorro humano se dieron bajo la égida de una vital dependencia civilizadora y a su vez gran ambivalencia afectiva. Sin el deseo de los padres para que el recién nacido no muera y crezca sano, sin ese deseo de otros, nadie habría jugado al fútbol.

Y nos identificamos a un "rasgo del otro", a un rasgo del otro semejante en el cual nos reconocemos como humanos. Al principio en el recién nacido no hay nada, no hay personas, ni animales, ni objetos, no hay exterior o interior, no hay colores, ni límites, hay sólo él. Hasta el pecho materno es prolongación de su boca, instantes primeros donde todo es completo y perfecto.

Después la madre desvía la mirada hacia el trabajo, el cuidado del hermanito, otro deseo y el niño al seguir ese desvío de la mirada, aprecia por primera vez, que su cuerpo y el de su madre son dos cuerpos diferentes, gracias a la presencia de un tercero en la escena. Este tercero cumple las funciones de padre o símbolo o ley. Y aunque siempre estuvo, por ser estructural, para el recién nacido, ante cada nueva situación vuelve a sucederle el mismo proceso. Toda primera vez, en toda primera negociación, se repite en la memoria que nada olvida (el inconsciente) este proceso de identificación.

Los empleados, los subalternos, a veces ponen al Líder en el lugar de la ley, ya fuere como representante o legislador de la misma. El Líder no debe confundirse, no debe creérselo. Puede aprender a Escuchar que hay un pedido para poner límites, aplicar el reglamento, utilizar el código interno del club, proponer una ética; pero no puede confundir el símbolo con el cuerpo, la ley con la justicia o la fuerza con el orden.

Escuchar esa capacidad de detectar lo latente de los procesos grupales: ¿quién habla?, ¿a quién se dirige? y ¿para qué o para quién ese gesto? Escuchar y desplegar las cuestiones, abrir preguntas más que ofrecer respuestas pues, hablando se puede más.

Para el recién llegado y ante el estreno laboral, puede suceder que nos sintamos como nuevos, recién nacidos, teniendo que hacer el proceso (gracias a la identificación) de separar trabajo y trabajador. El Líder sabe que ante cualquier novedad, la ignorancia docta es sabia decisión.

De las diferentes Identificaciones que surgen en el proceso de humanización, se va conformando la personalidad del deportista en sus diferentes grados de carácter y así todos los deportistas están identificados a otros grandes deportistas desde niños.

Decíamos que funcionamos en las relaciones a modo de espejo. Siempre que nos ponemos frente al otro, ese otro funciona como un espejo, de manera tal que sólo si somos capaces de reconocernos en ese espejo que es el otro podremos establecer una relación con esa persona. De ahí que nos resulten en un primer encuentro algunas personas más simpáticas, otras antipáticas y a veces no recordamos a alguien que estuvo presente en la reunión o no escuchamos lo que dijo o emitimos juicios apresuradamente y todo ello por el mecanismo psíquico de Identificación, que transcurre inconsciente, es decir conocemos los efectos y así podemos imitar, burlarnos o ser mejores.

EL LIDER COMO GESTOR DE LA TOLERANCIA

Pasión y escritura en la gestión. Sangre e ideales en la tolerancia. Perder, todo líder sabe perder y ganar, son argucias de la razón. Un instante, todo líder sabe que las decisiones son instantes y el tono en la victoria tan fantástico como humano.

El narcisismo, la presencia individualista de la personalidad infantil en el adulto, se puede manifestar como la razón del que nunca se equivoca, aunque tenga boca. Y como gestores de la tolerancia sabemos que el narcisismo se puede legislar, no se puede abolir o aniquilar, porque además de ser estructural es tan necesario como la sangre.

Ese narcisismo a ultranza nos puede llevar a prometer cualquier cosa al grupo y, no es recomendable "prometer" como líderes, es mejor "proponer", conversar, trabajar la implicación con el proyecto deportivo. Revisar la manera de pensar y las formas, ya que a veces, molestamos no tanto por lo que decimos sino por el modo de hacerlo.

Para gestionar la tolerancia, ya que un Líder es fuente de Identificación para otros trabajadores del club, conviene establecer que un sujeto se puede identificar de cinco formas posibles en base a:

Lo que fuimos (el barrio, la infancia, la escuela, el juego…)

Lo que somos (el trabajo, las relaciones sociales, la economía…)

Lo que nos gustaría ser (los ideales, las ambiciones, los proyectos…)

Función protectora (la autoridad, la salud, la ley, el grupo…)

Función nutriz (el cuerpo, la familia, el club, los afectos…)

Por ejemplo: nos podemos identificar, inconscientemente, a un rasgo de alguien que nos parece inteligente y trabajador, o nos identificamos con simpatía con un rasgo del compañero de trabajo por nacer en la misma ciudad. También nos podemos identificar con el otro, por un rasgo intolerante de nuestro padre, y nos peleamos con el que desempeña la función de jefe. Si esto último ocurriera en el equipo de trabajo se puede dificultar el proyecto deportivo y laboral.

Y nos podemos identificar a diferentes cosas por ejemplo: a la ideología, a una imagen, a una mirada, a unos colores, a un nombre, a una derrota, a un bigote...

Cada vez que nos relacionamos con otro semejante, funciona en nosotros este mecanismo, gracias al cual establecemos cualquier tipo de enlace afectivo, sabiendo que los afectos son pensamientos que pueden hacer de obstáculo en los pactos o tornarse invisibles, inocuos y no suponer inconveniente alguno para la actividad laboral.

Un Líder sabe que el cumplimiento de la tarea pactada en el proyecto grupal, siempre es inconsciente, y además de lo firmado, también actúa el "contrato emocional" que aunque no esté rubricado, por identificación, forma parte del pacto deportivo. En la adaptación de los nuevos fichajes es importante considerar este aspecto.

En el contrato emocional, la "letra pequeña" no se puede leer, pero si se puede Escuchar, por eso algunos trabajadores desempeñan mejor su función según quien sea el jefe, el tutor o el dirigente deportivo encargado de la tarea. Un Líder sabe que sólo puede desempeñar su función entre otros, entre los mejores, luego la historia dirá.

Los sentimientos son pensamientos infantiles, contrarios al crecimiento laboral.

Los afectos se estructuran en la edad infantil y después se manifiestan de una u otra manera. El adulto no es que no sienta celos, pero los celos no se tienen, se sienten unos segundos se aceptan como deseos propios y esa energía canalizada sirve en el trabajo para crear nuevos proyectos o solventar los obstáculos.

Si en lugar de sentir celos, "se tienen" celos y además se viven como reales, esa situación puede llevar a cometer actos sociales de exhibicionismo y con ello estropear las relaciones sociales y en lo deportivo, puede llegar a desestabilizar al equipo.

En las relaciones sociales (aquellas que acontecen en el mundo donde vivimos) mostramos y nos muestran lo que somos, cómo nos comportamos, la manera de pactar, el nivel de tolerancia, nuestro umbral de tristeza, el miedo al prestigio etc.

No hay club deportivo sin capital humano. La debilidad de los lazos laborales, los entornos turbulentos, lo no hablado en el grupo, las dudas con respecto al proyecto y lo acallado se vuelve canalla generando fisuras en los pactos, evaporándose el capital humano con lapsus, despistes, olvidos, desgana o filtraciones a la prensa que inciden negativamente en los resultados del equipo.

EL MECANISMO DE LA IDENTIFICACIÓN: SE DESEAN DESEOS

Trabajar juntos, con el otro, para conseguir productos humanos es un tiempo de trabajo grupal que produce un tiempo de goce comunitario en el brillo fugaz del triunfo.

La Identificación entre compañeros, por ejemplo, entre secretarios generales de las diferentes federaciones territoriales es al mismo nivel (por eso hay que tratar a los iguales por igual). Y en la relación con el otro de diferente nivel (mal llamado superior o inferior en el organigrama del club) interviene además de la Identificación, una relación especial que llamamos Transferencial (por eso es injusto tratar a los desiguales por igual).

Si el empleado se identifica con el jefe y pretende ocupar su puesto (lugar que no le corresponde) se queda sin jefe él (no la Institución) y eso no puede traer más que problemas. Así decimos que cuando un ejército se queda sin jefe entra en pánico y se termina disgregando. El problema en los grupos es la desconexión, la disgregación por el desamor que el líder puede escuchar en los murmullos del estadio, en el vestuario, en las oficinas del club. La voz grupal no se puede grabar pero es atronadora.

Situaciones de envidia hacia el jefe o el líder, donde inconscientemente no se acepta la jerarquía establecida, pueden ocasionar fisuras en los proyectos deportivos. El Líder puede escuchar los actos en contra del proyecto. Ejemplo: en lugar de expresar reconocimiento puede surgir envidia o una admiración excesiva puede encubrir una máxima envidia ya que este afecto es tan primitivo como primitivo puede ser el hombre en su mezquindad más miserable y ruin. El rumor en una Institución dice de aquello que debiéndose hablar se murmulla.

Se puede trabajar con alegría, pasión, disciplina y fervor a favor de la Institución deportiva; pero también se puede trabajar inconscientemente con severos deseos de perjudicar, boicotear los proyectos y traicionar lo previamente pactado. Los deseos hostiles anidan en todos los humanos, donde algo se satisface y las consecuencias pueden ser inadecuadas. Los divorcios nefastos no sólo acaecen en las parejas, en un club hay relaciones tan fraternales como maritales.

Por ejemplo la hostilidad que se reprimió frente al padre, la "pelusa" entre los hermanos, la pasión posesiva por la madre, anidan inconscientemente en todos los humanos, pudiendo surgir en el trabajo una rivalidad inadecuada con los compañeros, hostilidad con el jefe, envidias o celos incomprensibles que pueden destruir proyectos deportivos o dejar enanos los negocios que se presentaban como halagüeños.

La ideología (el modo en cómo fueron transmitidos los afectos, las primeras nociones de lo que es un hombre, una mujer, la importancia del estudio, el trabajo o los conceptos del dinero, el sexo, el juego y la muerte), esa ideología anida en el sujeto de forma inconsciente y se construye desde la niñez, siendo la familia la primer transmisora de afectos. Después otros modelos ideológicos como el Estado, la Iglesia, la Universidad y la Empresa se encargan de mantener esa ideología.

Si el sujeto no se cuestiona, no se pregunta qué ideología tiene, irá por el mundo pensando, actuando, amando, odiando, proyectando, ambicionando lo que deseaba su familia. Pudiera ser que no esté el sujeto implicado en su vida, es decir cómo si fuese un espectador en lugar de ser el protagonista, o teniendo necesidad de poner distancia con las cosas que anhela por miedo, o trabajando intensamente pero sin poder gozar nada de lo que consigue, o temiendo desgracias por doquier, o sintiendo culpa ante cualquier crecimiento por pecaminoso, o deseando y valorando más lo que tienen los demás e infravalorando lo que su mismo equipo consigue, o no tolerando a nadie a su lado, o enfermando constantemente, o drogado para poder seguir respirando; pero también se puede pensar la felicidad como una argucia del sistema, una utopía, una ilusión que ayuda a mantenerse entre otros en el proyecto deportivo, sin preocuparse de los resultados, que por ley han de llegar como la incertidumbre que se genera en todo proceso. El psicoanálisis es un instrumento eficaz a disposición de todos, públicamente lo digo: el psicoanálisis es una herramienta de precisión para todos los deportistas.

UNA VIRTUD:
ESCUCHAR LA PASIÓN DE LA IGNORANCIA

Todos los profesionales (directivos, técnicos, jugadores, médicos, abogados, periodistas, psicoanalistas, informáticos...) todos somos vendedores y como el alma del cuerpo no pesa ni se arruga, todos intercambiamos tiempo por dinero en el trabajo. En esta economía política del proceso de trabajo siempre entran en juego:

a) Elementos psíquicos como el propio trabajador y sus compañeros de equipo.

b) Elementos reales como la mercancía, los contratos, los premios y el dinero.

c) Elementos de la sociedad civil como el club, la prensa y los campeonatos.

d) Elementos histórico-sociales como el Estado, el TAS y las Federaciones.

Elementos de diferentes campos deben articularse de tal manera, para que se produzcan y circulen las mercancías, generando plusvalía según leyes del mercado.

Las mercancías solo toman formas de mercancías en la forma valor, es decir ninguna mercancía se da valor a sí misma, ninguna mercancía es causa de sí. Y todos los trabajos son el trabajo socialmente necesario para la producción de mercancías. Pero no cualquier objeto es una mercancía, ni cualquier actividad es trabajo socialmente útil.

Cerramos este paréntesis alegando que sin ley nadie goza; que la voluntad y la desesperación son dos estados de ánimo inadecuados para construir realidades sociales. La alucinación no produce ninguna verdad ni devela ceguera alguna. Un delirio si puede, mantenido con trabajo, transformarse en proyecto social.

Y esto adquiere una importancia suma en aquellos profesionales que "piensan con temor" cómo se extingue su carrera profesional. Leemos en la prensa frases de grandes futbolistas exclamando: "el mundo del fútbol actual es un mercado de carne, donde se traspasan futbolistas por el hecho de negociar". Grandes titulares hacen eco en la prensa internacional de estas declaraciones de un excelente jugador que milita actualmente en el fútbol italiano y anteriormente lo hizo en equipos españoles. Un futbolista campeón de Europa con prestigio y gran vitola, que "denuncia" lo que podemos escuchar de diferentes maneras. Por ejemplo un Líder puede escuchar que habla de la "jubilación" de los futbolistas, de la vida post deportiva, de los planes de futuro para aquellos que consiguieron grandes éxitos y siguen siendo jóvenes.

Un Líder, que también se puede jubilar, puede Escuchar en los jugadores, en los técnicos o en los directivos que la "queja" tiene relación con los finales, los proyectos concluidos, con el éxito obtenido y el más allá para el trabajador. Y después de ganarlo todo: ¿qué futuro nos espera? Cuando todos están vencidos, cuando se ganó todo, aún la poesía es inalcanzable. Un Líder sabe que no se trata de llegar a ningún lado, ni de llegar rápidamente a algo, sino de mantenerse, continuar para llegar lo más alto o lejos que permita la latitud de nuestro deseo.

La soledad genera envidia y cuando uno mira queda incluido en la mirada, por eso para poder continuar el tema debemos despejar la intuición siempre apresurada, de entender, y reconocer que existe en todo Líder "una pasión por la ignorancia". Las pasiones del Yo (del ser) son tres: amor, odio e ignorancia.

Entendiendo ignorancia como perspectiva de saber. Es decir el saber se produce, el pensamiento se produce después de hablar, la salud se produce, el amor se hace y un líder no nace, te hacen. La Escucha es un instrumento imprescindible. Primero se habla, se implica el sujeto y después se produce un Líder con escucha, con liderazgo, un saber hacer inconsciente, una frase adecuada en el momento preciso a quien corresponde.

Hay que diferenciar el amor del deseo y lo sexual de lo genital. Las cosas se hacen con libido (con energía psíquica) no con amor. Y la libido no es del Yo, ni del objeto, es del sujeto. Y la energía no se destruye ni se pierde, se transforma. Empleamos tanto trabajo o nos lleva tanta energía y tiempo hacer lo pactado (entrenar, estudiar o descansar) como hacer lo contrario de lo pactado y las consecuencias son diferentes.

Cuando el sujeto prefiere la arrogancia de su narcisismo por encima y delante del proyecto, está atentando contra la Institución.

La templanza para un Líder, no es sólo un consejo, es imprescindible saber esperar y no hacer concesiones para arreglar un conflicto. Los problemas se analizan.

EL GRUPO ES UNA MÁQUINA PRODUCTORA DE LÍDERES

Lo inconsciente no es lo que dices, sino lo que elegiste decir. Y el deseo hay que producirlo, no preexiste, se produce articulado en la demanda, por eso demandar es hablar. Los jugadores pueden pedir, los técnicos, los directivos pueden pedir, el público, la prensa puede pedir. La gran familia del fútbol tiene el derecho de hablar.

Si en el Club algo no funciona todo lo bien que se trabaja, es el momento de poder hablar. Si es un psicoanalista el que escucha, se producirá la interpretación que modifique la relación que cada sujeto tiene con su deseo y podrá potenciar lo trabajado o construir otras situaciones nuevas donde no sea necesario el obstáculo ideológico que imposibilita la tarea deportiva.

Y no se trata de colmar la demanda, dando o no lo que se pide, sino de que hable porque hablando se puede llegar a entender la gente del deporte. A veces pagando se entiende la gente, a veces no alcanza sólo con pagar porque lo que está en juego es una cuestión psíquica, afectiva.

El hombre le pide, le demanda cosas al gobierno, sea cual sea el gobierno de la nación. Pero el "juego" de gobernar lo inventó el Estado, no el gobierno, de modo que la imposible tarea de gobernar, hace que el gobierno, gobierne para el Estado y no para el pueblo. La ilusión es el poder de los poderosos y el tiempo para conseguir esa ilusión es un obstáculo para el pensamiento.

Un pueblo se puede quedar sin sociedad civil y sin gobierno, pero no sin Estado. El poder no habla y si el líder es el único que puede gobernar, no es un club de fútbol es una religión lo que coordina.

Un grupo (lo trabajamos en el anterior capítulo) si verdaderamente lo es, inventa en cada encuentro nuevos sentimientos, nuevos espejos; sentimientos y espejos grupales (no individuales) que siempre incluyen la asimetría y nunca lo armónico o especular. Un equipo puede entrenar los mismos ejercicios y cada partido es diferente.

Es decir, modificar los sentimientos es más fácil que modificar los medios de producción y el modo en cómo se distribuye lo producido. Por ejemplo decir que los sentimientos se pueden modificar, se aprecia claramente cuando la envidia, la terrible y rompedora envidia, se transforma en admiración o los celos en deseo.

Un directivo puede ser presa de estos afectos. Un Líder tiene en análisis estas cuestiones, en procesamiento constante estos afectos, al menos todo el tiempo que dure su ejercicio profesional. Un Líder es aquel que reconoce las diferencias dentro de un equipo, conoce los recursos de los que dispone, los trabajadores en su diversidad y hace de esa singularidad uno de los más valiosos recursos para el club. Y eso es un valor añadido en el trabajo, un gesto social para la masa social a la que llamamos hinchada.

El capitalismo permitió la socialización de los objetos, y la tecnología que lo acompaña, la socialización de la información (internet es un ejemplo de ello). Y esto es un efecto contundente del concreto de pensamiento del que habló Karl Marx. Somos unos privilegiados, también en el deporte, hemos heredado pensamientos e ideas que tenemos el derecho de apropiarnos, lo que conlleva un trabajo personal. Por ejemplo la idea del Discurso del Amor la inauguró Platón, la idea de Sujeto la inauguró Descartes, así como la idea de Estado como discurso es de Haegel y recordemos que el Estado es una de las Formaciones del Espíritu. Y en el siglo XXI, la construcción del pensamiento humano actual, es gracias al Psicoanálisis cuyo discurso del Inconsciente lo inauguró Freud.

Cuando se dice "inaugura", nos referimos a que otros habían hablado de Amor, de Inconsciente, de Estado o de Sujeto, pero como nociones imaginarias, no como conceptos y, la articulación de los conceptos produce los diferentes pensamientos que se han producido en la historia de la civilización.

Para poder pensar la Implicación y dar un paso en la conceptuación de "grupos" podemos rescatar que las matemáticas produjeron el vacío formal de la proporción geométrica sin la cual nunca se hubiera producido la fórmula de la velocidad, ni se hubiera inventado la máquina-herramienta, ni la producción en serie con la distribución, ni se hubiera producido la gran explosión del fútbol como fenómeno de masas que recordemos comenzó su gran expansión mundial gracias al comercio de las mercancías desde Inglaterra a otras latitudes.

También produjeron las matemáticas la "x" la incógnita, la variable que se representa así misma (es decir que no necesita de ningún sujeto para ser representada). Después la Física y la Química, permitieron que "E" se represente así mismo ($e = mc^2$) y así como produjeron la termodinámica, lo electromagnético y el campo gravitacional, el psicoanálisis produjo el campo del goce y el sujeto del deseo, donde "S" (sujeto psíquico) se representa así mismo.

Hay que poder diferenciar la complejidad de las operaciones de la sencillez del vivir, dónde en el ejemplo de vivir, de vivir se trata.

El grupo es una máquina y en tanto máquina siempre en funcionamiento, y por ello lo puesto en acto en la producción grupal es el tiempo de todos sus elementos. Esto permite en los grupos de trabajo, en los que se tiene en cuenta el Inconsciente, que se acorten los tiempos de producción y una nueva circulación de mercancías (productos) que nunca hubieran existido en labores individuales o artesanales.

En las diferentes Instituciones de fútbol se aprecia la importancia de socializar la imagen del club, de generar ingresos por diferentes conceptos, de crear fundaciones, colaborar con otros organismos, comercializar productos...

El grupo no es la suma de las partes, es la multiplicación de sus efectos. Un Líder conoce los recursos que puede utilizar, los roles para asignar y las funciones a delegar. Los hechos humanos sólo existen después de ser interpretados, por eso el tiempo que maneja el grupo es un tiempo histórico, es decir, incluye por ley del lenguaje todos los tiempos, todas las lógicas, todas las ciencias, todos los pensamientos.

EL ABC DEL LÍDER: HABLAR, LEER Y ESCRIBIR

No existe club deportivo sin futuro. El fútbol base es la base del fútbol por ello dejar crecer y contar con proyectos a medio y largo plazo es imprescindible en el grupo deportivo. El futuro se construye y el presente se trabaja. Un Directivo, un gestor, un líder en fútbol debe manejar variables a corto, medio y largo plazo.

Los proyectos son posibles si existe "Un Ideal de Porvenir", es decir, las líneas estratégicas que permitan que esa ilusión se convierta en realidad y el método de trabajo indicado para apropiarse de esa realidad se comienzan a trabajar desde el presente. Para poder pensar esta situación acercaremos conceptos básicos de la epistemología sabiendo que nunca coincide lo pensado con la realidad producida por lo que los proyectos no deben ser rígidos y la capacidad estratégica debe moldearse en el camino ante los diferentes cambios y obstáculos.

No se trata tanto de creer en las personas, siempre que se confíe en el proyecto, no dejándose abatir por lo individual ya que la desconfianza se contagia. Toda dialéctica (bueno-malo, rico-pobre, blanco-negro, amigo-enemigo, norte-sur...) se puede repetir vanamente hasta el final,. Un líder sabe que sólo somos la posibilidad del otro y que lo mejor de cada uno, está fuera del sujeto; el mundo deportivo se construye en las conversaciones con otros.

El estudio y articulación de los conceptos epistemológicos llamados: Ruptura y Descentramiento, Tiempo Real y Tiempo Histórico, Sobredeterminación y Múltiple Determinación, Trabajo Real, Trabajo Teórico y Trabajo Práctico-Técnico, Lectura como producción y Escritura base material de las ciencias deportivas son punto de partida tanto en la formación de Técnicos y Directivos como en la formación de los Líderes deportivos y profesionales del fútbol.

Después podremos confirmar lo que nos transmite el poeta Miguel Oscar Menassa: "un grupo en sus muestras más altas de funcionamiento puede ser definido por un encuentro entre personas que no se creen a sí mismas y cuya creencia fundamental son las palabras que todavía no han sido pronunciadas".

Nos apoyaremos en dos ejemplos: uno lo tomamos de la llamada Industria del fútbol en Europa, que ha crecido en el año 2007, un 9%, alcanzando los 12.600 millones de euros sus ingresos. El segundo ejemplo lo tomamos de una entrevista realizada a Cesc Fábregas, militando entonces en el Arsenal, a la pregunta del periodista: ¿influye la edad del entrenador en la evolución del equipo? respondió el futbolista desde la ética: "todo reside en si crees en lo que el entrenador te dice. Si te genera dudas o no te gusta lo que te indican, es entonces cuando vienen los problemas". "Si todos los días hacemos las cosas bien y todo el día te sientes jugador y te mantienes haciéndolo bien, entonces el triunfo es más fácil".

Han pasado los años, sin embargo cuando el balón acaricia o besa violento las mallas ¿qué seguimos cantando?

El que sabe esperar no necesita hacer concesiones; para ello hay que aprender a tolerar la incertidumbre y cierta cuota de angustia. La angustia es una señal de que el deseo está presente y el sujeto inmerso en el juego de la demanda, allí donde sin necesidad no hay deseo.

Ningún Líder nace sabiendo. Todo se aprende. Lo que se desea son deseos, y lo que el Líder transmite no es un estilo de pensamiento o de juego es el Deseo lo que se transmite. La función de Dirección no habla de la talla, sino de la Ética y la Estética que preside toda Institución y cada Grupo.

Hablar, leer y escribir son infinitivos que debe articular el líder para desempeñar su función en el club. Sólo podrá hablar y asociar libremente si previamente la escucha especializada está presente. Leer para ejercer la posibilidad de crecer, para conversar algún día del amor y la muerte, esas dos áreas imposibles de vencer sobre el terreno de juego, y escribir porque el líder, el hombre es escritura… después la historia dirá.

EL LÍDER NO FORMA PARTE DEL GRUPO
Un líder desea lo que desea todo el mundo.

Un líder es la materia gris del grupo, una voz humana.

Las drogas no producen líderes ni transforman la personalidad del delincuente.

Dios no sabemos, los que creen son racionalistas.

Entre los dioses y los hombres, el fútbol eligió al hombre y la mujer lo hizo rey.

Entre el espacio y el tiempo, el futbolista sabe que siempre gana el tiempo.

Entre jugar para ganar o jugar hasta morir, el aficionado sabe jugar hasta vivir.

Entre jugar para lucir o jugar para el equipo, ¡¡los campeones saben!!

El fútbol, un tiempo para todos, el Mago Merlyn hubiera jugado de extremo izquierda, Ali Baba hubiera presidido un club, El Capitán Trueno defensa central habría sido y Charles Chaplin el gran dictador del banquillo.

El fútbol es cultura al alcance de tu piel.

Los poetas del fútbol, los psicoanalistas del fútbol y los líderes del fútbol saben que el hombre es múltiple (puede jugar, estudiar y pintar por ejemplo) y los fenómenos simultáneos ya se han descrito en el fútbol varias veces, por ejemplo puede ganar tu equipo y acertar la quiniela.

Sin líder no hay grupo cohesionado así como sin libido no hay grupo. Los sentimientos de líder son las dudas del grupo, la ideología del líder la verdad del grupo.

El fútbol lo inventó el siglo XIX y lo distribuyó mundialmente el siglo XX, porque antes de la universal poesía y el nacimiento del psicoanálisis fue imposible.

El líder no forma parte del grupo, pero no hay grupo sin coordinador, así como no hay práctica sin teoría, ni existen los hechos sin interpretación, ni realidad sin proceso simbólico. Es decir no hay posibilidad de nacer sin padre y sin madre.

Todos hemos nacido en alguna familia y del fútbol dicen que es un fenómeno de masas. Ahora ya podemos decir que como grupo repetimos el primer grupo al cual pertenecimos, el grupo familiar y como masa repetimos la forma más primitiva de sociedad, la horda primitiva.

Y no es necesario integrarse en una aparente multitud (como la reunión en un estadio de fútbol) para que se ponga en acto la psicología de las masas, ya que sabemos que se puede hablar de colectividad de dos personas, por ejemplo la relación de los hijos con los padres, la relación con los compañeros o el entrenador...).

El otro semejante, forma parte de cada uno, ya sea como modelo, como auxiliar o adversario. Los empleados, los técnicos, los jugadores y los directivos forman parte del cuerpo del líder, son extensiones de esa particular función de liderazgo.

El Líder debe conocer la "cultura deportiva" de la institución para la cual trabaja y así poder pensar desde una "ética grupal" salvando los obstáculos de la moral individual y los prejuicios siempre ineficaces.

Se han descrito diferentes tipos de Líder: Autoritarios o Autocráticos (basados en la tiranía y propiedad privada del conocimiento), Democráticos (parten de que todos somos iguales pero sabemos que es injusto tratar a los desiguales como iguales), Líderes Laiser Faire (dejan hacer, delegan sin supervisar) pero sabemos que el todo vale de la anarquía genera desorden que va contra todo crecimiento. Un elenco de clasificaciones nosológicas basadas en características personales y modelos carentes de deseo como motor psíquico, sin instrumentos de lectura para producir una realidad y además, con la incapacidad de escuchar las diferencias que son generadoras de lo nuevo.

Conferencia impartida a los Secretarios Generales de las Federaciones Territoriales de Fútbol en la RFEF el 21 de junio de 2007.

CAPÍTULO CUATRO
PSICOANÁLISIS Y MEDICINA DEPORTIVA

BREVE HISTORIA de la MEDICINA DEPORTIVA

El tiempo transcurrido desde que el hombre comenzó a ser considerado un ser humano, hasta que produjo los primeros testimonios escritos sobre su propia historia, fue superior al millón de años; sin embargo apenas datan de los últimos cinco mil años los documentos históricos escritos sobre medicina. Podemos rescatar como antecedentes históricos que hace cinco mil años, los monjes taoistas de China realizaban, para lograr purificar el alma y el cuerpo, diversos movimientos físicos y ejercicios respiratorios. La famosa "gimnasia sueca" del siglo XX, nació en la dinastía Huang Ti, aproximadamente en el 2500 a.C. También tenemos información de los ejercicios terapéuticos que se mencionan en el texto *Arthava-Veda*, guía médica de la India alrededor del 800 a.C. La gran difusión de la medicina deportiva se le atribuye a Galeno y Avicena.

Toda ciencia devela una verdad humana, puntúa algunos prejuicios y produce un saber entre otros pensamientos científicos, pues no podemos obviar que la medicina se ha ido desarrollando a la par que la historia del pensamiento. Las Ciencias no tienen fronteras ni maternidad, nacen mutiladas y la Medicina toma todo concepto que le sirva pasa sanar o aliviar, primera e inexcusable misión en su proceder.

En la Historia de la Medicina, también se muestran los necesarios errores y la inconsciente ideología de los científicos presente en su transmisión. Por ejemplo se le atribuye a Grecia en concreto a Heródoco de Lentini, en el siglo V a.C., haber sido la primera persona que realmente combinó el deporte con la medicina, considerando la "mala salud" como un desbalance entre la alimentación inadecuada y la falta de actividad física. Sus indicaciones se basan en dieta estricta y actividad física continua. Además recomendaba masajes con aceites y hierbas, largas caminatas y, llego a sugerir tratar algunas enfermedades a través del ejercicio intenso, lo que fue desaconsejado por Hipócrates.

Gran parte de la obra escrita de Heródoco se perdió pero, en base a lo rescatado, se le puede considerar uno de los precursores de la medicina deportiva. Así era la doctrina que se aplicaba y enseñaba en la Escuela de Medicina de Knidos, cercana a la Escuela de Medicina de Cos donde Hipócrates (siglo V a.C.) da un paso separando a la medicina de la práctica mágica, religiosa y empírica o de la filosofía vigente, estableciendo la medicina como un conocimiento técnico y con ello marca el origen de una concepción científica de la medicina.

La medicina en Roma tiene nombre propio, se considera a Galeno como padre de la medicina deportiva. Claudius Galenus (129-200 d.C.) poseía un gimnasio en Pérgamo y resaltaba la importancia del criterio médico en las actividades físicas, independientemente de las del profesor de educación física (recordemos que Heródoco era un profesor de gimnasia que estudió medicina). Galeno dedicó una buena parte de su tiempo a estudiar la importancia de la Medicina en el deporte. Recomendaba juegos con pelotas por ser menos peligrosos y también consideraba terapéutico el masaje deportivo. Sus observaciones sistemáticas y profundas permitieron desarrollar alternativas de tratamiento y conceptos médicos vigentes en la actualidad.

En el Renacimiento, Hieronymous Mercurialis (1530-1606) trató en su obra *Libri de arte gymnnastica* sobre aspectos médicos del deporte, oponiéndose a la idea, común en esa época, de que una persona sana no necesita ejercicio. Jerónimo Mercurial recomendaba la gimnasia como medio adecuado para desarrollar la salud.

En esta pincelada sobre la historia de la medicina deportiva llegamos al siglo XX, siendo en Alemania donde se funda la primera Escuela de Medicina Deportiva en 1920 en Berlín, y las primeras publicaciones aparecieron en revistas científicas en 1924. Pero no fue hasta los Juegos Olímpicos de invierno de 1928, en St. Moritz, donde un comité especial decidió realizar el primer Congreso Internacional de Medicina del Deporte.

La gran tradición alemana en la medicina deportiva se difundió rápidamente, El médico Ernst Jokl (1907-1997) se dedicó a la investigación y desarrollo de esta especialidad primero en Berlín, después en Sudáfrica y en los Estados Unidos funda el *American College of Sports Medicine*, la organización de medicina deportiva más prominente de los Estados Unidos.

El Dr. Augustus Thorndike (1896-1986), profesor de la Universidad de Harvard escribió obras pioneras en Medicina del Deporte, iniciando políticas sanitarias para la práctica del deporte competitivo que exigían la presencia de un médico en los deportes de contacto, debiendo decidir si un deportista lesionado podía continuar compitiendo. Contribuyó en el diseño de la protección especial para jugadores de fútbol y abogó por el uso de cascos en jugadores de *hockey*.

Desde sus inicios, ha sido una rama multidisciplinaria, no solo para tratar lesiones, sino para prevenirlas y para instruir a atletas en la competencia. Está claro que la Medicina del Deporte no solo abarca lesiones músculo-esqueléticas, sino problemas que requieren el trabajo en equipo de otras especialidades: Cardiología, Neumología, Ortopedia, Fisiología del Ejercicio, Traumatología y Psicoanálisis por ser la disciplina encargada de los mecanismos psíquicos del deportista. Además se debe contemplar todo lo relacionado con "el entrenamiento invisible", las relaciones grupales, los afectos en el rendimiento, el estado de ánimo, la tensión en la competición, los estudios...

En la actualidad la Medicina del Deporte consiste en seleccionar, orientar, vigilar y tratar a los deportistas, haciéndoles notar que ningún practicante puede recibir la autorización necesaria para el deporte de competición si no se considera físicamente capaz de soportar los esfuerzos que requiere. Añadimos que para poder competir el deportista debe estar preparado también anímicamente.

Los textos consultados de medicina deportiva señalan con rigor la Fisiología del ejercicio (consumo de oxígeno, metabolismo energético del músculo, adaptaciones respiratorias y circulatorias del atleta), investigan las Pruebas de aptitud y esfuerzo con valoraciones funcionales y antropométricas que estudian la Biomecánica deportiva, la Dieta equilibrada, la Higiene y los Fármacos permitidos en el deporte.

Llamamos la atención sobre cierto descuido en la preparación psíquica del deportista, siendo tan rentable su aplicación como demuestran los resultados. La historia de la medicina deportiva reclama ese cuidado de cuerpo y alma. Sabemos que según sea la política deportiva "cuando llega el alma al cuerpo", ya tiene número, dimensión y localidad. Sabemos también que el Inconsciente produce el cuerpo de la competición, siendo el deseo el que mueve el corazón, es lo grupal el que tonifica los músculos, es la pasión entre los mejores lo que hace jugar y el resto, todo beneficio extraordinario.

Tomemos el Fútbol como paradigma deportivo para estudiar la eficacia y beneficio que el Psicoanálisis y la Medicina Deportiva aportan.

En 1994 con motivo del primer Mundial de Fútbol en EE.UU. se reunieron, en Orlando, un gran número de autoridades en medicina deportiva y otras disciplinas científicas bajo el amparo de la Federación de Fútbol de los Estados Unidos. El encuentro internacional produjo un material científico del que destacamos:

I) La importancia de la fisiología y la biomecánica básica del fútbol aplicada a los aspectos nutricionales. II) El mecanismo de las lesiones y el tratamiento de las mismas y III) Temas concretos del fútbol femenino, los jóvenes y aspectos psicológicos del deporte.

Consideramos la formación de los profesionales, tanto en la producción de salud como en la prevención de las lesiones, capital para la práctica de los deportistas.

En todos los casos analizados los especialistas en medicina deportiva insisten en la relevancia que el psiquismo del deportista adquiere en los resultados. Según cómo se piense la formación del deportista, así será asesorado, entrenado y tratado.

Los beneficios que se generan al considerar al deportista como producto de una articulación de cuerpo y psiquismo, inseparables en sus efectos, se hacen notables en:

1) la prevención y recuperación de las lesiones.

2) la producción de salud.

3) una mayor eficacia deportiva.

En este libro ya hemos expuesto la compleja articulación entre: el cuerpo y el inconsciente, en el presente capítulo realizamos una lectura desde el psicoanálisis y la medicina deportiva, mostrando los aportes y cooperación en las que ambas disciplinas pueden y deben trabajar en beneficio de la salud de todos los deportistas.

EL PERFIL FISIOLÓGICO DEL APARATO PSÍQUICO

El Dr. Thomas Reilly de la Escuela de Ciencias Humanas de Liverpool, habla de un perfil fisiológico en el deportista destacando: "el fútbol exige esfuerzos fisiológicos a sus practicantes. Éstos están determinados tanto por el ritmo del juego, durante el partido, como por los niveles físicos y motivación de los jugadores en un ejercicio de alta intensidad. Sin la combinación necesaria de aspectos fisiológicos, los jugadores no serían capaces de manejar el esfuerzo que les impone un fútbol intensamente competitivo. El esfuerzo fisiológico asociado con el juego tienen consecuencias tanto en los tests físicos como en los regímenes de entrenamiento".

Se habla de perfiles de esfuerzo en base al tipo de actividad que desempeña el deportista, la intensidad, duración y frecuencia de dichos esfuerzos.

Los primeros estudios en el movimiento de los futbolistas fueron realizados por Reilly y Thomas, mediante una grabación realizada desde una posición elevada que cubría todo el campo, incorporando: las distintas habilidades (retrocesos, cabezazos, regateo, posesión de balón, desplazamiento laterales...) y los distintos ejercicios durante el desarrollo del partido (carrera, esprintes, footing, trote, paseo con y sin balón).

El abanico de actividades muestra que la mayor parte de la distancia se cubre con poca intensidad, tanto caminando como trotando. Por ejemplo el esprinte es, en sí, un esfuerzo máximo, pero ocurre una media de una vez cada 90 segundos sobre una distancia de unos 14 metros. Habiendo pausas de descanso de 3 segundos cada dos minutos.

La carrera en posesión del balón es inferior al 2% del total de la distancia que un futbolista desarrolla durante un partido de fútbol. Distancia que representa una media de 10 a 12 kilómetros por partido. De modo que la mayor parte de los movimientos se realizan sin balón, en busca de espacios, desmarques, apoyo a los compañeros, estrategias de contrarrestar al equipo contrario etc.

En cada partido se realizan unas mil actividades diferentes con un cambio de actividad cada 6 segundos. Las actividades no son cíclicas. La sucesión de los diferentes movimientos es temporalmente única e incomparable, entre sí, tanto los de un jugador con respecto a otro, como en el mismo futbolista de un periodo a otro del partido; siendo nuevas las acciones cada vez, debido a que todos los movimientos suceden sobre el cuerpo que, como sabemos, es una compleja máquina de máquinas.

Considerando que el cuerpo humano es objeto de investigación y un preciado botín para todas las disciplinas científicas, se han estudiado y descrito los distintos mecanismos y operaciones que en él intervienen. Así por ejemplo, en el movimiento de cada músculo, se conoce perfectamente la anatomía, histología, fisiología, bioquímica, biomecánica en la coordinación y colaboración de los distintos sistemas que intervienen en cada movimiento así como en la producción de las diferentes habilidades, en la adquisición de fuerza, flexibilidad y velocidad.

No hay cuerpo sin psiquismo que lo sostenga y no hay psiquismo sin cuerpo que lo represente. Si nos preguntamos ¿qué es primero el huevo o la gallina? Lo primero es el gallo, la ley, el lenguaje; en todos los casos, el cuidado de "cuerpo y mente" son imprescindibles para la producción de salud.

La salud no existe previamente, no hay salud innata o natural. Cuidar el cuerpo y la mente, significa atender el deseo, las necesidades y demandas que permanentemente solicita tanto el cuerpo como el psiquismo. Y al no coincidir cuerpo y psiquismo, como no coinciden amor y sexo, entonces cualquier conflicto, obstáculo o dolencia se puede manifestar a nivel psíquico o corporal en el rendimiento deportivo.

Y sería un grave error en la preparación de futbolistas y deportistas en general, pensar que únicamente cuidando un aspecto obtengo también el otro. Sería del orden de una haraganería por parte del profesional pensar que si cuido la indumentaria y lo rocío con perfume puedo descuidar la higiene. Del mismo modo que al atender los músculos y no entrenar los mecanismos del pensamiento se desaprovecha la habilidad mental que adereza la toma de decisiones, siempre inconscientes, en cada gesto deportivo.

Los movimientos se deciden en un tiempo psíquico donde tácticamente se crean y dibujan las jugadas. Además la inadecuación conflictiva puede aumentar el riesgo de lesiones, rompiéndose el jugador, pues los músculos son diana de contradicciones y ambivalencias afectivas que surgen en la preparación deportiva.

La fatiga fisiológica al final de un partido, se soportará de una u otra manera, según sea el resultado del encuentro, y aunque el consumo de glucógeno fuera el mismo sabemos que según sea el "estado de ánimo" del equipo, el jugador aguanta mejor o no hasta el pitido final. De hecho los lapsus en la concentración mental y la fatiga del equipo que va perdiendo suelen ser mayores, así como el nivel de lesiones musculares, según muestran los estudios realizados.

Las intensidades relativas del ritmo cardiaco medio demuestran que la intensidad del ejercicio es más alto cuando se juega un partido, que en los entrenamientos o en una carrera. Por ejemplo, obtenemos cifras de 160 latidos por minuto de ritmo cardiaco medio en los partidos, 125 en los entrenamientos y 145 en la carrera. Entonces la implicación y el compromiso también juegan en el partido.

Los especialistas recomiendan que la carga de entrenamientos esté distribuida de manera cíclica durante la semana para preparar los partidos de fin de semana. Y señalan que la energía utilizada llega al máximo a mediados de semana, antes de aumentar para el partido; con esto se evita una reducción de las reservas de glucógeno antes de la competición. Concluyendo que la intensidad de los entrenamientos debe reducirse si se juegan dos partidos a la semana.

EL METABOLISMO ENERGÉTICO DE LA LIBIDO

Todos los jugadores realizan actividades que demandan energía y para satisfacer esas demandas energéticas es preciso implicar tanto los sistemas energéticos aeróbicos como los sistemas anaeróbicos a través de diferentes ejercicios.

Con la alimentación adecuada el deportista obtiene energía que el ATP se encarga de transportar al sistema músculo-esquelético, obteniendo el músculo la suficiente energía anaeróbica por ejemplo para que el futbolista remate de cabeza, pueda esprintar por el balón o lanzar una falta. Los ejercicios anaeróbicos suelen ser de alta intensidad y escasa duración, como hacer pesas, saltos, carreras de velocidad. La energía procede de fuentes inmediatas del organismo que no necesitan ser oxidadas por el oxígeno, como el ATP, la Fosfocreatina y la Glucosa. Este sistema anaeróbico llamado así por no necesitar el oxígeno, fortalece sobre todo el sistema músculo-esquelético.

Cuando el músculo debe mantener una actividad prolongada realizando un ejercicio de más de 3 minutos, necesitará un nuevo sistema de producción de energía, que obtiene a través de ejercicios aeróbicos de baja o media intensidad y larga duración.

El organismo para obtener esa energía necesita oxígeno para funcionar, y cuanto más oxígeno llegue al músculo más energía va a ser capaz de producir por este sistema y mayor rendimiento va a desarrollar. En este caso, el músculo puede utilizar tanto hidratos de carbono, grasas y proteínas como sustrato energético, pero siempre debe realizarse en presencia de oxigeno. La utilización de las proteínas va a suponer en condiciones normales el 2-3% aunque en situaciones de esfuerzo muy prolongado en el que se produzcan disminuciones importantes en las reservas de glucógeno muscular, la utilización de las proteínas en la formación de energía puede llegar a ser de un 10%.

Pero hay que significar que el flujo energético (cantidad de energía por unidad de tiempo) que nos da la combustión de la grasa va a ser menor que el flujo energético proveniente de la combustión aeróbica de la glucosa (dado que se necesita más cantidad de oxígeno para obtener 1 ATP proveniente de la Grasa que de la Glucosa), y esto en función de la cantidad de oxígeno que llega al músculo. Por ello, según va aumentando la intensidad del esfuerzo y va aumentando el consumo de oxígeno, el músculo va utilizando cada vez más glucógeno muscular y menos grasa.

En general se combinan ambos sistemas en los entrenamientos.

Al estudiar el estado aeróbico que debe mantenerse durante toda la competición nos dice Bjorn Ekblom, profesor de fisiología del Instituto Karolinska de Estocolmo: "Y esto dependerá de cómo los jugadores se mantienen unidos y sin lesiones". El Dr. Apor demostró cómo el nivel medio aeróbico de los equipos de primera división se correlacionaba con la clasificación final de la liga. "Las victorias significan mejor estado físico y a su vez una moral más elevada del equipo, mientras que las derrotas y las lesiones desencadenan un círculo vicioso de malestar físico y moral en la plantilla".

Estos datos fisiológicos aportados por los especialistas en medicina deportiva, insisten en señalar el gran aporte que realiza la ciencia cuando formaliza que la energía no se crea ni se destruye, siempre se transforma. Éste es uno de los conceptos del Principio de Constancia de la física, que rescató Sigmund Freud para describir en el año 1900, el concepto Inconsciente. El fundador del Psicoanálisis sentó las leyes y principios del funcionamiento del pensamiento humano, describiendo los mecanismos psíquicos que intervienen en él.

Freud produjo una ruptura en el pensamiento científico con su revolucionario descubrimiento. Otras rupturas, que produjeron develamientos del pensamiento humano los llevaron adelante los insignes: Copérnico, Darwin y Marx. Y para que se entienda: la poesía y el psicoanálisis toleran que un hombre pueda escuchar a otro hombre, que un hombre pueda conversar tranquilamente o jugar en equipo con otro hombre o que un equipo de muchachas gane el campeonato donde participan equipos de muchachos o que un escritor le hable al lector.

Continuando el trabajo de investigación el Dr. Ekblom reseña: "la predominante preparación aeróbica (en muestras de músculos tomados de futbolistas de elite) incide en que éstos músculos tienden a poseer enzimas oxidativas como la de los atletas de alta resistencia. No obstante, los futbolistas deben tener en cuenta el entrenamiento de la fuerza física, al ser un deporte de contacto, y sus elementos aeróbicos".

En este punto queremos hacer un paréntesis y recordar que la función no hace al órgano. Cada órgano tiene una multiplicidad de funciones y la libido (considerada como órgano) es un concepto de la teoría psicoanalítica destinado a designar la manifestación dinámica de la sexualidad humana (sexualidad entendida como la materialidad del inconsciente). Como órgano siempre está presente mostrando el nivel económico del aparato psíquico y como instrumento, la libido, muestra el nivel dinámico del mismo. La importancia de éste concepto radica en que la fijación de la libido es intolerable para el sujeto y, cualquier estancamiento de la misma está en la base de producción de cada lesión y de toda enfermedad.

En los destinos de la libido, nos muestra el psicoanálisis, se encuentra el factor decisivo tanto en la salud como en la enfermedad y las lesiones deportivas. Los deportistas se lesionan con igual frecuencia cuando se apartan de un ideal que cuando se esfuerzan en alcanzarlo, es decir por una exigencia externa o por una exigencia interna, por no poder transformar la realidad o por no poder transformarse. E insistimos que el factor común y principal es un estancamiento de la libido con todas sus consecuencias.

El concepto de libido nos puede ayudar a pensar el metabolismo energético como diferente en cada deportista, como una producción singular en cada caso y como un efecto de lo grupal en cada entrenamiento debido a la existencia de lo psíquico y lo corporal. Por ejemplo, en condiciones normales, debido a la imposibilidad de separar lo psíquico (el inconsciente) de lo somático (el cuerpo), todo estímulo que llegue al aparato proceda del exterior o del interior, la energía que produzca sea psíquica o metabólica, debe ser elaborada por ambas vías. Cualquier dificultad o conflicto en la adecuada canalización de la energía sea porque debiera elaborarse vía psíquica y lo hace por vía somática o viceversa, puede reducir la eficacia de lo entrenado, producir astenia, dolencias diversas y siempre interviene en el mecanismo de las lesiones deportivas.

FUERZA, VELOCIDAD Y HABILIDAD: paradigmas de CUERPO Y MENTE

La fuerza muscular en altas velocidades parece ser lo más relevante para el futbolista, siendo muy importante que estén equilibrados los músculos isquiotibiales y los cuádriceps, especialmente para la acción excéntrica del último en el control del disparo. Recordar que los Isquiotibiales son un conjunto de músculos: Biceps femoral, Semimembranoso y Semitendinoso y se encuentran en la parte posterior del muslo, siendo su función principal la flexión de la rodilla (doblar) y la extensión de la cadera (extensión del muslo sobre la cadera). Y el Cuadriceps es un conjunto de músculos en la cara anterior del muslo: Recto anterior, Vasto Externo, Vasto Intermedio y Vasto lateral convergiendo los cuatro, en la rodilla, a través del tendón Patelar. La función principal del cuadriceps es la extensión de la rodilla, manteniendo la pierna recta y contribuye además a la flexión de la cadera. Ambos conjuntos musculares colaboran en la articulación de la rodilla, la carrera de alta velocidad, los saltos y el golpeo del balón.

La fuerza sin velocidad no es provechosa para el fútbol y la velocidad sin la habilidad necesaria se vuelve torpeza para el equipo. La técnica es grupal, no reside en las piernas (en los músculos) del jugador, sino que se produce jugando entre otros. Para que se articulen fuerza, velocidad y habilidad en un futbolista, es decir para alcanzar el talento del gran jugador un buen generador es el deseo. Y el deseo por ser inconsciente se entrena con psicoanálisis.

El Dr. Gilbert Gleim del Hospital Lenox de Nueva York describe que: "La velocidad es de gran importancia para el fútbol. Pudiendo convertir a un jugador dotado en un jugador excepcional y a un jugador por debajo de la media en un jugador útil. Siendo la velocidad una de las características que distingue, de manera clásica, al futbolista de elite de los jugadores de otros deportes, donde tal vez se precise, fuerza, flexibilidad o resistencia".

Y continuando con este factor de rendimiento, que llamamos velocidad, tan estudiado y trabajado por los preparadores y entrenadores de futbolistas, rescatamos de los especialistas que: "la velocidad reside en la integración de un número de factores que pueden ser reales o dar la ilusión de velocidad. Ejemplo de esto último son el tiempo de reacción y la capacidad para anticiparse con el fin de poder empezar una acción con ventaja. Si prescindimos de estos factores, la velocidad, es una función con muchas características psicológicas".

Otro factor a tener en cuenta además de la fuerza, flexibilidad y rapidez es la agilidad, es decir el cambio de dirección a elevadas velocidades en reacción a un estímulo que tiene lugar durante un partido. Como factor de rendimiento, la agilidad, difiere del resto de factores en que también depende de un factor "ambiental" en concreto la interacción bota-pie con la superficie. Así se dice que los jugadores sudamericanos suelen tener más técnica por el hecho de jugar sobre superficies no lisas, como la calle o la playa sirviéndole como "buena superficie" para el regate. El cuerpo en sus movimientos puede alcanzar la agilidad que la propuesta mental del sujeto desee, ya sea para jugar, bailar, saltar, nadar...

La velocidad es una capacidad mental en la que el deseo inconsciente permite la producción de otra temporalidad en la carrera. Por ejemplo: sin las matemáticas no hubiese existido la ciencia física, y sin ambas no se hubiera producido la ciencia psicoanalítica. Ciencias tan conjeturales (simbólicas) como exactas (reales), donde la energía es la cifra de una constante (imaginaria), y al igual que la física es una experiencia mental (es decir, un trabajo teórico sobre el investigador y no tanto una experiencia del trabajador en la realidad) del mismo modo, lo que aporta el psicoanálisis al universo científico sobre el pensamiento de los humanos, es totalmente novedoso y revolucionario también en el deporte.

Todo lo científico es novedoso, por ende incomparable, produciendo rupturas y descentramientos con respecto a las nociones anteriores sobre la energía, la economía, la especie, los grupos, la salud, el juego, el sueño, el deseo, el amor y la creación.

EL CUERPO UNA MÁQUINA DE MÁQUINAS

Las fórmulas son siempre máquinas más reales que la realidad que producen.

Máquinas que funcionando como lo real, producen cualquier realidad (según sea la realidad que trabaje esa disciplina científica). Ejemplo: las matemáticas produjeron la proporción geométrica, de cuyo vacío formal se sirvió la física para producir la fórmula de la velocidad, la fórmula de la aceleración, etc. Otro ejemplo: la fórmula de la velocidad aplicada al trabajo permitió la construcción de la máquina herramienta y con ello la producción en serie de la que da cuenta la economía política. Un tercer ejemplo: las leyes del lenguaje, descritas en 1900 por Sigmund Freud, con sus mecanismos psíquicos permitieron la producción del inconsciente donde se genera la memoria, el pensamiento, los afectos, los sueños, la imaginación, el talento y el juego.

No es objeto del presente capítulo desplegar los conceptos sobre la teoría de conjuntos, las variables de velocidad, espacio y tiempo o los principios del placer y de la realidad, las pulsiones... Si queremos destacar las leyes del pensamiento psíquico, que permitieron descubrir los afectos, como expresión del saber inconsciente que puede actuar directamente sobre el metabolismo corporal, a través del sistema inmunológico y el sistema nervioso.

Las sustancias hormonales, la regulación neuromuscular desde el sistema nervioso central y la omnipresencia del sistema nervioso autónomo o vegetativo son testigos de ello, colaborando estrechamente con el sistema inconsciente-conciencia. Es decir en todo gesto deportivo existe participación simultánea de sustancias químicas, factores fisiológicos y mecanismos psíquicos. El sistema inmunológico es el sustrato de representación de lo psíquico en el cuerpo y el sistema nervioso el soporte del deseo inconsciente del sujeto.

Antes se creía que el afecto venía del cuerpo, como algo instintivo o natural y así se relacionó el corazón con el amor, el hígado con lo colérico, el cerebro con el pensamiento, la gula con el estómago. Fueron primeras e importantes aproximaciones de la medicina a las preguntas que siempre se realizó el hombre. En el devenir de las ciencias, el psicoanálisis descubrió que el afecto está estructurado por las leyes del lenguaje y que se puede expresar hablando (sin necesidad de dañar víscera alguna) a través del cuerpo. Se trata de saber escuchar: "dónde está y cómo actúa" ese afecto y "para qué o para quién" habla ese pensamiento.

Sabemos que el afecto, siempre está desplazado y siempre es verdadero, pero nunca corresponde con la representación consciente (escena) a la que acompaña, por eso que se puede odiar lo más amado, fracasar al triunfar, sentir culpa de nada, temer lo más deseado, abandonar lo que excita…

Ahora, estamos en condiciones de poder afirmar que: cualquier "mal rollo" entre los compañeros del equipo, cualquier lapsus o fallo "incomprensible" en el devenir de un partido, en toda lesión muscular, en la reiteración de expulsiones, en los desacuerdos entre técnicos y directivos, en el inadecuado rendimiento de la plantilla "sin motivos", en el desapego de la afición, en las excesivas criticas de la prensa... existe un conflicto inconsciente con el pacto deportivo en el grupo (alma del equipo) que se manifiesta en el equipo (cuerpo del club) y en la Institución (social del equipo).

El fútbol compromete. Los compromisos no firmados pero siempre presentes en todo pacto, es decir "el contrato emocional", "el entrenamiento invisible", "la militancia grupal", "el amor a los colores"... todos esos "actos no rubricados" intervienen en la producción grupal del Deseo Inconsciente, que trabaja para la materialización del proyecto deportivo.

El "saber" del grupo, el saber del deportista en un equipo es un saber pusional, es decir que el jugador siempre participa en las jugadas después de los pactos. Por eso antes de salir al terreno de juego el cuadro técnico o el capitán les habla, se alientan los jugadores, se insuflan ánimos con palabras, pues la libido (energía psíquica) conoce, toca, reviste las palabras antes que al sujeto. El deportista entra en acción después de las palabras.

Y así como hay parámetros objetivables que se pueden medir en un deportista (por ejemplo la fuerza, la frecuencia cardiaca, los niveles de glucosa...) otros por ser materiales no son cuantificables. No por ello carecen de cualidad, por ejemplo: la imaginación, el compañerismo, la habilidad, elegancia, el compromiso, la pasión... De modo que al realizar la lectura de un partido (siempre por recurrencia, desde el final) se puede decir cuántos kilómetros hizo un jugador, cuántos pases fallados, tiempo de posesión del balón y también se puede inferir lo felino que estuvo el portero o lo astuto del delantero en cuestión.

Todos reconocemos claramente qué jugadores son habilidosos, cuales trabajan sigilosamente para el grupo o quién más bromista o dormilón. Tal vez no todos sepamos que el umbral del dolor es subjetivo, difiere en cada deportista, pero en todos los sujetos es un límite del cuerpo más allá del cual, si no prestamos la atención adecuada, algo se puede "romper" en el futbolista.

Cuentan que cuando un jugador cayó al césped lastimado y agarrándose la rodilla decía: "mi rodilla, mi rodilla" el entrenador le inquirió ¡levántese, esa rodilla no es suya es del equipo! Con ello se puede pensar la salud como una producción grupal y la aparición reiterada de lesiones como efecto de algo que así habla en el cuerpo del club.

El equipo de fútbol (el cuerpo grupal) siempre habla, y el psicoanalista a través de su exquisita formación (estudio, análisis, supervisión, escritura…) puede escuchar los obstáculos anímicos e ideológicos para potenciar lo entrenado. La escucha del psicoanalista permite la asociación libre del juego grupal y la puesta en acto de la materialidad inconsciente que articula lo táctico, lo estratégico, lo físico y lo anímico.

Si el profesional puede anudar lógicamente "el hablar, el pensar y el actuar" se producirá una estética en el juego y una ética en el resultado final. El equipo que juega coordinado piensa grupalmente.

El lenguaje estructura el pensamiento y posiciona el cuerpo. Por eso que los especialistas en medicina deportiva señalan la importancia del psiquismo en los deportistas y los profesionales del fútbol trabajan tres tesis deportivas: "si hay grupo hay equipo", "un equipo es un estado ánimo" y "se juega como se entrena".

LA SALUD DEPORTIVA COMO PRODUCCIÓN

En el sujeto no hay nada natural, todo se produce y aprende entre otros. La salud en todos los casos es una producción; no existe una salud innata o natural. Pensar la salud como la ausencia de enfermedad o lesiones, es una ideología carente de futuro para el deportista. La salud habla de los medios para conseguirla.

Lo primero para pensar la salud como producción es conocer qué concepto de tiempo se maneja en la formación de los profesionales. Por ejemplo en la formación médica nos ayudan a pensar la enfermedad desde una perspectiva etiológica puesta en el pasado, y así, con el progreso acaecen nuevas dolencias. Sin embargo en la formación psicoanalítica nos ayudan a pensar la salud desde un tiempo futuro de tal modo que en la producción del nuevo sujeto no se necesite enfermedad alguna o, dicho de otro modo, un sujeto con una afección congénita o con una enfermedad que tenga tratamiento pero no curación, pueden disponer de salud.

Con éste concepto de salud, todas las edades del deportista, pueden disponer de alegría, sexualidad, inteligencia, amor, capacidad creativa, economía con sus derrotas y triunfos. El deseo deportivo no envejece.

De modo que se puede padecer una enfermedad y tener salud o no padecer dolencia alguna y sin embargo carecer de salud. Todos conocemos ancianos alegres de gran vitalidad, con proyectos más allá de ellos y jóvenes tristes, apáticos, sin proyecto ni pactos en la vida.

Todos los jugadores realizan actividades que demandan energía como saltar, acelerar, driblar y para que sea posible satisfacer las demandas energéticas en la alta competición es preciso implicar tanto los sistemas energéticos aeróbicos como los anaeróbicos. Así aumenta la frecuencia cardiaca y sufre modificaciones la temperatura media corporal subiendo, en los partidos, alrededor de un grado centígrado.

Estos dos parámetros nos permiten concluir que en los jugadores profesionales el nivel medio de energía se sitúa en el

75%-80% de la potencia aeróbica máxima tanto en los hombres como en las mujeres. Existen algunas diferencias según sea la posición que adopta en el terreno (por ejemplo los centrocampistas suelen correr más), el estilo de juego, el clima y los factores psíquicos que pueden modificar el consumo medio de energía.

Durante un partido de alta competición, el consumo total de energía de un jugador masculino (con una masa corporal de 75 kilos y una potencia aeróbica media de 4,5 litros) se sitúa entorno a las 1.700 Kcal. y el nivel de sudoración conlleva una pérdida de masa corporal alrededor de los 2 litros en condiciones climáticas normales.

Del metabolismo anaeróbico señalar que éste incluye la descomposición láctica en el músculo de los sustratos de adenosintrifosfato y de creatinfosfato, ricos en energía, así como la descomposición láctica (glucólisis) de las unidades de glucosa o glucógeno en piruvato y lactato.

En fútbol el factor energético más importante no es el déficit de oxígeno o el nivel de liberación de energía anaeróbica (a excepción del esprinte), lo decisivo es la integración de los metabolismos aeróbico y anaeróbico que resulta ser singular y diferente en cada deportista debido a los factores psíquicos siempre en juego.

LA MUERTE SÚBITA

En los últimos años escalofriantes fallecimientos de futbolistas, algunos de ellos jugadores profesionales, han ensombrecido a todos. El doctor Josep Brugada, presidente de la Sociedad Europea de Arritmias, y otros cientos de especialistas señalaron en el 2010 que lo más preocupante es que no se vigila a los chicos jóvenes que empiezan a dedicarse a la práctica deportiva. Recomendando el prestigioso galeno que entre los 12 y 14 años de edad se les realizara un electrocardiograma y otras pruebas específicas, ya que a esa edad, se puede detectar las alteraciones cardiacas que pueden causar la muerte súbita al llevar a cabo un esfuerzo físico.

Los psicoanalistas consideramos que no sólo se debe realizar un minucioso estudio cardiológico de los jóvenes; también se debe considerar la crucial metamorfosis de la pubertad que acontece aproximadamente entre los 10 y 14 años y en la que se generan transformaciones estructurales en la sexualidad, personalidad y pensamiento del joven deportista. Todos los jugadores se pueden beneficiar del interés del psicoanálisis tanto para la orientación vocacional como en su formación deportiva y asunción de roles con la correspondiente responsabilidad y compromiso que el deporte profesional conlleva.

El deseo humano está presente en toda la carrera deportiva, ya sea en el nacimiento de los ideales, el crecimiento de los proyectos, la reproducción de las diferencias y en las puntuaciones de todos los finales. El deseo del sujeto puede actuar sobre el odio o el amor y, esto no puede registrase en un electrocardiograma, pero si puede escucharlo el psicoanálisis y transformarlo.

LAS LESIONES DEPORTIVAS Y OTRAS DOLENCIAS

Las lesiones músculo-esqueléticas, merecen un capítulo aparte, aquí podemos decir que dependen de diferentes factores y según refieren los especialistas "el azar juega sin duda un papel fundamental" Debemos en este punto recordar que el azar está sobredeterminado, tiene sus propias leyes y así mismo afirmamos que el sujeto siempre está implicado en lo que le sucede.

De otras dolencias deportivas, rescatar un informe realizado por Universidades Norteamericanas de 1976 a 1983, donde se pone de manifiesto que las lesiones de rodilla se hallaban demasiado representadas con respecto a otras lesiones. Estudios de años posteriores lo han corroborado aún más.

En dicha investigación se reveló un prejuicio: "se suele creer que en fútbol la incidencia de lesiones es superior en las divisiones inferiores, ya que en ellas los jugadores son menos hábiles y cuentan con medios más precarios. Sin embargo los datos no confirman esta suposición, de modo que el riesgo de sufrir una lesión es aproximadamente seis veces mayor en los jugadores de elite que en los futbolistas de categorías inferiores". Y cuando se analizan las diferentes discapacidades permanentes, resulta evidente que las lesiones de rodilla, en especial las lesiones de ligamento cruzado en combinación con otras lesiones de rodilla, son la causa del mayor número de discapacidades permanentes.

En cuanto a los datos del Sistema de Vigilancia de lesiones en fútbol rescatar que el examen de lesiones de los hombres y el de las mujeres muestran un patrón similar en el índice de lesión tanto en los partidos como en los entrenamientos. Siendo en este estudio realizado entre 1989 y 1993, las lesiones de rodilla más frecuentes en las mujeres que en los hombres.

En cuanto a los niños, numerosos trabajos de las Escuelas de Fútbol confirman que lo que motiva a los niños para la práctica del fútbol, fundamentalmente, es la diversión y el hecho de compartir ese tiempo con los amigos. Y cuando se juega para jugar, el fútbol resulta ser un magnífico deporte.

Otra cuestión son los factores llamados externos: presión por parte de tutores, padres, la propia competición, los resultados y cierto ambiente no del todo propicio para el desarrollo de habilidades deportivas. Siendo "estar con los amigos" y el rendimiento personal los motivos más valorados por los niños para la práctica deportiva.

Los profesionales, entrenadores, padres y todo aquel responsable del juego, salud o educación de los deportistas, debemos transmitir que: jugando se crece en el cuidado higiénico-dietético, el orden, el estudio y la diversión; herramientas deportivas en toda formación grupal.

Otro elemento importantísimo en los deportistas es la nutrición, tanto como las aplicaciones dietéticas de líquidos y electrolitos. No es función del presente texto ahondar estos temas pero si resaltar que de todos ellos, la hidratación en líneas generales es fundamental. Recordar que el cuerpo humano contiene un 50-70% de su peso en agua, dependiendo de la edad, peso, masa muscular, género. Y, es tal la importancia que una pérdida de agua del 20% del peso corporal puede provocar graves alteraciones del metabolismo energético, equilibrio osmótico e incluso producir la muerte. Y la sed no es un indicador adecuado del nivel de hidratación. Si es una regla de oro beber dos vasos de líquido por cada 500 gramos que se hayan perdido al sudar.

Los dietistas (ya que no existe ninguna receta ni dieta mágica) aconsejan para aumentar el rendimiento físico, una dieta equilibrada y variada. De modo que los buenos hábitos alimentarios se conviertan en un comportamiento que acompañe siempre al deportista, cuyas necesidades de calorías y fluidos suelen ser superiores que la de los individuos corrientes.

Por ejemplo los futbolistas adolescentes que suelen necesitar entre 2.000-2.800 calorías diarias, deberían distribuirlas en varias comidas con pautas concretas para antes del partido, durante el descanso del mismo e inmediatamente después de concluir. Todo ello debe ser atendido por un profesional, considerando la importancia que presenta para el deportista la nutrición en las diferentes necesidades energéticas.

Por ejemplo cuanto más glucógeno hay en los músculos, más rápido puede correr un atleta durante un periodo de tiempo más prolongado. Este concepto es vital para los futbolistas. Cuanto menor sea la intensidad del ejercicio (caminar) mayor será el consumo de grasa. Por el contrario cuanto mayor sea la intensidad (esprintar) mayor será el consumo de hidratos de carbono.

En cuanto al aporte de líquidos en los futbolistas, para optimizar resultados, lo mejor es la absorción de una solución diluida de glucosa y sodio baja en calorías.

Los trastornos alimentarios y la inadecuada nutrición, siempre presentan una relación con la libido del sujeto; así lo que para muchos es un disfrute, comer, para otros puede ser una tortura. Las enfermedades que comienzan en la boca son más numerosas de lo que se piensa. La boca es el inicio del aparato digestivo, siendo la pulsión oral sobredeterminada por el inconsciente, la que posibilita que la comida se viva como alimento, obligación o veneno. Un ejemplo es el "agua milagrosa".

MEDICAMENTOS Y DOPAJE

Refiere Filóstrato que los atletas de los antiguos Juegos Olímpicos creían que el consumo de infusiones, hierbas y setas podía incrementar sus niveles de rendimiento; de hecho una forma de "dopaje" consistía en preparar una solución con aceite, polvo y sudor tomado de la piel del atleta después de la competición. Esta mezcla se extraía en los vestuarios con un estrígilo (instrumento metálico en forma de L) e incluso el atleta lo vendía a otros participantes, los cuales creían que bebiéndose la mezcla podrían llegar a tener las mismas capacidades físicas del campeón.

Lucio Flavio Filóstrato, también llamado "el Filóstrato de Atenas" era un filósofo y orador griego del 170 a.C. que perteneció al neopitagorismo y transmitió las ideas místico teúrgicas de los pitagóricos.

Aunque han transcurridos más de dos mil años, cómo el pensamiento humano se estructura por pensamientos mágico-animistas y religiosos (que siguen anidando como parte de la cultura) y al ser estructuras fundantes de larga duración en el pensamiento, siguen mostrando su vigencia en la actualidad. Y hemos de destacar en cuanto al pensamiento se refiere que tenemos la edad de los prejuicios, ya que además de lo mágico-animista y religioso, hay un pensamiento científico que engloba puntuando a los dos anteriores y un pensamiento psicoanalítico que implica al sujeto deseante, como protagonista de lo que le sucede, permitiéndole poder transformar su vida, aunque más no sea los centímetros de un travesaño repeliendo un balón o alojándolo en las mallas.

Nada se destruye en el sujeto, desde un pensamiento actual se pueden leer los anteriores pensamientos. Nada se supera en el humano, lo que progresa es la tecnología.

Los modernos Juegos Olímpicos, fueron inaugurados por Pierre de Courbetin en Atenas en 1896. Desde esa fecha y hasta 1932 se celebraron nueve Juegos Olímpicos, durante los cuales el dopaje no era frecuente, exceptuando el uso de ciertas sustancias entre los ciclistas. La mezcla más común que se utilizaba era un cóctel de cocaína y cafeína.

Entre 1936 y 1964 se celebraron seis Juegos Olímpicos, con las excepciones de los periodos de las grandes guerras mundiales. En este punto de la historia, los Juegos eran utilizados como instrumento propagandístico para la promoción de ciertos regímenes políticos. Este hecho modificó el ideal original de Courbetin, de manera que el hecho de "ganar" empezó a convertirse en algo más importante que "competir" según reza el espíritu olímpico.

Durante este periodo las sustancias más utilizadas fueron las anfetaminas y, después de 1954 los esteroides anabólicos.

Con el objetivo de controlar el uso de los agentes de dopaje, el Comité Olímpico Internacional nombró una Comisión Médica, que empezó a realizar controles médicos, bajo la supervisión del príncipe Alejandro de Merode, durante los Juegos Olímpicos de 1968.

Posteriormente se introdujo la primera lista de productos farmacológicos prohibidos, entre ellos: los estimulantes psicomotores, las aminas simpaticomiméticas, los estimulantes del sistema nervioso central y analgésicos narcóticos y, desde 1975 se incluyeron en la lista los esteroides anabólicos.

Entre 1984 y 1992 se detectó un elevado número de casos positivos, con lo que se realizaron modificaciones en la lista de los fármacos prohibidos y se introdujeron mejoras por parte de la Comisión Médica del Comité Internacional.

La progresiva profesionalización de los atletas y la comercialización de los Juegos, llevaron a un aumento en el caso de positivos y de falsos certificados médicos de hipertensión con el fin de justificar el uso de betabloqueantes.

En 1987 se incluye en la lista a los betabloquenates y a los diuréticos. Se declaran ciertos métodos prohibidos como transfusiones sanguíneas, manipulaciones de la orina y uso de anestésicos locales.

Después de Seúl, se tuvo constancia del empleo de la eritropoyetina y de la hormona de crecimiento. Como consecuencia de ello, la Comisión Médica del Comité Olímpico Internacional incluyó en la lista a las hormonas peptídicas y a la marihuana.

Vemos como sucesivamente, los deportistas usan sustancias y métodos diversos en el afán de ganar a costa de cualquier precio.

En cuanto al fútbol se refiere, el control de dopaje realizado por la FIFA dio comienzo en el Mundial de Méjico en 1970.

En la actualidad, la FIFA, utiliza la misma lista de sustancias prohibidas que la Comisión Médica del Comité Olímpico Internacional. Los métodos para la toma de muestras y para su análisis químico son los mismos en todos los deportes.

Aunque en fútbol también se utiliza el dopaje, la incidencia es menor que en otras modalidades deportivas. Por ejemplo algunos datos de los Juegos Olímpico de 1992, muestran que en Halterofilia el porcentaje es de 2,07%, en Ciclismo de un 0,75%, en atletismo de un 0,96%, en natación de un 0,40% y en fútbol de un 0,39% de los controles realizados.

Los tipos de dopaje más empleados son similares: estimulantes (pseudoefedrina) y los esteroides anabólicos (testosterona). Los casos positivos detectados en fútbol son el doble fuera de competición que en las pruebas anunciadas en competiciones oficiales, lo que nos hace pensar en un desplazamiento del acento en la prevención de casos.

Sabemos que ninguna droga o sustancia puede transformar la personalidad de un sujeto (la habilidad de un jugador, la técnica, el talento y elegancia de un futbolista) y recomendamos trabajar para ello la producción de salud. En este sentido para poder pensar un criterio de "salud como producción" hay que producir algo que no se encuentra previa-mente. No se trata de la reconstrucción de un estado anterior y perdido, es la producción de un nuevo estado de salud.

Para ello contamos con dos disciplinas:

a) La Medicina que como ciencia de las enfermedades ha conseguido grandes avances en la humanidad (por ejemplo la posibilidad de vivir más años)

b) El Psicoanálisis que como ciencia de la salud ha conseguido también grandes avances en la humanidad (por ejemplo la posibilidad de gozar y jugar en cada edad)

La producción de profesionales cualificados es un trabajo imprescindible para conseguir las metas propuestas, ya que la salud son los medios para conseguirla.

Una cuestión es contar con los medios de producción (por ejemplo de salud) y otra muy distinta pretender apropiarse de los productos del trabajo (que en todos los casos son del que paga). Es decir en este sentido el dinero es salud, no un medio para conseguir la salud, sino salud en sí misma si se invierte en ello.

Cuando se habla de criterios de salud, el psicoanálisis plantea:

- La salud como la capacidad de amar y trabajar. Trabajar más allá de lo que se necesita individualmente para vivir y amar a más personas de las que se desea para gozar; por eso a los grandes deportistas se les llega a considerar héroes.

- El sujeto como producto grupal y agente social; de tal modo que pueda ser capaz de transformar la realidad conocida, por otra realidad deportiva nueva, donde haya otros semejantes y, esa es la mayor riqueza de un equipo de fútbol.

- La capacidad de sustitución, es decir, el reconocimiento de los errores y la aceptación de los mismos para aprender y poder apropiarse de lo nuevo en el próximo partido.

- Implicación en todo lo que le ocurre al sujeto, pues no hay adaptación innata, ni media naranja en el suceder humano ni jugador infalible por lo que se debe huir del confort intelectual y deportivo.

- Hablar, leer, escribir y jugar, en infinitivo, con sus metáforas o capacidades humanas posibles de ser producidas en todos, ya que no hay nada innato o natural en el deportista, todo es con trabajo y disciplina.

El deportista, cuadro técnico, directivos y los profesionales que asesoran a los jugadores tienen el derecho de apropiarse y el deber de solicitar todos los aportes que el psicoanálisis y la medicina deportiva ponen a su disposición para el ejercicio de su profesión.

CAPÍTULO CINCO
LAS LESIONES MUSCULARES

GENERALIDADES

El deportista se expone a lesiones micro o macro traumáticas en el aparato locomotor, sobre todo, en músculos y tendones.

La Medicina Deportiva describe tres grupos de factores en la producción de toda lesión, los que dependen de: a) el propio deportista, b) el equipamiento deportivo y el medio y c) la estructura y características específicas de cada deporte en cuestión.

Estos apartados intervienen en mayor o menor proporción y son tan complejos cada uno de ellos, que: "No es posible estudiar los mecanismos de la lesión deportiva desde un punto de vista exclusivamente médico". Aseguran los especialistas: "Los mecanismos físicos no explican la génesis y desarrollo del proceso de la lesión en su totalidad".

Se distinguen dos grandes tipos de lesiones: las derivadas de traumatismos directos y las de impactos indirectos, también llamados extrínsecos e intrínsecos. Los traumatismos directos aparecen donde hay contactos frecuentes como son el rugby, el fútbol, el hockey hielo, el baloncesto... El traumatismo se debe a un agente externo, un rodillazo, un cabezazo o el contacto con un objeto duro como el suelo. Estos accidentes provocan contusiones, cuya gravedad dependerá de la violencia del traumatismo y del estado funcional del músculo en el momento del impacto. Por ejemplo un músculo en contracción es más vulnerable a la lesión.

Los traumatismos indirectos son lesiones específicas de cada deporte. Sus causas son poco conocidas, siendo el propio músculo el que, a veces, produce el traumatismo. En estos casos la disfunción neuromuscular puede deberse a un conjunto de factores como: trastornos histoquímicos, metabólicos, genéticos o "ambientales" que solicitan al músculo más allá de sus posibilidades, lo que puede producir la lesión.

Junto a estas causas, a veces mal delimitadas, se conocen factores favorecedores de lesión: un entrenamiento inadecuado, sobreesfuerzos, técnica inadecuada, ausencia de estiramiento, focos infecciosos locales y algo que nos llama poderosamente la atención la "falta de higiene deportiva" capítulo amplísimo en el que se incluye desde la carencia de vestuario y calzado apropiado hasta problemas de tipo psicológico o una mala alimentación e hidratación. Este apartado corresponde al llamado "Entrenamiento Invisible".

¿Puede pensarse que algún deportista entrene para lesionarse? No es cuestión consciente en el deportista. Y aunque en toda dolencia existen los efectos secundarios de cada enfermedad (a veces beneficiosos) el sujeto nada sabe de ello por actuar en su producción mecanismos inconscientes. El deportista reconoce la lesión, la padece y simultáneamente desconoce los mecanismos que intervienen en su producción.

Llamamos la atención sobre algunas frases que con cierta frecuencia enuncian los deportistas: "Me rompí justo en el partido más importante de mi carrera" o "siempre que compito en las olimpiadas, tengo algún percance" o "esta mañana pensé que podía lesionarme en el entrenamiento" o "en mi anterior equipo nunca me lesioné, pero desde que llegué aquí" o "justo ahora que se quedó embarazada mi esposa" o "no aciertan con lo que me pasa" o "no termino de recuperarme y me vuelvo a lesionar" o "me lesioné yo solo"...

Y ¿por qué ante los mismos ejercicios, deportistas de similar complexión unos se lesionan y otros no? y ¿por qué en algunos casos la rehabilitación parece "milagrosa" y en otros se complica tanto? o ¿por qué algunos deportistas prefieren volver a su país de origen para recuperarse?

Para estas preguntas se dan respuestas del estilo: susceptibilidad individual, predisposición hereditaria, mala suerte, cuestiones anímicas, no hay dos lesiones iguales...

El mecanismo de la lesión, como deja entrever la medicina especializada, presenta zonas desconocidas. Se habla de alteraciones en el intercambio iónico y que el metabolismo celular podría incidir en la capacidad funcional del músculo, también se piensa en las inserciones musculares y en la reabsorción de metabolitos.

Las más prestigiosas Escuelas de Medicina Deportiva de Alemania, EE.UU. y España, especializadas en el tratamiento de estas dolencias concluyen en sus informes internacionales: "La lesión muscular puede ser de una etiología muy variada. Es evidente que conocemos muchas de las causas que inciden en ellas pero aún desconocemos muchas de sus etiologías. Igualmente, sabemos que no son intrascendentes, que pueden poner en peligro una carrera deportiva y que dependiendo del músculo en que asientan, su gravedad alcanza proporciones importantes. Casi todas las lesiones se tratan de manera conservadora, pero sus complicaciones, generalmente debidas a patologías de la cicatriz, a veces hacen necesaria la cirugía. Si hoy los modernos medios de imagen nos brindan una ayuda fundamental en cuanto al diagnóstico y evolución, éstos nunca deben primar sobre la clínica. El desprecio a los signos clínicos, a la evolución de los mismos y a la importancia de la vigilancia casi diaria por la palpación sólo pueden conducir al fracaso". E insisten con severidad: "Jamás tendrá un paciente una lesión muscular porque lo diga una ecografía o una resonancia, que nunca estarán por encima de lo que diga la clínica".

La teoría es clínica. Según que criterios de salud y proceso de enfermar se manejen así será la escucha clínica y se determinará el tratamiento. Según se concibe al deportista, así se tratan las lesiones.

Si el enfoque lo trasladamos no sólo a los deportistas sino a la población en general, vemos que las molestias del aparato músculo-esquelético comprenden en promedio un 10% de todos los cuadros atendidos por médicos generales. En los Estados Unidos estos trastornos constituyen la causa principal de incapacidad y absentismo laboral. Muchas de estas molestias que hacen que los pacientes busquen la atención médica, suelen presentar trastornos transitorios que requieren valoración mínima y sólo tratamiento sintomático y tranquilizador. Y ¿de qué habrá que tranquilizarlos?

Dentro del gran elenco de afecciones músculo-esqueléticas nos centraremos en aquellas más frecuentes en los deportistas como son: los esguinces, las contusiones, la sobrecarga muscular, los desgarros, la contractura, la rotura muscular dejando para otra ocasión otras lesiones graves pero no tan frecuentes como son las fracturas, heridas y quemaduras.

Los esguinces: son lesiones del ligamento (tejido que conecta dos o más huesos en una articulación) que resultan cuando éste se distiende o se rompe. Las causas puede ser una caída, torceduras, golpes... que pueden desplazar la articulación de su posición normal. Se puede sentir un crujido en el momento de la lesión y el grado de afectación puede ser leve, moderado o grave; cursando con dolor, hinchazón y dificultad para la movilidad. El tratamiento requiere reposo, frío en la zona, vendaje compresivo, posición elevada del miembro y analgesia con posterior rehabilitación.

La contusión: lesión debida a un traumatismo directo (choque o impacto) sobre el músculo. Generalmente es una lesión leve y se recupera en pocos días. Se manifiesta por dolor y aparición de un hematoma. El tratamiento se basa en reposo, frío local, vendaje compresivo y elevación del miembro afectado. No se deben realizar masajes ni aplicar calor sobre la zona.

Sobrecarga muscular: es una de los problemas más frecuentes. Generalmente debida a un sobreesfuerzo de las fibras musculares y suelen aparecer molestias al comenzar el ejercicio que persisten al dejar de realizarlo. El pronóstico de la lesión es leve y mejora con el reposo. Se puede aplicar frío local.

Calambres musculares: se produce una contracción intensa y mantenida de la musculatura. Una de las causas más frecuentes es la realización de un calentamiento insuficiente o inadecuado antes de hacer el ejercicio competitivo. El mejor tratamiento es la prevención realizando un calentamiento adecuado previo al ejercicio y mantener una buena hidratación.

Contractura muscular: se produce una contracción muscular de forma duradera sin traumatismo previo. Provoca dolor especialmente cuando se intenta movilizar el músculo afectado. Suele ser un problema transitorio y mejora con reposo, masaje, calor y estiramientos adecuados.

Distensión o elongación muscular: se produce un desgarro parcial de algunas de las miofibrillas acompañado de una leve inflamación. Se caracteriza por la aparición de un dolor súbito e intenso. El tratamiento incluye aplicación de hielo local, compresión, elevación de la extremidad y puede ser útil la electroterapia (TENS). Se puede volver a movilizar la extremidad cuando cede el dolor intenso.

Desgarro muscular: acontece un desgarro afectando a un número mayor de fibras muscular. Se acompaña de una mayor reacción inflamatoria. Se nota un chasquido acompañado de dolor intenso e imposibilidad de movilizar o apoyar la extremidad. El tratamiento es similar a la distensión muscular, con realización de reposo relativo.

Rotura muscular: ésta puede ser parcial (desgarro importante) o total (la rotura afecta a todo el grosor del músculo). La clínica es más intensa que en los desgarros con dolor que no cede con el reposo, inflamación, aparición de hematoma e impotencia funcional. Si la rotura es total se puede ver la depresión de la zona afectada provocado por la rotura y retracción del vientre muscular. El tratamiento requiere reposo absoluto y prolongado, hielo, electro terapia. En algunos casos se puede requerir cirugía con sutura, en función del músculo afectado. La rehabilitación es importante para recuperar la funcionalidad del músculo en la medida de lo posible y permitir reanudar la actividad física.

Considerando estas referencias generales observamos que algunos aspectos en el mecanismo de producción de las lesiones deportivas no obtienen respuesta concreta desde la medicina como son los siguientes:

1) "Lo físico no explica totalmente la lesión". Entonces algo no físico interviene.

2) "Influye el mismo deportista". ¿Consciente o Inconscientemente?

3) "No se puede estudiar el tema únicamente desde la medicina". Debemos preguntarnos: ¿el psicoanálisis puede colaborar en el tratamiento del deportista?

4) "La importancia del estado funcional del músculo". Esto incluye la libido en el funcionamiento del músculo y en la estructura de los movimientos.

5) "La prevalencia de la clínica sobre las pruebas diagnósticas por la imagen". Es importante saber escuchar al deportista para dispensar el mejor tratamiento.

6) "El llamado entrenamiento invisible que hace referencia a la vida cotidiana del deportista e incide en el pronóstico". Eso invisible que colabora con el deportista en su preparación tiene las propiedades del deseo inconsciente.

7) "Se habla de etiologías de origen desconocido en la lesión". Lo desconocido por una disciplina puede ser explicado desde otra ciencia.

8) "El diferente proceso de enfermar, según los criterios de salud y enfermedad que manejemos". Así cómo concibo la salud y la enfermedad, así será el tratamiento.

Puntos suficientemente importantes como para pensar que "algo", que no es del orden de lo visible, lo fisiológico, lo químico y lo mecánico está en juego.

Y ese algo puede pensarse como el conjunto de Mecanismos Psíquicos capaces de actuar sobre el cuerpo. El cuerpo del deportista es el escenario temporal sobre el que actúa el Inconsciente, concepto que describió en el año 1900 Sigmund Freud.

LOS MECANISMOS PSIQUICOS y EL CUERPO COMO ESCENARIO TEMPORAL

Ya en 1893, y lo podemos considerar como un antecedente en la patología muscular, Freud diferenció las parálisis motrices orgánicas de las histéricas; en él nos muestra que la estructura clínica de la Histeria ignora la distribución de los nervios y tendones; presentando una afectación en la anatomía imaginaria del deportista basada en percepciones táctiles y visuales. Por ejemplo puede doler un grupo muscular sin presentar lesión, por estar presente en cada acción la estructuración de los límites corporales que se construyen con la imagen y la palabra. Puede existir dolor, sin lesión orgánica, porque el dolor puede tener un origen sensitivo o ser el resultado de la detención libidinal del movimiento en una zona histerógena del cuerpo.

Con respecto a las lesiones funcionales, se pueden pensar como alteraciones en la función o dinamismo (por ejemplo disminución en la excitabilidad) de modo tal que la concepción vulgar o popular de un órgano, basada no en la anatomía sino en las percepciones táctiles y sobre todo visuales, provocaría lesiones histéricas.

Es decir se produce una abolición de las representaciones para la asociación de la palabra pierna, la cual se comportaría como si no estuviese para el juego de asociaciones del sujeto, semejante a aquella historia que cuenta que un vasallo juró no lavarse nunca más la mano con la que saludó al rey o la costumbre de romper una copa después de haber bebido en ella tras celebrar una ceremonia notable.

El síntoma en psicoanálisis tiene sentido y se encuentra sobredeterminado por una articulación teórica que se desprende de las cualidades del concepto Inconsciente. Instancia (más temporal que espacial) en donde somos juguetes de nuestro pensamiento, guiñoles de lo cotidiano en la producción del pensamiento, el movimiento, los afectos y la génesis de la memoria que se transmite en cada acción o gesto deportivo.

En el quehacer cotidiano se muestran los afectos y los pensamientos de modo tal que una fractura nunca es sólo una fractura, como un esguince nunca es solamente esa distensión ligamentosa, algo se expresa con la lesión y habla en el cuerpo del deportista.

El cuerpo es un escenario temporal donde se representa la vida psíquica, que no sólo obedece a leyes biológicas, ya que también es un cuerpo pulsional, es decir un cuerpo que obedece a las leyes del lenguaje. Es un cuerpo poblado por el deseo, es el cuerpo de un sujeto habitando el lenguaje, es un cuerpo múltiple, asimétrico y dividido que sabe y desconoce que sabe, a la vez, es una máquina de máquinas el cuerpo sostenido por los agujeros que lo estructuran.

El cuerpo del deportista no debe ser un obstáculo para el salto, la agilidad, la velocidad o la precisión. Y sin embargo a veces pesa, duele, escuece, se cansa o se lesiona de más y hablando de esa manera burda puede escribir una historia clínica en el sujeto en lugar de inscribir una historia de deseos en el deportista.

La escritura es el destino más humano para un hombre. En la escritura es donde se inscribe la civilización y la cultura, por ende desde Ella podemos dar cuenta que ese suejto vivió de humano como hombre, como mujer. Las cicatrices en el cuerpo no son escritura y los tatuajes tampoco. Es un hecho que los mejores futbolistas y escritores siempre fueron los poetas.

Para continuar el desarrollo de la exposición debemos saber que los músculos agonistas no tendrían funcionalidad sin los antagonistas; de modo que cuando, ante un sobreesfuerzo un grupo muscular le retira la ayuda a otro, esta ambivalencia afectiva puede lesionar el músculo. Juego de fuerzas, que podemos pensar igualmente en las fisuras óseas, en los arrancamientos parciales de ligamentos y en las lesiones articulares donde el sistema neuromuscular y óseo, se encuentran en un régimen de interrelación tal que, ante una demanda de tensión que requiere mayor contracción, la realidad de algún conflicto anímico previo limita los movimientos del cuerpo, puntuándolo como lesión.

Si no está puntuando el proceder psíquico, es decir si no se escucha al deportista, entonces el juego de fuerzas entre nervios, músculo, hueso y la realidad exterior de la competición (ante por ejemplo un traumatismo, un giro, un esprinte) podrían puntuar la función del cuerpo con una lesión. A veces no se acepta, inconscientemente, por las buenas y no se canaliza la energía psíquica (libido) por la vía correcta hacia el músculo, entonces se puntúa la función muscular por las malas (lesión) canalizándose por la vía somática lo que correspondía que se canalizara por la vía psíquica. En este sentido la lesión es una manera de resolver una situación conflictiva en el sujeto.

El inconsciente es un gran aliado en los entrenamientos para el deportista y los técnicos; siendo de capital importancia aprender a escuchar. Por ejemplo sabemos que el dolor es un límite del cuerpo y no tiene umbral. La angustia y la culpa también son límites del cuerpo que conviene aprender a escuchar para capitalizar lo entrenado.

Allí donde se muestra una fractura o una grieta, puede verse normalmente una articulación; así cuando arrojamos al suelo un cristal, éste se rompe pero no caprichosamente en pedazos, sino que lo hace con arreglo a sus líneas de fractura, en trozos cuya delimitación aunque invisibles, estaban sobredeterminadas por la estructura del cristal.

Insistimos en recordar que la teoría es clínica y esto nos permite rescatar dos principios: Principio de Placer y Principio de Realidad siempre presentes en el sujeto puntuados por lo que llamamos la pulsión de muerte (la muerte como pulsión); es decir aquello que viene a poner los límites para que, por ejemplo, sea posible la repetición táctica en los entrenamientos, ensayar nuevos movimientos, los automatismos o saber manejar los tiempos del encuentro y los finales de la competición.

Los futbolistas dicen: lo que pasa en el terreno de juego se queda en el terreno de juego.

Es desde el efecto que podemos leer, desde el síntoma se pueden reconstruir las operaciones que intervienen en el mecanismo de una lesión. Que si bien no sirven para evitar esa lesión sí actúan como saber mnémico para futuras situaciones conflictivas en el deportista.

Este proceder lo llevan a cabo los fisioterapeutas en la rehabilitación de los deportistas. Una de las bases del tratamiento en las lesiones son las técnicas propioceptivas, que consisten básicamente en la rehabilitación no "por" el movimiento sino en la rehabilitación "del" movimiento de la zona afectada, con técnicas de facilitación neuromuscular, es decir movilidad libidinal de la zona afectada. La libido es ultraplana y omnisciente, se desliza entre los tejidos y no se la puede engañar ni destruir porque su menor esqueje posee el poder de dañar, por eso que viaja encerrada en el constante empuje de la pulsión que la puntúa. La libido suelta es tan mortífera como conducir sin normas de circulación, sin embargo bien canalizada esa energía es productiva para el deporte y la creación porque la libido estando dirigida por lo real construye la realidad de cada sujeto. La libido se apoya en la fuente de la pulsión, es decir, en la estructura de borde de cada uno de los orificios que sostienen el cuerpo.

Recordemos sucintamente las bases neurofisiológicas neuromusculares: el sistema propioceptivo se encarga de percibir los mensajes de origen periférico por medio de elementos de la sensibilidad (los llamados receptores) y transmitirlos por medio de las vías nerviosas integrándolos al sistema nervioso. La percepción se realiza a través de receptores articulares, cutáneos y musculares, la posterior transmisión se realiza por vías de grueso calibre hasta el cerebelo y la integración se realiza a nivel medular y central.

Lo que hay que destacar de este recorrido neurofisiológico es que la formación del fisioterapeuta es fundamental. Por ejemplo estos profesionales siempre destacan la necesidad en los tratamientos y la importancia para el pronóstico del "estado anímico" del deportista. En los procesos terapéuticos el lenguaje siempre está presente. Escuchar al deportista es fundamental y escuchar a los profesionales de la salud también.

Las lesiones músculo-esqueléticas pueden considerarse, en algunos aspectos, afecciones psíquicas en donde lo lesionado es la anatomía de la pulsión, un concepto fundamental para la comprensión de este tipo de dolencias. Y hablamos de Pulsión, no de instinto porque no hay instinto natural en el hombre, nada es natural, todo se construye con trabajo. El recién nacido tiene que aprenderlo todo y en el juego de vivir todo se puede aprehender. Después los más deseantes (talentosos) en cada cuestión, por su permanencia, serán los triunfadores. Podemos concluir que en el deporte no hay personas deseables, hay sujetos deseantes.

Para estudiar estas lesiones hemos de considerar conceptos psicoanalíticos como: el cuerpo pulsional, la fase del espejo, el proceso de identificación, el mecanismo de condensación, el proceso de desplazamiento, la operación de represión, las funciones de la instancia yoica, el lenguaje, el principio de placer y el principio de realidad puntuados por la pulsión de muerte, la negación y la repetición, la transferencia, etc. En definitiva sin psicoanalista no hay psicoanálisis en un club y el psicoanálisis en el fútbol es el encargado de escuchar la salud del deportista y potenciar el juego grupal.

Una vez realizadas estas generalidades de las lesiones musculares, desde la medicina y el psicoanálisis, un ejemplo clínico puede aderezar el tema:

Llamemos Vicente al paciente de 22 años de edad que consulta, acompañado de su madre y derivado por el traumatólogo, por una sintomatología de tendinitis rotuliana tras sufrir una lesión en la práctica deportiva del Kayukenbo.

Las primeras palabras del paciente en consulta son: "Estoy desequilibrado por una alteración de mi vida normal, llevo 13 años practicando artes marciales y estudio empresariales desde hace 5, sin embargo llevo tres años sin aprobar una sola asignatura, cuando yo siempre fui buen estudiante". "El deporte y los estudios son para mí las dos cosas más importantes de mi vida y ahora mismo estoy frustrado, porque no puedo hacer nada de lo que hacía, estoy deprimido". "Llevo tres años sin poder practicar deporte y sin estudiar, todo por una lesión en la rodilla derecha, una tendinitis que no me curaron bien y ahora estoy casi cojo".

Ante la amenaza de suicidio de Vicente y tras consultar con el traumatólogo que le atiende desde el inicio de la lesión, la madre se decide a llevar al joven deportista a la consulta de un psicoanalista.

En las primeras entrevistas el paciente relata: "Ya estoy harto de no triunfar, antes era el líder y triunfaba en todo, aunque siempre he sido muy nervioso, muy agresivo, pero salía a la calle, estudiaba, era extrovertido, yo antes era una bestia, amaba el peligro y ahora todo me da miedo".

"Genéticamente en mi familia hay algo que no funciona, algo raro, porque mi abuela, mi madre, mi padre y yo somos todos muy nerviosos, tendrían que venir todos aquí".

"Cuando tengo exámenes no duermo y le pido a mi madre que me golpeé, ella me dice que estoy chiflado, pero yo le digo: ¡sí hazlo! que así entro en calor y me quedo dormido". "Yo estoy acostumbrado a que me forren a golpes, a que me den tortazos, a veces me golpeaba la cabeza contra la pared para tranquilizarme". "Yo siempre he tenido conflictos con mi padre, porque me exigía mucho en los estudios, mis padres discuten todo el día, dicen que se van a separar, que si no lo han hecho antes, es por mi hermano y por mí, y que en cuanto acabemos la carrera mi padre se irá de casa".

La madre en sus entrevistas no paraba de referirse a su hijo como: "mi Vicente, este vicentín, el hermano es más des-pegado, va a lo suyo, pero mi Vicente siempre me hace compañía, es lo único bueno que tengo en la vida, no sé que haría sin él".

En sucesivas sesiones el paciente va narrando, lo que la escucha psicoanalítica permite construir: una historia de deseos que tiene que ver con el paciente, una historia que la traumatología jamás podría producir porque la formación médica no puede, no es misión de la medicina la producción de salud psíquica. La escucha médica no es mejor o peor que la psicoanalítica, es sensiblemente diferente. La traumatología había realizado su trabajo pero se hace necesaria, además, la intervención del psicoanálisis.

En este caso se realizó un gran trabajo entre profesionales, de lo que el gran beneficiado resultó ser, como no puede pensarse de otra manera, el estudioso deportista.

Con el ojo clínico de la medicina y la escucha del psicoanálisis los deportistas en la competición son correctamente atendidos.

Sigamos con el desarrollo del caso: hace tres años, Vicente llegó a la final del campeonato regional de Kayukenbo en Madrid, el vencedor de la final se clasifica para el campeonato nacional, y con ello obtendría una beca para el INEF, pero la preparación se realizaría en otra comunidad, lejos de la casa familiar.

El paciente relata cómo el día de la final estaba muy preocupado, incluso pensó no presentarse a la final. Los padres discutían permanentemente, y él "durante el combate" con una rabia infinita, pensó, que de una patada podría matar al rival (que representaba en ese momento el fantasma del padre) y justo ahí notó un chasquido en su rodilla derecha que le hizo abandonar el combate y perder la final. Con ello se esfumaban las expectativas que le concedía la beca, pero podía seguir viviendo en casa con sus padres, como beneficio secundario de la enfermedad.

A partir de ese momento comenzó una peregrinación de consultas médicas y rehabilitaciones que, a pesar de curar médicamente la lesión, no mejoran subjetivamente el dolor, ni la pertinaz cojera que lo acompaña.

El diagnóstico de tendinitis acompaña este cuadro lo que lleva a una impotencia funcional, incluso para la marcha. Relata Vicente: "A veces tengo que usar a mis padres como muletas para apoyarme al andar, otros días estoy mejor y no me duele nada, es raro, cuando estoy en casa me encuentro mejor".

Como no mejoraba le llegaron a intervenir quirúrgicamente, a raíz de lo cual surgió un proceso infeccioso, que vino a complicar aún más el cuadro y la desconfianza hacia los médicos. La medicina sabe que hay algo que no puede. El psicoanálisis puede con algo que no sabe.

El paciente consiguió con su lesión alargar tres años más la permanecía, a todas horas, en casa de sus padres. Y en estas circunstancias llegó el paciente acompañado de su madre. El padre del paciente no apareció nunca en la consulta. A Vicente y a su madre se les indicó comenzar tratamiento por separado.

El joven deportista estuvo cuatro años con terapia psicoanalítica, durante los cuales consiguió retomar sus estudios y licenciarse, conoció a una chica, que resultó ser su primer novia, volvió a practicar deporte, aunque no de alta competición, desapareció la cojera y ocasionalmente presenta algunas molestias en la rodilla. Reminiscencias relacionadas con alguna escena concreta, significantes de su vida, lo que habla de un componente histérico en el sujeto durante la resolución clínica del caso.

Vicente articulaba en su rodilla un conflicto familiar, pero estas cuestiones no pueden aparecer en una ecografía, ni las resuelve un fármaco antiinflamatorio, ni las puede escuchar la medicina deportiva, sin embargo sí pueden aparecer en el cuerpo como una lesión músculo-esquelética, cuyo mecanismo de lesión y proceso de enfermar puede ser interpretado desde el psicoanálisis, mejorando claramente el pronóstico por un diagnóstico tan preciso como el tratamiento psicoanalítico.

Lo que nunca sabremos es que hubiera conseguido, Vicente en el deporte, si hubiese comenzado su psicoanálisis antes de lesionarse.

Puede resultar llamativa la eficacia clínica del psicoanálisis, sin embargo su interés es aún mayor en otros niveles deportivos, como son: la producción del grupo deportivo, la formación de los directivos, el asesoramiento del cuerpo técnico, la orientación vocacional en la cantera, la concreción en competición de lo entrenado...

El humano no ve ni oye lo que no es útil para su subsistencia biológica, pero a diferencia de los animales y debido a una doble carencia constitutiva, va más allá de lo real que le es biológicamente natural y ahí comienza un drama abordable sólo con el psicoanálisis.

El hombre frente a una imagen, frente a otro semejante, presenta una relación especial de alienación, generándose una tensión entre lo que ve y lo que siente, una inadecuación entre lo que desea y lo que consigue, entre lo que le anticipa como lenguaje y lo que le genera como insuficiente por proceder de padre y madre, seres sexuados y por ende mortales.

No se puede dejar de ser carne y pasar a ser puro símbolo. La carne no corre, no vuela, ella sola no puede saltar o regatear. La poesía nos puede hacer volar, erotizar, llorar, nos puede hacer cantar, jugar a ganar, gozar de los colores, construir proyectos y como grupo hacer equipo.

Todo sujeto padece una doble alteridad debido a la relación con el significante: una relación con el otro imaginario y una relación con el otro simbólico. El Yo del sujeto se constituye por identificaciones sucesivas y presenta un valor de signo que lo distingue de la entidad del organismo considerado como un todo.

El Yo es ante todo un ser corpóreo y no sólo superficial, sino inclusive la proyección de una superficie. El deseo es algo que invalida todas las pretensiones yoicas o conscientes de definirse como ser. Entonces todo tratamiento que se realice desde lo visible con los ojos de la cara, es decir la terapéutica que no parte del concepto inconsciente, está llamada al fracaso en la producción de salud, anclando al deportista en la cronicidad de la toda poderosa razón y su gemela conciencia.

En el cuerpo que portamos como humanos, en el sujeto biológico tan estudiado por la medicina, algo muere cuando el sujeto psíquico deja de desear. Investigaciones científicas nos dicen que en condiciones ideales, en el cuerpo biológico la muerte advendría alrededor de los 200 años de edad, de estrangulamiento de la medula espinal por anquilosis de la columna vertebral; entonces podemos pensar el cuerpo humano muriendo antes de tiempo, por ceder el sujeto en su deseo.

Se desean deseos. Insisto lo que se desea son deseos, un humano sólo puede desear deseos humanos y esto es tan válido para técnicos, directivos y profesionales como para los aficionados o la prensa deportiva.

Es el lenguaje el que pone al sujeto en erección incorporando con la musculatura del cuello primero la cabeza, posteriormente con los músculos de la cadera asienta el tronco y, por fin, con las extremidades inferiores alcanza la bipedestación. Siendo los nueve orificios del organismo los que sostienen el cuerpo y, el inconsciente es el que produce el pensamiento, la memoria y el saber hacer para alcanzar lo podálico y lo manual, es decir la máquina de lo tríplice humano por excelencia: cuerpo, vida y muerte. El inconsciente construye tiempo humano deportivo en donde sólo hay cuerpo animal, produce pensamientos productivos allí donde sólo hay sentimientos infantiles.

FISIOLOGÍA DEL MÚSCULO ESQUELÉTICO

El sistema muscular procede de la capa germinativa mesodérmica y también proceden embriológicamente del mesodermo entre otros órganos: el tejido conectivo, el cartílago y el hueso. Una excepción encontramos en el músculo liso del iris al que se le atribuye procedencia ectodérmica como al cáliz ocular.

Comenzaremos por diferenciar tres tipos de músculos: el esquelético, el liso y el cardiaco. Del 40 al 45% del peso total del cuerpo humano está representado por aproximadamente unos 600 músculos esqueléticos, formados por millones de fibras musculares. Rodeando las fibras musculares se encuentra el tejido conectivo al que denominamos "endomisio" el cual contiene vasos sanguíneos de pequeño calibre y nervios. Los grupos de fibras musculares, reunidos en haces o fascículos, están unidos por una capa más densa de fibras colágenas y elásticas que reciben el nombre de "perimisio". Por último, el tejido conectivo que une los fascículos en el músculo definitivo se denomina "epimisio". El tejido conectivo de las tres capas forma en realidad una continuidad de capital importancia en las lesiones musculares, como ya veremos más adelante. Y en los extremos del músculo alargado el tejido conectivo forma un fascículo común de fibras, llamado "tendón".

Para que los músculos ejecuten su función están adheridos, en su mayor parte, de un hueso (a través de una o varias articulaciones) a otro hueso por medio de tendones o láminas aplanadas de tejidos conectivo que denominamos aponeurosis o fascias. Los tendones y las aponeurosis están formados por colágeno, que resulta ser flexible pero prácticamente inextensible.

La fuerza desarrollada por una contracción máxima no controlada de un músculo total tiene escasa utilidad práctica en los movimientos del hombre, por lo tanto la fuerza y el movimiento generados en una circunstancia dada por un músculo, dependen de las actividades individuales integradas en el tiempo de las unidades motoras que lo componen.

Para el control fino del movimiento se emplean una o varias unidades motoras. A medida que se necesitan más fuerza aumenta el número de estímulos conducidos por cada unidad nerviosa motora, junto con el reclutamiento de otras unidades motoras. Por lo tanto, la gradación de la actividad muscular es el resultado de la descarga asincrónica de las unidades motoras del músculo en su totalidad.

Si consideramos la función de los músculos debe hacerse notar que ningún músculo actúa solo ni aún en el movimiento más simple, es decir que en cada acción intervienen diferentes músculos que se denominan agonistas, antagonistas y sinergistas. El músculo que produce el movimiento se denomina agonista mientras que el que se opone al movimiento lo llamamos antagonista, siendo los sinergistas los que actúan juntos para producir un movimiento que ningún músculo podría producir por sí solo.

No todos los músculos estriados están relacionados con el movimiento de las partes esqueléticas en las articulaciones o con la fijación y mantenimiento de la estabilidad articular en relación con la postura. Los músculos también sirven como esfínteres cuando circundan un orificio como es el caso de los párpados, labios y ano. También se encuentra músculo estriado en los dos tercios superiores del esófago en una disposición tubular que colabora con el mecanismo de la deglución.

La función del colágeno y la imposibilidad de que un músculo realicé por si solo movimiento alguno son rasgos para considerar en toda lesión muscular.

PAPEL DE LOS TENDONES y EFECTOS DEL EJERCICIO

La fuerza generada por un músculo es transmitida al esqueleto por medio de sus tendones. Los filamentos submicroscópicos de colágeno de los tendones se extienden a lo largo de la superficie de las fibras individuales del músculo en los extremos de las fibras musculares. La superficie de las fibras musculares es aquí bastante grande, debido a los pliegues longitudinales de las membranas plasmáticas, existiendo un estrecho e íntimo contacto entre los filamentos de colágeno y la superficie de la fibra muscular.

La forma de un tendón varia con la forma del músculo al cual está adherido, pero las fibras musculares siempre están orientadas en ángulo con la dirección principal del tendón. Los músculos en los cuales el ángulo es relativamente grande se denominan reniformes. Este ángulo, que nunca excede de 10 a 20°, sirve para impedir que el tendón se desintegre cuando el diámetro de las fibras aumenta durante la contracción.

En el ejercicio, la superficie de corte transversal de un músculo aumenta cuando éste es obligado repetidamente a desarrollar una tensión máxima, efecto del trabajo continuado que requiere una gran acción muscular. Este aumento se debe a un incremento de la superficie del corte transversal de las fibras musculares individuales (hipertrofia) pero no a la formación de nuevas fibras (hiperplasia). La hipertrofia persistirá y aumentará solamente si la carga de trabajo aumenta continuamente durante un periodo de entrenamiento. Si se mantiene constante la carga, el crecimiento del músculo se detiene cuando su fuerza se ha adaptado a dicha carga.

Los músculos expuestos a una actividad rítmica continuada durante periodos prolongados, con una carga por debajo de la máxima, muestran un incremento de la densidad de la red de capilares sanguíneos que se extiende entre las fibras musculares, debido a un ajuste por los requerimientos de una mayor oxigenación relacionada con la actividad. La función de la libido en su plasticidad de laminilla y la función del tejido conectivo otorgan movilidad y continuidad al músculo.

ESTRUCTURA MUSCULAR

Las funciones del tejido muscular son el desarrollo de tensión y acortamiento, es decir, la excitación y contracción del músculo esquelético para la producción de movimientos y adquisición de posiciones útiles para el sujeto, actividad que el sistema nervioso coordina actuando sobre las diferentes partes del tejido muscular. El efecto de la actividad muscular se traslada al esqueleto a través de tendones; los desplazamientos de traslación entre las diversas partes de la masa muscular (desplazamientos asociados con el movimiento) se ven facilitados por la interposición de tabiques de tejido conectivo, encontrándose estas estructuras localizadas en los sitios en que los desplazamientos traslacionales son más pronunciados. De aquí queremos resaltar el interés que adquieren el tejido conectivo, en las lesiones musculares, por ser el que conecta y articula el movimiento del juego en el deportista. Postulamos que las lesiones musculares son efecto de un conflicto en el proyecto deportivo del equipo, por ser el que conecta y articula la grupalidad de cada deportista.

La tensión que desarrolla un músculo del organismo está graduada y adaptada a la carga. Si la contracción se encuentra acompañada por acortamiento, la tensión se ajusta tanto a la carga como a la velocidad de acortamiento. Y la respuesta graduada de cada músculo se debe a las variaciones del grado de activación del tejido a través de los nervios motores.

La actividad muscular es controlada por el sistema nervioso por medio de la inervación motora de las fibras musculares (células alargadas y paralelas que conforman el músculo). Cada fibra nerviosa motora se desdobla en varias ramas que toman contacto con la superficie de las fibras musculares individuales, a través de terminaciones en forma de bulbo. Estas terminaciones se hallan dispuesta en grupo y, con una estructura especializada de la superficie de la fibra muscular forman una entidad a la que se denomina "unión nueuromuscular" o placa motora terminal. La unión neuromuscular es tan significante para el sujeto que lo representa para otro significante a nivel inconsciente como un acto fallido o un lapsus para el deportista. El inconsciente le avisa al sujeto respecto de su estado muscular. Aprender a escuchar la temporalidad del cuerpo genera la posibilidad de los movimientos tácticos (grupales) y los singulares gestos deportivos.

En la estructura del músculo esquelético, a nivel microscópico, se observa que el nivel subcelular de la fibra muscular está compuesto por estructuras fibrosas más pequeñas, las miofibrillas, las cuales a su vez están subdivididas en miofilamentos gruesos y delgados. La disposición de estos filamentos gruesos y delgados es la causa del aspecto que ofrece el músculo estriado como consecuencia de una repetición regular de bandas transversales densas separadas por segmentos menos densos.

Clásicamente las bandas transversales densas son fuertemente anisotrópicas, (es decir tienen la facultad de rotar el plano de luz polarizada y por eso son birrefrigentes) y se denominan Bandas A, conteniendo los filamentos gruesos dispuestos de manera prolija y paralela en un corte longitudinal del músculo. Los segmentos menos densos son isotrópicos (no birrefrigentes) contienen los filamentos delgados y se denominan Bandas I y se extienden simétricamente en sentido opuesto desde una línea delgada, la Línea Z.

BASE MOLECULAR

La importancia de estos datos radica en la base molecular de la diferencia de isotropía entre las bandas A e I, que se hace evidente cuando estudiamos la estructura del "sarcómero", unidad contráctil fundamental del músculo. Denominamos sarcómero a la región que se encuentra entre dos líneas Z consecutivas. Dicha unidad está formada por una banda A y media banda I en cada extremo de la banda A. La longitud del sarcómero depende del grado de contracción muscular. En la longitud en reposo del músculo (longitud normal in situ) las dos series de filamentos que se encuentran en la mayoría de los músculos se interdigitan con una zona bastante amplia de superposición en cada extremo de la banda A. La relación de esta bandas se modifica con la contracción muscular dibujándose otras zonas y líneas que denominamos H y M, debido al cambio morfológico por el deslizamiento de los filamentos delgados y gruesos, superponiéndose casi totalmente los dos tipos de filamentos en la contracción muscular y cuando se estira el músculo la zona de superposición disminuye, de modo que cuando se estira un músculo los filamentos delgados son desplazados hacia fuera de la banda A.

En un corte transversal de fibras musculares se podrá observar, según se haga el corte en la banda Z (solo se verán filamentos delgados) y si el corte corresponde a la superposición total de filamentos delgados y gruesos, observaremos que cada filamento grueso se haya rodeado por seis filamentos finos y cada uno de éstos por tres gruesos. Los esquemas donde se representan esta disposición nos puede ofrecer una idea estructural precisa del músculo esquelético.

Si rescatamos estos datos es porque, en el proceso de toda lesión muscular, participan conjuntamente: Factores Fisiológicos, Sustancias Químicas y Mecanismos Psíquicos.

Estos filamentos de los que hablamos son proteínas contráctiles. Los filamentos delgados están compuesto principalmente por tres tipos de proteínas: actina, troponina y tropomiosina en la proporción de monómeros 7:1:1. Cada monómero de actina tiene lugares de unión para la tropomiosina, troponina y para la miosina, la cual constituye la parte principal de los filamentos gruesos. Estas proteínas intervienen en el fenómeno contráctil del músculo esquelético.

TEORÍAS DE LA CONTRACCIÓN MUSCULAR

Existen diferentes teorías de la contracción en las que intervienen funciones mecánicas, reacciones químicas y mecanismos psíquicos en las células musculares. Algunas investigaciones observaron que la energía total liberada por un músculo (trabajo mas calor) aumenta a medida que aumenta el trabajo muscular; en consecuencia se postuló que la función mecánica controla las reacciones químicas en las células musculares, y que el mecanismo molecular se encuentra exquisitamente armonizado con la demanda de trabajo, es decir que la ejecución de un incremento determinado de trabajo muscular exige la producción y la entrega de un incremento proporcional de energía. La existencia de puentes transversales entre la actina y la miosina y el papel del ATP conforman la teoría del filamento deslizante en la contracción muscular, consecuencia de dos series superpuestas de filamentos que se deslizan uno sobre el otro, de tal manera que las cabezas globulares de miosina forman puentes transversales con los monómeros de actina, de modo tal que en reposo los puentes transversales no llegan a los filamentos delgados mientras que en estado de rigidez un 50% están adheridos a los filamentos delgados.

El papel del ATP sobre la interacción actina y miosina es doble, por un lado proporciona energía para el movimiento y por otro reduce la afinidad entre la actina y la miosina para permitir la interacción cíclica de las dos proteínas. Cuando se ha perdido todo el ATP del músculo, éste entra en estado de rigidez tal como se observa en el "rigor mortis" en el que los puentes transversales se unen a los filamentos delgados.

Entre los factores mecánicos de la contracción hay que considerar los potenciales de acción a través de la membrana plasmática celular y la liberación de iones de calcio que actúan sobre los puentes transversales lo que conlleva estados de contracción y relajación con un breve estado de latencia muscular en el que el músculo es refractario a un nueva excitación.

En cuanto a los mecanismos psíquicos se refiere, debemos considerar el empuje constante de la pulsión, la distribución de la libido, la erogeneidad del músculo en sus funciones, la grupalidad de cada gesto deportivo, conceptos que deben conocerse para un correcto tratamiento de las lesiones musculares.

LA UNIDAD MOTORA

Cuando es excitada la neurona motora por un estímulo que se encuentra en el umbral, o por encima de éste, todas las fibras musculares inervadas por la neurona resultan excitadas.

La neurona motora única y el grupo de fibras musculares a las cuales inerva recibe el nombre de "Unidad Motora" y es esta la parte más pequeña del músculo que puede hacerse contraer independientemente. La cantidad de fibras musculares que contiene cada unidad es variable en los diferentes músculos, de un mínimo de 2 hasta más de 1.000; el tamaño de la unidad está en relación con la precisión con que se gradúa la tensión desarrollada por el músculo. Es decir la cantidad de fibras estriadas inervadas por un axón, en una unidad motora, depende de la ejecución de movimientos finos y ajustes precisos, por ejemplo los músculos que se encuentran adheridos a los huesecillos del oído van de 10 a 125 fibras, los del globo ocular poseen menos de 10 fibras por unidad, los de la laringe de 2 a 3 y los de la faringe de 2 a 6 fibras musculares por unidad motora. Todos ellos son músculos bastante pequeños, delicados y pueden controlar movimientos mínimos. Toda fibra muscular es significante y por ende es par, representando el movimiento para otra fibra muscular. Y tanto la cadena significante donde se contrae y desliza el músculo como los mecanismos psíquicos que intervienen en cada movimiento son inconscientes.

CARACTERISTICAS MECÁNICAS DEL MÚSCULO

Investigando diversos factores del estado activo muscular como la tensión en reposo (más allá de su longitud), la contracción isométrica (desarrollo de fuerza estando fijos ambos extremos del músculo), la contracción isotónica (acortamiento del músculo cuando hay un extremo libre), la relación fuerza-velocidad (la velocidad de contracción se encuentra en relación inversa a la carga que el músculo soporta) y la producción de calor durante el ciclo contracción-relajación. Estudiando todos estos factores del estado activo del músculo podemos concluir que:

1) La intensidad máxima del estado activo no se desarrolla instantáneamente.

2) Después de alcanzar su intensidad máxima el estado activo declina inmediatamente.

3) La intensidad del estado activo depende de la longitud inicial del músculo antes de su estimulación y

4) Diversas condiciones que aumentan la tensión contráctil afectan la duración del estado activo.

Los hallazgos se acompañan de un papel preponderante de la disponibilidad de iones calcio, la bomba de calcio y el ATP, lo que podemos resumir de la siguiente manera: la bomba de calcio del retículo sarcoplasmático es activado por el calcio++ que se encuentra en el sarcoplasma durante la contracción. Dado que el calcio++ libre está en equilibrio con el que está unido a la Troponina C, este último es disociado del complejo TN-C-Ca en forma de iones Ca++ y extraído del sarcoplasma. Entonces es inhibida la interacción de la actina y la miosina y los elementos contráctiles vuelven a su estado de reposo. En este punto se cree que todo el Ca++ que había sido librado del retículo sarcoplasmático es nuevamente secuestrado.

De aquí se deduce una posible explicación de las contracturas de tal manera que los agentes que llevan a una elevación sostenida del calcio citosólico (favoreciendo la liberación de calcio e inhibiendo la reacumulación de éste por el retículo sarcoplasmático) pueden inducir un estado de contracción prolongada sin que existan potenciales de acción, es decir, algo en el músculo del sujeto actúa sin que la conciencia tenga participación en ello. Desde el punto de vista clínico se produce una contractura análoga a la de tipo farmacológico (en la deficiencia de fosforilasa) estado que se caracteriza por la imposibilidad que tiene el músculo de relajarse luego de un ejercicio intenso. Hay personalidades que prefieren romperse antes que doblegarse o huir antes que pactar. Se postula que el músculo no puede utilizar la glucosa y producir ATP, que es necesario para que el retículo sarcoplásmático pueda captar el calcio y, a su vez, para la disociación de la actina y la miosina y en consecuencia para la relajación.

TRANSMISIÓN NEUROMUSCULAR

La inervación del músculo esquelético desempeña un importante papel en la sensibilidad diferencial del acetilcolina (liberada de forma endocítica por los potenciales de acción conducidos a lo largo de la fibra nerviosa en la hendidura neuromuscular desde las vesículas localizadas en las terminaciones nerviosas) de distintas partes del sarcolema. Por ejemplo luego de la sección de un nervio motor aumenta más de diez veces el número total de receptores, y el material receptor de Ac, que normalmente está concentrado en la placa terminal, se dispersa a lo largo del sarcolema, y por lo tanto toda la superficie de éste incluyendo el área de la unión neuromuscular se torna igualmente sensible a la Ac. Sin embargo después de haberse regenerado el nervio motor y restablecido la inervación funcional del músculo disminuye la acumulación del receptor en todo el sarcolema y se reduce la sensibilidad de la parte de éste que no corresponde a la unión. Por otro lado la actividad de la acetilcolinesterasa suprime rápidamente el efecto de la acetilcolina, por lo tanto, la respuesta eléctrica de la membrana plasmática de la fibra muscular es controlada de manera eficiente por los impulsos nerviosos que llegan a la placa motora terminal.

La energía para la contracción muscular deriva de las reacciones químicas que tienen lugar en la fibra muscular. La principal fuente de energía es el glucógeno. Esta energía está disponible sin consumo de oxígeno, aun cuando existe éste. Por lo tanto, las reacciones químicas oxidativas (aeróbicas) no están directamente relacionadas con la contracción muscular, sino con los procesos de recuperación que actúan suministrando energía en forma rápidamente disponible para el mecanismo contráctil, para asegurar de este modo una rápida respuesta a la excitación.

Aun cuando la vía normal de la actividad se establece a través de la unión neuromuscular, es posible estimular directamente el sarcolema (membrana externa que rodea cada fibra muscular, formada por dos elementos, la membrana plasmática propiamente dicha y una membrana basal, siendo la principal función de la membrana plasmática en la contracción muscular la de propagar la onda de despolarización originada en la placa terminal motora por toda la superficie de la célula, para que pueda iniciarse la contracción). Así si la intensidad del estimulo es subliminal, puede inducirse una breve despolarización local, la cual se revertirá cuando cese el estímulo. Sin embargo, si el estímulo despolariza la membrana hasta un potencial crítico de descarga (umbral) se observará un potencial de acción. Mientras que la respuesta subliminal es decreciente y no se propaga demasiado a partir del sitio del estímulo, el potencial de acción es autorregenerativo y será conducido en ambas direcciones a partir del sitio de la excitación.

Recordemos que una de las bases del tratamiento en las lesiones son las técnicas propioceptivas, que consisten básicamente en la rehabilitación no "por" el movimiento sino en la rehabilitación "del" movimiento de la zona afectada, con técnicas de facilitación neuromuscular, es decir movilidad libidinal de la zona afectada.

SISTEMAS GENERADORES DE ENERGÍA

La glucogénesis (síntesis de glucógeno a partir de glucosa) es un proceso que permite que en el músculo, lo mismo que en la célula hepática, puedan acumularse grandes cantidades de glucosa en forma de glucógeno. Ya habíamos dicho que el glucógeno es la principal fuente de energía para la contracción muscular. Pues bien en el proceso químico intervienen diversas enzimas en los diferentes pasos, uno de ellos interviene en la conversión de glucógeno sintetasa I a glucógeno sintetasa D, ésta última debe ser fosforilada por la proteinoquinasa dependiente del AMP cíclico celular como consecuencia del estímulo de la adenilciclasa por la adrenalina.

La adrenalina es producida por las suprarrenales en respuesta al stress cuando pueden estar aumentadas las demandas de energía del músculo, como en la respuesta de "lucha o huida". En tal circunstancia sería inconveniente que el músculo acumule la glucosa disponible en la forma de glucógeno cuando ella es necesaria para producir energía. Y postulamos que los mecanismos psíquicos intervienen en la respuesta al stress cuando el músculo lo necesita, produciendo la secreción de adrenalina por las glándulas suprarrenales que actúa sobre la adenilciclasa y con ello desencadena toda la cascada de reacciones químicas enumeradas.

La electromiografía, cuya base estructural es la unidad motora, nos permite estudiar la contracción normal de una fibra muscular, pues se genera un minúsculo potencial eléctrico que se disipa en el tejido que la rodea y cuando se registra con un osciloscopio de rayos catódicos el resultado es un pico agudo que con frecuencia es bifásico. En general cuanto mayor es el potencial de la unidad motora registrado, mayor es la unidad motora que lo produce. La aplicación clínica de la electromiografía es muy útil para diferenciar las enfermedades nerviosas de las musculares y también para diferenciar la flacidez y anomalías de la sensibilidad debidas a enfermedad de los nervios periféricos y/o de los músculos, de las anomalías del sistema nervioso central. Como además podemos medir la velocidad de conducción nerviosa, es posible diagnosticar si existe daño de la vaina de mielina, en cuyo caso estaría retardada la velocidad de conducción.

PRODUCCIÓN DE SALUD DEPORTIVA

La salud como producción es un concepto que lo descentra de la dicotomía médica que sume en un maridaje la salud con la enfermedad. Este concepto de salud no recupera ningún estado previo o anterior, sino que produce un escenario nuevo donde es posible producir salud.

La medicina trata la enfermedad del cuerpo, el psicoanálisis atiende la salud de cuerpo y mente. Por ende podemos acuñar que el Psicoanálisis y la Medicina trabajan la formación del especialista. Así cuando un psicoanalista se ocupa de su salud, también se ocupa de la salud del grupo de trabajo y por transmisión ideológica de la población en general. Un sujeto social transforma la realidad en todos los casos y en el caso que nos incumbe la realidad deportiva en su vertiente de salud. Por ejemplo para poder producir salud se debe aprender a sustituir y toda sustitución implica un duelo, el duelo de retirar la ignorancia como pasión del ser y sustituirla por un saber, un saber hacer.

Se puede distinguir en toda enfermedad: a) la estructura base de toda dolencia b) la estructura de fachada con la que se presenta y c) de los criterios de salud posibles en todo tratamiento.

Una triada debe dirigir el tratamiento en toda lesión deportiva: a) la distribución libidinal ya que el estancamiento es doloroso e inmoviliza al sujeto, b) la presencia de lesión funcional o lesión orgánica y c) la elaboración de los estímulos somáticos y psíquicos, pues todo estímulo, sea interior o exterior, debe ser elaborado por vía somática y/o vía psíquica. A veces hay dificultades en la elaboración de los estímulos dándose estancamientos de la libido o elaboración somática cuando corresponde que fuera psíquica la vía utilizada.

Las lesiones deportivas comprenden todos aquellos aspectos que dificultan el desarrollo deportivo de lo entrenado, desde los vértigos, nauseas, angustia o insomnio hasta las lesiones musculares ya sean leves contusiones o graves desgarros, roturas de ligamentos, fracturas, heridas y quemaduras. Y en cada lesión deportiva se debe escuchar la estructura de base, la estructura de fachada y la salud del deportista.

TRES EJEMPLOS ANALIZADOS DE LESIONES EN FUTBOLISTAS

La medicina, como toda disciplina científica, es eficaz dentro de los límites de su campo de acción. Cuando se plantea una sintomatología susceptible de lesión muscular, aunque el juicio clínico sea correcto, el tratamiento puede no cercenar la dolencia del deportista. Por ejemplo una resonancia puede no dar signo alguno de lesión, sin embargo el paciente puede referir sensaciones que le impiden llevar adelante su práctica deportiva. La descripción de la dolencia puede no ser objetivable ni mensurable, pero el futbolista puede expresar molestias ciertas, dolores difusos o no encontrarse en plenitud después del restablecimiento de la lesión.

¿Qué hacer?

Con diferentes criterios sobre la salud y la enfermedad, serán diferentes también los tratamientos dispensados. En algún caso puede no mitigarse la sintomatología con el tratamiento y aunque las resolutivas pruebas diagnósticas dictaminen que se puede dar el alta médica, el deportista puede no encontrarse bien.

¿Qué pasa?

Sucede que aunque ciertamente no haya lesión muscular "algo" pasa. Sabemos que los criterios de salud y enfermedad dirigen el tratamiento, por eso que el cuadro clínico puede no guardar relación con la descripción de síntomas que realiza el sujeto y sin embargo el deportista manifiesta dificultades para volver a jugar. Y no se trata de encontrar la verdad absoluta, porque lo que se expresa en la dolencia es la verosimilitud de un conflicto. El inconsciente le hace hablar al cuerpo y es cierto que en el jugador "algo se duele", algo se expresa imposibilitando su labor deportiva. Por ejemplo algo que debiendo elaborarse vía psíquica a través de la pulsión, se elabora vía somática con detención de la libido y de ahí el dolor difuso o intermitente, la pesadez plomiza de las piernas, los vómitos sin causa aparente, el vértigo inexplicable, la ausencia de precisión...

Podemos preguntarnos: ¿Simula o exagera el jugador? ¿Se equivoca el médico?

¡Qué fácil le resulta a la ignorancia, acusar! El cuerpo es el escenario temporal donde se representa la "limitada vida del deportista".

Hagamos una breve presentación de casos cuyo parecido con la ficción es la metáfora de todo lo posible. Tomaremos para ello como materia prima, las noticias aparecidas en la prensa, que si bien para un profesional de la salud pueden ser datos poco o nada científicos, si llama la atención el eco social que alcanzan ciertas dolencias que deben ser consideradas privadas.

¿Mienten las rotativas? ¿Amarillea la prensa deportiva la información?

Presentemos tres ejemplos clínicos, de un mismo club de fútbol profesional que milita en una de las mejores ligas europeas: Sabemos que cuenta con un plantel de profesionales sanitarios altamente cualificados y los futbolistas disponen de los medios diagnósticos y tecnología necesaria tanto para realizar los entrenamientos como para la recuperación de las lesiones deportivas.

En estas condiciones ideales para el ejercicio de fútbol profesional, analicemos los siguientes casos:

PRIMER EJEMPLO: CASO R.

Aparece un comunicado, en la prensa deportiva, de los galenos de un prestigioso club de fútbol español. El parte médico refiere:

"Debido a la persistencia de las molestias musculares en el abductor de la pierna derecha el jugador se ha sometido este mediodía a una resonancia magnética que ha revelado que no existe ninguna lesión tendinosa ni muscular".

La prensa deportiva se hace eco en grandes titulares: ¡¡Mas claro, el agua. Los médicos certificaron ayer que R. no está lesionado!! Y continúan aportando datos que proyectan sombras y alguna luz en el caso: "Los médicos se hartan del entrenador y del jugador"; añadiendo la prensa: El entrenador aseguró (después de que un periódico informara el domingo que el jugador no había viajado, por castigo, ya que salió el miércoles por la noche y el jueves no estaba en condiciones de entrenarse) que: "expliqué que no viajaba porque estaba lesionado" Los médicos según repite la prensa, dejaron claro que eso no es verdad.

Durante la presente temporada y en gran parte de la anterior, el jugador ha presentado diferentes tipos de dolencias.

Lo que se postula en este caso desde la medicina y el psicoanálisis no es el reinado de ninguna verdad. No miente el jugador ni le encubre el entrenador, no se equivocan los médicos, ni exageran los periodistas. Sin embargo existe un error, un error en los criterios de la lesión, atribuible al desconocimiento de los mecanismos psíquicos que intervienen en una dolencia más anímica que física.

Así como hay amores que matan, otros hay que pueden lesionar. Los afectos afectan y algunos sentimientos mal elaborados pueden producir molestias musculares. Un ejemplo en este caso es el desamor de un joven y brillante jugador por una hermosa muchacha a la que no le permiten seguir cortejando por los celos protectores o rígida moral de un padre entrenador cuya hija se ha enamorado del citado jugador.

¿Conjeturas? Sigamos pensando el caso desde la expresión de los afectos, que pueden manifestar un conflicto en el desear del futbolista y la escasa tolerancia del límite impuesto por el mister que puede incidir negativamente en su práctica deportiva. Y aunque nunca aparezca en la resonancia magnética, hay un "desgarro" en el sujeto, hay "una molestia persistente" en su alma que debe ser escuchada.

Nuestro querido jugador R. está mal, siente dolor, se encuentra anímicamente muy afectado, triste, sin alicientes y la medicina no tiene tratamiento ni respuestas para estas dolencias que el psicoanálisis si puede escuchar. Y con ello permitirle al futbolista analizar con un profesional lo que siente y canalizar lo que le duele para poder transformar la realidad en otra secuencia donde no sea necesario dolerse para amar y poder jugar. El inconsciente hace hablar al cuerpo y eso sólo lo sabe escuchar el método psicoanalítico de interpretación y construcción.

El psicoanálisis es la medicina de la salud y lo psíquico. La medicina lo es de la enfermedad y lo orgánico. Dos disciplinas científicas que en el siglo XXI son imprescindibles en los tratamientos de las dolencias deportivas.

A la prensa se le puede informar que los médicos son y no son responsables. No son responsables del tratamiento psíquico, en tanto no es esa su especialidad, pero si son responsables en la derivación a otros especialistas de aquellos casos clínicos para los que la medicina no tiene respuesta; de ahí la aparición pública del informe médico en la prensa.

Hay molestias musculares, que no presentan signo médico alguno (no se detecta ninguna alteración con los métodos diagnósticos habituales) pero no es una invención o exageración del jugador. Se trata de dolencias musculares en las que intervienen mecanismos psíquicos que actúan inconscientemente, en todo sujeto ante situaciones conflictivas. En ellas la libido puede detenerse en una función muscular (por ejemplo para no dar una patada puede doler la pierna) y la pulsión puede canalizarse a través del cuerpo (de los músculos de la pierna) en lugar de ser elaborada psíquicamente hablando (la rabia o el enfado) para la salud del deportista.

El tratamiento adecuado en este tipo de dolencia muscular, especialmente en situaciones recidivantes, debe estar acompañado de la escucha psicoanalítica. En este caso el gran jugador terminó cambiando de club y con el tiempo se le incluyó entre los mejores jugadores brasileños de todas las épocas.

SEGUNDO EJEMPLO: CASO M.

En febrero de 2006, el jugador sufre una elongación del bíceps femoral. Tres meses después, en marzo, una rotura fibrilar en el mismo músculo. A finales de ese año una rotura del quinto metatarsiano. En septiembre de 2007, una contractura de los isquiotibiales. Tres meses después, en diciembre, rotura del bíceps femoral y en marzo de 2008, de nuevo rotura del bíceps femoral de la misma pierna.

Partamos de esta última lesión, por la reiteración, para evaluar el cuadro clínico. Observamos que la lesión del bíceps femoral de la pierna izquierda es la misma lesión por la que se mantuvo de baja durante tres semanas y en ella el jugador, según muestran todos los medios de comunicación, se retiró entre lágrimas del terreno de juego.

El capitán del equipo donde juega el futbolista declaró: "la lesión de M. ha sido una lección para todos" refiriéndose a la prensa, médicos, entrenador, aficionados y directivos. Y dirigiéndose a los allí reunidos increpó: "vosotros presionasteis para que jugase M. y ahora está lesionado, pero lo que hay que hacer es respetar más las decisiones del entrenador y los médicos".

Unos días después de la lesión el cuadro facultativo del club emite la siguiente nota, ante las críticas recibidas, en un comunicado a la prensa para explicar:

"Queremos dejar constancia que, desde el inicio de la temporada, el jugador ha seguido un trabajo especifico adecuado a sus características. El resultado de los datos obtenidos a través de diferentes trabajos y controles ha facilitado la disponibilidad del jugador para cada partido. Pero, como en cualquier lesión, hay un factor accidental que es difícil de prever. Este tipo de trabajo específico con el jugador se continuará haciendo lo que resta de temporada".

En la prensa deportiva podemos leer al día siguiente:

"M. estuvo ayer en el estadio recibiendo tratamiento y, según informa el club por la mañana, la decisión sobre si se marchaba a su país de origen, no se tomará hasta la próxima semana. Por la tarde reconocieron que el jugador se marchará, pese a la oposición de los médicos del club. Igual que sucedió con la lesión anterior, todo apunta a que le acompañará un fisioterapeuta en el que confía plenamente el jugador. El club de fútbol también informó ayer que queda descartado que se ponga en manos de ningún especialista externo al club, aunque si se ha reconocido que se consultará con otros médicos ajenos al equipo".

Quiero llamar la atención sobre dos cosas: en la primera, según refiere el comunicado médico, se habla de "factor accidental". Y ¿Saben cual es el factor accidental que refieren los galenos, difícil de prever, y que se da en cualquier lesión?. El factor "accidental" es siempre inconsciente y utiliza mecanismos psíquicos. ¿Y significa esto que se autolesiona el jugador? ¿Debemos pensar en la mala suerte?

Vayamos por partes. La segunda cuestión que pretendo señalar, en el mecanismo lesional del jugador es que, cada vez que se lesiona M. viaja a la madre tierra que le vio nacer, allá donde realizara sus primeras gambetas y carreras. Viaje que hace pese a la oposición médica.

Lo que debemos saber, ya que la suerte y el azar tiene leyes que determinan el resultado, lo que podemos aceptar desde ya: es más fácil cambiar de sexo que cambiar de clase social y de barrio. Y parece que M, el cual salió de su país para crecer y jugar al fútbol siendo muy joven, necesita cada tanto tiempo volver. ¿Cómo podríamos asesorar al jugador, cuerpo técnico, cuadro médico y directivos?

Especialistas en grandes fracasos y altas cumbres, sabemos que no es necesario lesionarse para viajar al país natal. La ambivalencia afectiva inconsciente por haber sido ayudado a crecer en su club, se puede analizar para interrumpir la necesidad de castigo en el cuerpo por el sentimiento de culpa que se genera en el triunfo.

¿Les parece un disparate la interpretación? No es el primer caso, ni el segundo, ni el tercero de un deportista que se lesiona gravemente y precisa viajar a su país de origen para rehabilitarse de una grave lesión, después del gran fichaje que supone pasar de un club modesto a un equipo puntero, de un barrio obrero a una gran ciudad y de un sueldo medio a un contrato suculento.

Estudiando los antecedentes médicos del jugador M. apreciamos una historia en su pubertad relacionada con el escaso desarrollo de su talla, que precisó un tratamiento con hormonas del crecimiento. No consideramos que esto esté causando o influyendo en la reiteración de las lesiones. Pero nos preguntamos ¿algún especialista está colaborando en el proceso anímico del jugador?. Sabemos que se cuida de manera precisa y excepcional el apartado físico con biomecánica, rehabilitación, fisioterapia...pero y ¿lo psíquico? El factor accidental del que habla el cuadro médico ¿no es más conveniente atenderlo?

Debemos aclarar que los viajes de M. a su país no son causa de la lesiones, son efecto, es decir, no es que se lesione para viajar, sino que algo en el jugador está sobrecargado, presionado, encogido, tensionando todo ello el escenario corporal donde se escenifican los conflictos personales en la reiteración de las lesiones. En su país natal posiblemente encuentre el sosiego para la recuperación, pero lo que no puede recuperar es lo que nunca pasó. Es decir, cuando asesoramos realizar interrupciones programadas, con estancias en su país de origen sin necesidad de estar lesionado: disminuyeron totalmente las lesiones reiterativas (se transformó el factor accidental), el jugador pudo desplegar su brillante fútbol siendo más eficaz para el equipo y la colaboración entre los profesionales resultó rentable para todos.

En toda lesión algo del futbolista está implicado. Y cuando son varios los jugadores lesionados en el mismo equipo, eso señala un desacuerdo en el grupo con el proyecto deportivo.

TERCER EJEMPLO: CASO H.

Hay tres factores psíquicos participando, inconscientemente, en el mecanismo de toda lesión que hay que poder escuchar:

La familia del jugador

La relación del jugador con el club (compañeros, técnicos y directivos).

La repercusión mediática y social en prensa deportiva, club y aficionados.

Estos tres factores se hacen patentes en el presente caso, paradigma si cabe aún más, de lo que representa una lesión.

Aparece en los medios de comunicación (una vez más) una información sobre el estado de salud de H. y según detallan los médicos:

"Sufre una lesión crónica en la espalda, de manera tal que el jugador no puede jugar dos partidos por semana, debido a una discopatía vertebral". "La lesión presenta un carácter crónico. Sufre una discopatía entre las vértebras L5-S1, algo habitual en deportistas de elevada talla".

Tanto la resonancia magnética como el electromiograma determinan el alcance de la lesión. Seguirá un plan específico de recuperación consistente en "técnicas de infiltración mínimamente invasivas" y un "trabajo específico osteopático y muscular" Es el tratamiento médico que se indica en estos casos.

El cuadro facultativo señala que la lesión la puede sufrir cualquier persona, ya sea deportista o no, y que se trata de una "deshidratación del disco intervertebral que va ligado a un componente genético, más frecuente en deportistas y en personas de alta estatura".

Hasta aquí todo claramente diagnosticado. El jugador no utilizó, ni hizo ninguna declaración quejándose de algún dolor o molestia que repercuta en su labor profesional.

Lo que le pasa al jugador, es algo que ya le pasaba cuando llegó al club, excepto una cuestión de la cual necesita hablar públicamente. La prensa, con grandes titulares, escribe: "El drama de H. por no poder ver a su hija de tres años de edad".

Al finalizar un partido el jugador abandona rápidamente el estadio, al parecer sin despedirse de algunas personas, y preguntado por tal circunstancia señala que lo hizo para acudir rápidamente para ver a su hija.

El jugador necesitó hablar en la prensa y pedir comprensión por su estado anímico, ya que en los ocho últimos meses, sólo pudo estar con su hija en cinco ocasiones.

El propio jugador pidió hablar para la prensa, antes de un entrenamiento, aclarando algunos aspectos de su vida personal que están repercutiendo en su rendimiento desde que se incorporó, este verano, a su nuevo club en España desde un club de Inglaterra. Además pidió hablar en inglés, para que no se lo malinterpretase.

El jugador dijo: "Lógicamente para un padre que no puede ver a su hija, es normal que no esté contento" Y, en un principio quiso aclarar que sus problemas personales "no tienen nada que ver" con su situación deportiva, pero reconoció posteriormente que "como a cualquier ser humano, una situación de este tipo le afecta".

Concluyendo su comunicado: "cuando salto al campo intento olvidarme y dar lo mejor que tengo dentro pero como persona me influye".

Cuando el jugador pide "comprensión por su estado anímico" debemos pensar que no está siendo correctamente atendido ese estado anímico y acentuando en tono exclamativo pide ¡¡comprensión!!, es decir, que le escuchen y esta demanda de atención psíquica debe ser realizada por especialistas.

En estos casos la presencia del psicoanálisis, ¿es aconsejable o imprescindible?. Podemos asegurar que el psicoanálisis, permite que ciertos problemas se escuchen para ser atendidos correctamente y lo que resulta más importante, aún, produce salud en los jugadores y les permite que lo entrenado pueda ponerse en escena sobre el terreno de juego. Y esto se puede extender e indicar para el cuadro técnico, ya que a veces tienen que amortiguar en su función, exigencias sociales para que no lleguen a los jugadores.

El caso H. es muy llamativo. Posiblemente hable en inglés con su hija (aunque su lengua materna sea otra). Con toda seguridad no ha podido elaborar el duelo, la dolorosa separación de su hija por un divorcio. Nos dice H: cuando salto al campo "intento olvidarme" pero él mismo reconoce "me influye".

El inconsciente genera y determina los afectos, pensamientos, movimientos, la memoria y tolerando todos los tiempos, trabaja sin descanso y así cuando dormimos se producen los sueños que son un acabado y perfecto producto del inconsciente. Los sueños son susceptibles de ser interpretados. Entre otras funciones los sueños son los guardianes del reposo y su análisis permite capitalizar un valioso saber humano.

Una dolencia que impide jugar dos partidos por semana a un deportista de élite profesional (el caso de H) es similar a no poder dos amores diferentes para un gran amante. Algo del jugador permanece en Inglaterra, algo del jugador no viajo con él a España, algo está en juego que no se escucha en el jugador. El inconsciente es un gran aliado del sujeto.

El jugador francés terminó su contrato en España, volvió a jugar en Inglaterra, encontrándose de nuevo con el gol.

Para concluir estos ejemplos, que pueden suceder en cualquier deportista y en todos los clubes de fútbol del mundo y, para resumir diremos: cuando acontece una lesión muscular, ósea, tendinosa o articular, siempre, hay a la vez un decir psíquico que debe ser atendido. En caso contrario se corre el riesgo, como mínimo, de alargar el periodo de recuperación o perjudicar el pronóstico.

También es importante señalar que en toda lesión de un deportista de alta competición, conviene tener presente, en el pronóstico, el entorno del jugador (familia, amigos, compañeros, técnicos y prensa).

Y así como los fármacos presentan efectos secundarios, en toda lesión hay un beneficio secundario. Cuando algo duele, algo se alivia. Es decir, la libido como toda energía no se destruye, se transforma y puede aparecer detenida en la lesión. Por todo ello recomendamos la escucha e interpretación que aporta el psicoanálisis en todas las lesiones deportivas como eficaz instrumento terapéutico en la redistribución libidinal.

Los tres jugadores, resolvieron sus lesiones y tuvieron destinos diferentes.

CAPÍTULO SEIS
LA MUJER REINA EL DEPORTE REY

Aprendemos a jugar en brazos de Ella y ya nunca dejamos de abrazar el juego. En este capítulo se ofrecen algunas pinceladas en la investigación sobre los proyectos deportivos en los que la mujer puede ser protagonista de los movimientos que originan transformaciones sociales. En la población mundial se ha generado en los dos últimos siglos un fuerte crecimiento, pasando de los casi mil millones de habitantes en el año 1800 a más de seis mil millones en el año 2000. Mucho se ha modificado la tecnología, sin embargo, en la articulación de algunos conceptos como son: "mujer y deporte" se repite e insiste la misma discriminación ideológica que se transmite inconscientemente en "mujer y ciencia", "mujer y trabajo", "mujer y familia", "mujer y escritura"...

Centrando la historia de la mujer en el deporte, podemos rescatar informes que refieren datos concretos en los que la participación femenina en la actividad física sigue siendo en la actualidad menor que la de los hombres y, no es un hecho aislado ya que la participación de la mujer es menor en los ámbitos que tradicionalmente se consideran públicos: el mundo laboral, cultural, político y deportivo ya sea en la esfera directiva, el elenco de su práctica así como el trabajo de entrenadores y el de otros profesionales.

Durante siglos la mujer tiene que "luchar" contra nociones ideológicas carentes de rigor científico, por ejemplo se dijo: "la mujer es inferior a los hombres en capacidad física", "su cuerpo se masculiniza con la práctica de ejercicio" y se la recluye para "algunos deportes sí apropiados para ellas".

La tiranía no arranca del silencio sino de la imposición ideológica sobre qué hablar, cómo pensar y cuando debe ser el ocio. Rescatando al poeta Miguel Oscar Menassa: "La mujer fue desplazada desde la quietud de la envidia, a la diferencia radical de su goce que hace de ella, hoy día, única posibilidad de subversión de los actuales modelos ideológicos".

Hagamos un paréntesis, nos remontaremos tres mil años atrás, hacia el 776 antes de Cristo en la ciudad griega de Olimpia, y así podemos dar cuenta que durante siglos el deporte ha sido un terreno completamente vetado a la mujer. Ya entonces se excluía la participación femenina y, no sólo como deportistas sino también como espectadoras.

De una doble moral sexual permitida en el hombre y condenable en la mujer, se desprende que sólo las mujeres solteras podían asistir a los juegos y, la pena para una mujer casada que observase a los atletas en plena acción era la muerte, pues los atletas competían desnudos, exhibiendo sus cuerpos como símbolo de perfección y dedicación.

Vemos que la mujer, esclava en su libertad, durante siglos practicó deporte ocultándose en el silencio, hasta que el psicoanálisis le permitió hablar sin condena.

Si nos centramos en los Juegos Olímpicos sabemos que abrieron sus puertas a la mujer en el año 1900, a pesar de que el gran estratega de las Olimpiadas Modernas, el Barón Pierre de Coubertin, observaba un rechazo absoluto manifestando públicamente: "las mujeres sólo tienen una función en el deporte, coronar al vencedor con las guirnaldas del triunfo" argumentando que la presencia de la mujer en un estadio resultaba antiestética, poco interesante e incorrecta. Y cuando, con el paso del tiempo, se le quiso disculpar al creador de los Juegos Olímpicos Modernos, según reza en la revista Olímpica de febrero de 2000 se puede leer: "Es la ley de la casa, esa fue la imagen dominante de la madre que Coubertin recibió durante su educación escolar; y esa fue también la imagen de la mujer que le presentó la ciencia francesa de la época".

Los especialistas nos preguntamos: ¿ustedes piensan que la madre del barón es responsable? y ¿la ciencia desde cuando tiene nacionalidad?

En ese 1900 en Paris, la presencia en la competición femenina se limitó única y exclusivamente al golf y el tenis. De los mil setenta competidores, seis eran mujeres. La primera laureada olímpica fue la tenista Charlotte Cooper de Inglaterra.

Comenzaba un movimiento deportivo femenino que encontró una abanderada en la francesa Alice Melliat, convirtiéndose en la primera mujer en obtener el diploma que hasta la fecha correspondía a los remeros de larga distancia. En 1917 Alice Melliat funda la Federación de Sociedades Femeninas de Francia (FFSF) y el 31 de octubre de 1921 con el apoyo de Estados Unidos, Gran Bretaña, Italia, Checoslovaquia y Francia organiza la Federación Internacional Deportiva Femenina (FSFI).

La FSFI, al comprobar que la Federación Internacional de Atletismo (IAFF) no les escucha ni les atiende, en el sentido de incluir pruebas femeninas en los Mundiales de Atletismo, organiza los Primeros Juegos Mundiales Femeninos en el estadio Pershing de Paris inaugurándolos el 20 de abril de 1922.

Cuatro años más tarde en 1926 la ciudad sueca de Gotemburgo es sede de los Segundos Juegos Olímpicos Femeninos, evento que empezó a ser visto y seguido por los organizadores y dirigentes de los Juegos Olímpicos con preocupación.

Cuando la mujer deja de ser un objeto de deseo y se convierte en sujeto deseante comienza la revolución deportiva.

Ante el crecimiento incontenible del deporte femenino la IAFF pretende acallar la organización que las deportistas estaban llevando adelante, incluyendo solamente los: 100 y 800 metros, el salto de altura, el lanzamiento de disco y los relevos de 4x100 en los Juegos Olímpicos de 1928 en Ámsterdam y, con ello firmar un protocolo de acuerdos con la IAFF, para dirigir tanto el deporte masculino como el femenino.

Alice Melliat no conforme con la escasa atención prestada, en los Juegos Olímpicos de 1928 y 1932, a su movimiento mundial, decide realizar en 1930 y 1934 los Juegos Mundiales Femeninos en Praga y Londres respectivamente.

La perseverancia en el trabajo consigue sus frutos y en 1938 la FSFI comienza a disolverse al conseguir que las pruebas femeninas, poco a poco, se vayan incluyendo en los Juegos Olímpicos y, con ello el atletismo femenino irrumpe definitivamente en el programa de la IAFF. Desde entonces la participación de la mujer en las olimpiadas es creciente: en 1960 (Roma) supuso el 11,5% del total de atletas participantes que pasó en 1980 (Moscú) al 22%, en el 2000 (Sydney) al 38% y en el 2008 (Beijing) al 42%.

La corredora de salto de vallas, Enriqueta Basilio Sotelo se convierte en la primera mujer en portar la antorcha y encender la llama Olímpica en México 1968.

Aún hay que esperar hasta 1981, para que resulten elegidas, por primera vez, dos mujeres como miembros del Comité Olímpico Internacional: Flor Isawa Fonseca de Venezuela y Pirjo Haggman de Finlandia, bajo la presidencia de Juan Antonio Samaranch. La presencia de estas dos dirigentes colabora, entre otras cosas, para que en los Juegos Olímpicos de 1984 se funde el TAS (tribunal de Arbitraje Deportivo) y en Sydney

2000, por primera vez, las mujeres participen en el mismo número de deportes por equipos que los hombres.

La presencia de la mujer en el COI impulsó, con el apoyo del Comité Olímpico Internacional, que en mayo de 1994 la British Sports Council organizara la primera conferencia internacional sobre la mujer y el deporte en el Reino Unido. Se reunieron los responsables de las políticas deportivas y decidieron establecer y desarrollar una estrategia internacional para el deporte femenino que tuviera en cuenta todos los continentes. Uno de los objetivos del documento de Brihton (sede del encuentro) es el desarrollo de una cultura deportiva que permita y valore la plena participación de las mujeres en todos los campos del deporte.

Otro de los logros es que en el COI se fija como meta, para finales del 2000, en todos los Comités Olímpicos Nacionales y en todas las Federaciones Internacionales que el 10% de los cargos directivos deben ser ocupados por mujeres, debiendo ascender al 20% para el 2005.

Un ejemplo de la importancia que tiene la presencia de la mujer en el deporte es que en Rumania las mujeres han ganado en los diversos Juegos Olímpicos 109 medallas y los hombres sólo 104.

Para puntuar esta breve mención Olímpica en la historia de la mujer, rescatar: "Yo Cyniska, descendiente de los reyes de Esparta, coloco esta piedra para recordar la carrera que gané con mis rápidos pies, siendo la única mujer de toda Grecia en ganar" Esta frase, según el historiador griego Pausanias, esculpida en la base de un monumento de Olimpia, es una evidencia sobre la exclusión de las mujeres en la práctica deportiva de la antigua Grecia, de la misma manera como lo eran de casi toda la vida pública y todo aquello que humaniza, es decir, la escritura.

El rigor científico de ciertas aseveraciones en las que se basan para discriminar a la mujer en la práctica deportiva se apoya en los propios textos de medicina deportiva, en los que se puede leer diversos prejuicios que incluyen desde menor capacidad física con posibles daños orgánicos hasta la virilización del cuerpo femenino en la práctica deportiva. Sabiendo que el deporte fue ideado por y para los hombres como vía de transmisión de determinados valores y, que en la transmisión del deseo, la escritura es base material del deporte, es ahí donde la mujer debe perder un poco de desprecio por su cuerpo, siendo Ella, marca mundial de su presencia en el deporte.

Y sucedió que a partir de la participación fraudulenta de hombres, con cambio de sexo, en competencias para mujeres; se comenzó a establecer como parte del reglamento en las competiciones internacionales la determinación genética del sexo por parte de los equipos médicos de los países organizadores.

La manera de pensar esta problemática lleva a los dirigentes y especialistas en medicina deportiva a preguntarse si las diferencias de rendimiento entre hombres y mujeres se deben a características intrínsecas propias de cada sexo, determinadas genéticamente, o son debidas a condicionantes e influencias medio-ambientales y con este motivo se han realizado minuciosas investigaciones estudiando las diferencias orgánicas en el esqueleto y sistema muscular del hombre y la mujer, así como los diferentes aspectos funcionales del aparato cardio-vascular, sistema respiratorio, componentes sanguíneos, adaptación ambiental, predisposición a las lesiones y ciclo menstrual. Y los datos señalan que algunas modalidades deportivas son más ventajosas para la mujer que para el hombre; en concreto aquellas que se caracterizan por un mayor ritmo, destreza, habilidad y estética enumerando una serie de deportes: gimnasia olímpica, natación sincronizada, patinaje artístico, saltos ornamentales, carreras con obstáculos, hípica, esgrima, voleibol, tenis de mesa y un largo etcétera que hace de la serie una implicación singular en cada deportista.

Sin embargo la ideología de los investigadores (sabemos que el sujeto de la experiencia está implicado en la investigación) insiste en señalar y diagnosticar que los mayores problemas de salud en las mujeres deportistas quedan tipificados en la llamada triada de la atleta: disfunción menstrual (generalmente amenorrea), osteoporosis (con el peligro de fracturas por sobrecarga al disminuir la densidad del hueso) y trastornos alimentarios (con pérdida de peso y porcentaje graso, siendo raras los casos de anorexia y bulimia).

Respecto a la posible predisposición de padecer lesiones con igualdad de medios, entrenamiento y tipo de deporte, no existen diferencias en ambos sexos, aunque no puede emitirse una valoración más concreta de estos datos por la escasa existencia de estudios dedicados a las lesiones deportivas en la mujer.

Las investigaciones científicas muestran que no se le puede atribuir únicamente a la capacidad física, la competencia deportiva masculina y femenina; algún otro factor, otros conceptos están implicados en la discriminación que recae sobre la mujer también en el deporte.

Una curiosidad más, que adereza esta discriminación estudiada sobre el cuerpo de la mujer es cuando en los Juegos Olímpicos de Los Ángeles en 1984, la corredora americana Joan Benoit ganó la medalla de oro en la primera maratón olímpica en la que dejaron participar a las mujeres con un tiempo de 2:24:52, su tiempo habría ganado once de las veinte maratones olímpicas anteriores solo para hombres.

Ganar es también una propuesta de la mente.

Mujer y Deporte, revolución femenina abanderando una ética que por escrito muestre que el sexismo, la xenofobia y el racismo que se refleja en los estadios, despachos federativos y prensa deportiva, forma parte de la discriminación y del malestar en la cultura del que nos habla Sigmund Freud.

El sufragio femenino ha sido garantizado y revocado, varias veces, en diferentes países del mundo. En muchos países el sufragio femenino se ha garantizado antes que el sufragio universal, de tal manera que una vez concedido éste, a mujeres y hombres de ciertas razas, aún se les seguía negando el derecho a votar.

En España legalmente no hay barreras para la práctica deportiva de las mujeres, ni para la formación de entrenadoras y directivas, a pesar de ello se constata menor porcentaje de participación en puestos de responsabilidad en las distintas instituciones y organizaciones, así como menor porcentaje de árbitros para la competición.

Para aderezar el presente trabajo, traigamos de la realidad más cotidiana el llamado deporte rey, tal vez, desde que lo practican las mujeres.

Los orígenes del fútbol se le atribuyen a Inglaterra en la segunda mitad del siglo XIX.

La práctica del fútbol era cosa de hombres, viril, agresivo y por ello se consideraba inadecuado para las damas, incluso algunos médicos aseguraban que resultaba ser perjudicial para la estructura corporal de la mujer.

Allá por 1915 muchachas de catorce y quince años dejaban sus hogares para trabajar en la industria de las municiones. Europa se encontraba inmersa en la Gran Guerra y con el fin de cuidar a estas necesarias trabajadoras el Ministerio de Municiones dispuso la creación de una Sección de Salud y Asistencia Social para la recreación de estas jóvenes en las que se incluyó el deporte; el fútbol resultó ser una de las elecciones preferidas por las muchachas para usar su tiempo libre.

Y así fueron aparecieron diferentes equipos femeninos especialmente en Gran Bretaña y Francia. Nadie pudo imaginar que en 1917 los equipos de fútbol femenino de dos fábricas de Preston, en Lancashire, se enfrentaran en un partido jugado en Navidad con una concurrencia de diez mil personas y una recaudación de seiscientas libras.

En 1920 se disputa el primer partido internacional de fútbol femenino entre un equipo inglés y otro francés. El número de equipos iba creciendo y sus jugadoras quisieron consolidarse estableciendo competiciones y asociarse pero, una vez más no dejaron organizarse a las mujeres, en esta ocasión le corresponde a la FA (Federación Inglesa de Fútbol) no permitirlo, emitiendo un comunicado tristemente célebre: "se han registrado quejas en relación con el fútbol de mujeres y el Consejo se siente obligado a expresar con determinación que considera que el fútbol es completamente inadecuado para las mujeres y que además no debería ser alentado" y continuaba el informe diciendo: "el Consejo invita a los clubes miembros de la FA a que rechacen el uso de sus instalaciones para estos encuentros femeninos". La madre tierra donde se alumbró el balompié por vez primera no permitía a sus hijas jugar al fútbol.

Los intentos para organizarse las mujeres en torno al fútbol se desvanecieron y en vísperas de la segunda guerra mundial, el fútbol femenino había prácticamente desaparecido. Pero éste había llegado a América, intentando participar varios equipos costarricenses de fútbol femenino en los Juegos Panamericanos que se disputaban en 1951 en Buenos Aires. Sin embargo los médicos rechazaron cualquier participación de las mujeres en estos juegos basándose en los argumentos habituales de peligro para sus cuerpos.

El deseo permitió que diecinueve mil jóvenes jugaran al fútbol (soccer) en colegios de los Estados Unidos y el máximo organismo internacional de fútbol tuvo que intervenir diciendo: "A la FIFA nunca le ha interesado el fútbol femenino. No tiene competencia sobre esto y en consecuencia no da ningún tipo de asesoramiento a las federaciones nacionales afiliadas. Es una cuestión de biología y educación que debía dejarse a los médicos y a los docentes" así terminaba en 1952 el comunicado de la Federación Internacional de Fútbol Asociación.

Sin embargo las mujeres en Europa y América habían adoptado el juego como propio, formando clubes y organizando eventos deportivos. Las crónicas populares hablan que en 1970 se celebra el Primer Campeonato Mundial Femenino de Fútbol en Italia, donde las jugadoras danesas se proclamaron campeonas al ganar por dos a cero a las italianas en un torneo extra oficial que no aparece ni siquiera en la historia del fútbol femenino que recogen las páginas oficiales de la FIFA.

En 1975 la FIFA interviene drásticamente contra la Confederación Asiática de Fútbol que organiza la Primera Copa de Fútbol Femenino, pero ante este avance y para poder controlar todo el fútbol internacional, en su Congreso de 1986 la FIFA reclama una política verdadera a favor del fútbol femenino.

En 1987 se realiza en Taiwán el primer torneo organizado por la FIFA y un dato curioso es que el presidente de la Federación Helvética de Fútbol, ante el éxito de espectadores y el espectáculo presenciado, quiso proponer al presidente del máximo organismo internacional de fútbol, el brasileño Joao Havelange, como Candidato al premio Nobel de la Paz.

La discriminación en el deporte llega en su práctica al singular caso del fútbol base español en el que los equipos femeninos de infantiles, alevinas y benjaminas llevan años disputando sus partidos contra equipos masculinos porque no hay una competición femenina reglamentada. Al principio los chicos ganaban por goleada, pero con trabajo y dedicación se consiguen otras metas y, un ejemplo son las Alevinas A del Atlético Féminas que en la temporada 2009-2010 disputaron el campeonato madrileño con once equipos alevines de chicos y al final del campeonato las chicas resultaron ser las campeonas, consiguiendo algunas goleadas durante la competición. Cuando la prensa deportiva entrevistó a las alevinas preguntándoles a qué le atribuían ser las campeonas, respondieron: "tal vez porque disfrutamos jugando al fútbol y además sin necesidad de hacer faltas".

La mujer reina el deporte rey que nació en Inglaterra y cuya paternidad, por derecho, adquieren todos los pueblos. Ella sabe jugar a vivir y con Sigmund Freud sabemos que la masculinidad y la feminidad puras no pasan de ser construcciones teóricas de contenido incierto.

Sabemos que cuando ella desea todo es posible y así como en los primeros juegos infantiles, se juega con las palabras, así hablamos para repetir un goce y ahí la palabra se hace significante, es decir todo se hace con lenguaje, el cuerpo se construye en el lenguaje y los proyectos deportivos nacen por el lenguaje sobre lo escrito.

Y es Ella la que nos lleva a "conversar" con un club que represente los valores del fútbol femenino y tal vez, uno de los más ejemplares por su trayectoria social y resultados sea el Atlético de Madrid Féminas. Nos pusimos en contacto con la directiva y les solicitamos mantener una conversación que ilustrara el presente capítulo del libro. A continuación le presentamos un extracto de las conversaciones que mantuvimos con la presidenta del club Atlético de Madrid Féminas, doña Lola Romero.

CONVERSANDO CON LOLA ROMERO

Lunes 12 de octubre de 2015, son las cinco y media de la tarde, medio Madrid regresa del puente del Pilar, el otro medio descansa y la Presidenta del Club Atlético de Madrid Féminas atiende la propuesta que, semanas antes, le había realizado en las oficinas del Vicente Calderón. La idea es producir un diálogo entre el saber deportivo, el saber poético, el saber femenino y el saber inconsciente del buen hacer.

El destino de la conversación producida se publica en el capítulo "La mujer reina en el deporte rey" del libro Fútbol y Psicoanálisis –La personalidad del Deporte–. En aquel primer encuentro emití un parecer deportivo del Atlético de Madrid Féminas, como paradigma del fútbol femenino español en las dos últimas décadas. Con deportiva modestia, la Presidenta, aduce que sólo puede aportar su experiencia al frente del club desde el año 2000-2001 ¡¡justamente cuando el club colchonero militaba por segundo año consecutivo en el infierno!! Después del primer encuentro, el 30 de julio en el estadio, le hice llegar el contenido del capítulo donde se incluirá la conversación y una serie de preguntas posibles. No conocía a Lola Romero y tal vez, por eso, me hice acompañar de dos libros publicados y dedicados a la Presidenta. El éxito del primer encuentro residía en concertar un segundo encuentro. En él, con la puntualidad que toda cortesía permite, acude sonriente y nos sentamos a conversar de fútbol femenino.

El trabajo a Lola Romero, le acompaña permanentemente en su labor profesional ya que el fútbol femenino en España es semiprofesional y casi todos los integrantes del equipo del Féminas tienen otros oficios. Así creció Lola con las manos en la masa y pronto comenzó a sumar trabajo a su juventud, trabajo para crecer y ganarse una cuota de libertad para trabajar, hablar y también libertad para jugar y amar. Hoy preside un club cuya directora deportiva, quede claro, es María Vargas. María Vargas y Miguel Ángel Gil, son los nombres más pronunciados por la presidenta en los dos encuentros. Leyendo la conversación se entiende porqué la magia y la poesía juegan al fútbol.

Comenzamos una conversación que duró tres horas, (una eliminatoria de ida y vuelta) de la cual reproducimos un extracto que espero les resulte ejemplar.

Carlos Fernández: ¿Cuándo y cómo surge el Atlético de Madrid Féminas?

Lola Romero: Estaba en un club de fútbol que se llamaba Coslada y de repente al club se le ocurre la "genial idea" de prescindir de la sección de fútbol femenino, la entrenadora era María Vargas y yo era la portera; ahí decidimos las dos acudir al Atlético de Madrid a pedir lo que llamo "asilo deportivo" porque éramos 40 jugadoras.

Pensamos formar dos equipos, un primer equipo en primera regional y un sub-16 ¡¡¡no se me olvida!!! era el segundo año en el infierno del club y no estaban para fiestas ni para experimentos y sin embargo les caímos simpáticas y dijeron: apostamos por dos plantillas, un poco sucedáneas, como Atlético Féminas.

Jugábamos en Vicálvaro en campo de tierra y solo teníamos del Atlético de Madrid parte del escudo con la suerte que en aquellos momentos en el diario Marca nos apoyaba mucho mediaticamente (el club por estar en segunda división contaba con 8 páginas y las tenían que rellenar con información) además sucedió una cosa buena y mala, al segregarnos como club, bajamos a primera regional, pero nosotras veníamos de división nacional y éramos unas máquinas, ganábamos 6 a 0, 8 a 0 y ascendimos rápidamente de categoría. Jugábamos en campos de tierra, vestíamos de rojiblanco, el club nos dio todo un arsenal de camisetas porque se cambió de marca deportiva y nos beneficiamos, al pasar de Reebok a Nike, porque el club no podía usar la marca Reebok ya.

Arrancamos ¡todas vestidas igualitas!.... todo lo que no quería el club, indumentaria, las páginas de los diarios, nos aprovechamos de todo eso...

Se formó una categoría de sub-16 y otra senior, con jugadoras de diferente edad, la entrenadora era María Vargas, actualmente Directora Deportiva y el segundo equipo lo entrenaba Pilar López, se vinieron todas: jugadoras, entrenadoras del anterior club. En un principio nos llamamos Atlético Féminas y en la actualidad somos Atlético de Madrid Féminas.

C.F: Las entrenadoras, deportistas o directivas ¿qué obstáculos se encuentra para dirigir o practicar el fútbol femenino en España?

L.R: Ahora menos, además tuve la suerte de venir de un mundo poco machista como es el judo, yo intentaba entrenar con chicos para competir mas fuerte y siempre procure estar en mi sitio y eso me ayudó para saber hasta donde se puede pedir y a quién dirigirme sin tirar demasiado de la cuerda, yo siempre me lo tomé con mucha naturalidad y eso me ayudó mucho para saber cómo medir y qué debo interrumpir para no hacer más de lo que se debe.

C.F: Eso lo aprendió ¿en el deporte o en su familia?

L.R: En el deporte, eso lo aprendí en el deporte y sobre todo desde que estoy en el Atlético de Madrid, me ha dado muchas mas alas para hacer de todo. Cuando alguien como yo que tiene mucha energía y quiere hacer de todo... aprendí ¡qué no se debe hacer! porque lo que se debe hacer eso ya lo sabía... me fueron frenando (con respeto) porque no todo debe de ser por impulsos. Carlos ¡he tenido momentos que hasta se me han caído las lágrimas aquí dentro! Pero tengo que reconocer que de todo he aprendido y que las lágrimas para quien quiere aprender, se agradecen mucho.

C.F: Recuerdo haber leído en alguna entrevista que a los 21 años le dices a tu padre "déjame que me equivoque" y abres un negocio de panadería que quieres llevar tú sola.

L.R: Si correcto, con 21 años pasaba una época delicada y yo quería vivir mi vida y me dejaron, pero la familia se estaba disgregando un poco y entonces mi padre, muy inteligente dijo: te pongo un negocio, para volver a unir a la familia, pero, como sabía que no aceptaría ser empleada me dijo lo llevas tú con mi supervisión y fue, para mí y para él, todo un descubrimiento; mi padre siempre estuvo ahí, cerca, dejando que me equivocara o acertara. Quería crecer sola pero con él cerca y así conseguí hacer la empresa que hice.

C.F: ¿Se pide algún nivel académico a las deportistas para formar parte del equipo?

L.R: Nada, académico ninguno, nosotros intentamos inculcarles que sigan sus estudios, que acaben bachillerato o hagan carrera a través de la Comunidad o el CSD para que no pierdan el hilo.

Ellas estudian porque buscamos subvencionar todos los estudios, tenemos casi 40 jugadoras, de las 200, estudiando juntas en el IES M-86 en Sainz de Baranda y el IES Ortega y Gasset del CSD y entre ellas es como una gran familia lectiva y ahí se consiguen sus titulaciones. Pero no les exigimos, ofrecemos posibilidades pero no les exigimos, para eso están los padres, además sabemos que no debemos meternos más de la cuenta en esos temas.

C.F: Podríamos decir que el fútbol más que influir negativamente en el abandono escolar, colabora en que las jugadoras continúen sus estudios.

L.R: Si, si totalmente, además yo prefiero que estén ocupadas antes que muy ociosas, eso es terrible para las deportistas. Que estén sólo con la play o se levanten a las once de la mañana no es productivo para ellas.

C.F: ¿Las jugadoras del primer equipo tienen un sueldo profesional?

L.R: Son semiprofesionales, son profesionales porque cotizan. Les da para vivir día a día, pero es difícil que ganen dinero para el futuro, por eso nos gusta que estudien para que, el día de mañana, tengan una gran carrera terminada o se dediquen a estudiar algo dirigido al fútbol. Hoy están ahí pero el día de mañana puede no darles para vivir. Les animo a jugar y estudiar.

C.F: Y ¿qué aporta a un club la existencia del fútbol femenino?

L.R: Eso, tal vez, deberías preguntárselo a nuestro Consejero Delegado (sonrie…). El club se ha dado cuenta que el fútbol femenino genera gran visión internacional. A la hora de entrar en la academia, hay muchos padres que quieren que sus hijos, sus hijas crezcan aquí, otras quieren venir a España y debemos aprovechar esta riqueza que tenemos, esa imagen por la cultura, el clima, el prestigio deportivo que atrae a la gente. Y creo que el club se ha dado cuenta que el fútbol femenino genera riqueza para todos. Lo tienen claro y después de mucho trabajar todos podemos navegar juntos. Después de mucho trabajo, internacionalmente tenemos una imagen muy buena.

C.F: Durante años los dirigentes de la FIFA no aceptaron las competiciones de fútbol femenino y algunos médicos desaconsejaban la práctica deportiva alegando que producía deformidades en el cuerpo de la mujer.

L.R: Claro, claro así fue, hubo que bregar mucho y gracias al trabajo de muchos héroes anónimos hoy en día se reconoce el deporte femenino.

C.F: En el libro se estudia "el grupo deportivo como el alma del equipo". ¿Cómo trabaja el Atlético de Madrid lo grupal?

L.R: Intentamos que la palabra grupal no falte en ninguna de las facetas del trabajo del club. Tiene que haber un espíritu de compromiso común interno, para que seamos el reflejo de nuestras peticiones externas hacia las jugadoras. No entendemos este trabajo si no fuera de una forma conjunta. El éxito de cada momento aquí pasa por realizar cada uno su trabajo, respetando el del otro, pero uniendo los objetivos. Ese es el secreto de nuestro éxito... bueno y el de echarle muchas, muchas horas...

C.F: Te aseguro que el club llama la atención cultural de los aficionados, te lo dice un especialista en grupos.

L.R: Gracias, gracias. muchas gracias.

C.F: ¿Hay presencia de las jugadoras o de las directivas en colegios, visitan los hospitales, asociaciones culturales para difundir los valores deportivos a la afición?

L.R: Vamos poco a poco para que la afición conecte con nosotros y es curioso lo que más conecta con el club es el fútbol femenino. Hemos conseguido aficionadas y deportistas que son madridistas, que sus padres son del Real Madrid y que vengan a vernos jugar, hay gente a la que no le gustaba el fútbol y se aficionó por el Féminas, también hace mucho el trabajo en las redes sociales, ya que la exposición a la televisión es menor.

C.F: Las chicas se lesionan ¿más o menos que los chicos?

L.R: Las jugadoras son más laxas que los jugadores y se recuperan antes según que lesiones, sin embargo tienen más lesiones del cruzado, pero yo tengo una teoría con esa lesión creo que la lesión del ligamento cruzado de rodilla pasa por un momento duro psicológicamente previo, que otra cosa, porque creo que la mujer le da más importancia a todas las cosas, se preocupa más, tiene mas presión personal y yo creo que por eso puede sufrir mas del ligamento cruzado.

C.F: Es muy interesante ese aporte, porque en el libro decimos que el sentimiento de culpa inconsciente participa en las lesiones deportivas y no por algo mal realizado sino por lo bueno que no se permiten.

L.R: Efectivamente puede ser un tema a analizar, pero a la vez te digo que la jugadora para volver después de una lesión, en ocasiones, es mas fuerte que el hombre. A mi me gusta la deportista que dice ¡volveré más fuerte que nunca!

También es verdad que en las recaídas igual algo se quiso resolver rápidamente y yo les digo que se tomen el tiempo necesario, ¿Qué son nueve meses en una vida deportiva, cuando se rompen un cruzado? No es nada, pensando en lo que las queda por vivir deportivamente.

C.F: El tiempo de un embarazo. (Reflexionando: ¿puede equivaler la lesión del ligamento cruzado al tiempo de un embarazo para la mujer deportista, lo que no le sucede al jugador?).

L.R: Por ejemplo, es verdad, qué son nueve meses en 20 años de vida deportiva.

C.F: Además siguen formando parte del equipo.

L.R: Exacto, hay gente que se le viene el mundo encima, por ello intentamos cuidar al máximo esta etapa difícil de su vida deportiva.

C.F: En el 2009-2010 las alevinas del Atlético de Madrid Féminas, ganan una liga en la que competían con 10 equipos de fútbol femenino. Esta noticia debe ser portada en todos los medios.

L.R: Te digo, conseguimos siete portadas y diez dobles páginas en el diario Marca, ¡impresionante! En Madrid hay varios grupos y el nuestro era un grupo complicado, el de Cotorruelo, con equipos todos muy buenos, pero… claro nuestras niñas son muy buenas, son elegidas, porque quieren jugar al fútbol, vienen de jugar con sus primitos, en el cole, etc… son grandes futbolistas y además sienten el club como un lugar donde crecer y donde se las cuida. Es una pasión, hay jugadoras que son madridistas (esto no lo digas... jeje) y sin embargo quieren jugar con nosotras porque sienten esto mas allá de los colores.

Hay ocasiones en el que los padres se emocionan tanto de jugar aquí, que nos pasan casos como el de un padre que en las redes sociales grabó un entrenamiento y lo colgó en facebook y tuvimos que decirle: mire si usted quiere fotografiar o filmar a su hija puede hacerlo, pero hay que proteger al resto y lo entendió perfectamente, son niñas a las que se cuida. Se las deja crecer y que se diviertan, pero es que además luego juegan que da gusto verlas.

En otro orden de cosas, intentamos que las jugadoras que son de fuera no sientan lejos a su familia, a veces el problema es que tienen un dolor de muelas, yo siempre digo que aunque tengan madurez, se acuerdan de su familia en estos casos y entonces hay que atender a las jugadoras, aunque tengan amigas acá, hay que cuidarlas de una forma maternal.

C.F: Es posible el fútbol mixto a nivel competición?.

L.R: No, yo no lo veo... todos los deportes están hechos para lo que están hechos. La jugadora que fuera capaz de destacar en el mixto, destacaría mucho en el femenino, no lo veo parejo, para qué va a ser mediocre en el masculino pudiendo destacar en el femenino. ¿cabeza de ratón o cola de león? para qué... En las categorías alevines, benjamines no se nota tanto la diferencia, pero se nota más a partir de infantil, ahí ya hay diferencias notables por la fuerza.

C.F: En el fútbol femenino se aprecia gran técnica, como pudimos apreciar en el último Mundial de Canadá y ¿también hay menos faltas, sanciones y expulsiones que en el masculino?

L.R: No, yo creo que hay más faltas porque se les consiente mucho menos al fútbol femenino, hay entradas durísimas en el masculino que no son ni falta y en el femenino les pueden mostrar hasta tarjetas. Hay muchas mas faltas en el masculino pero se sancionan más en el femenino.

C.F: Las diferentes selecciones españolas de fútbol femenino comenzaron a competir en 1988 y desde su creación internacional los triunfos deportivos, títulos y resultados son equivalentes al masculino. Según la RFEF se han gastado 3 de millones de euros en el año 2014 en el fútbol femenino, comparablemente menos que en el masculino. Me pregunto ¿el fútbol femenino no representa el futuro del fútbol a nivel internacional?

L.R: Creo que algo está cambiando en torno al fútbol femenino, sobre todo en los sitios donde hay que cuidarlo, se toman decisiones relevantes y se decide su futuro a nivel institucional. Creo que en lugares como la RFEF falta gente que entienda el fútbol femenino que ayuden a avanzar en este sentido, todo sería mucho más fácil incluso para esta institución en concreto.

C.F: En el libro en el que se publicará esta conversación, se muestra que en los 10-15 últimos años, los clubes de fútbol españoles masculinos que más han crecido deportiva y socialmente, son aquellos que apostaron por el fútbol femenino. Ejemplos: el Rayo Vallecano varios años seguidos en primera división, el Levante con un presupuesto ajustado se mantiene en la máxima categoría, El Athletic de Bilbao alcanza varias finales, cambia de estadio y, a igualdad de presupuesto, entre el Real Madrid y el Barcelona, éste último ha conseguido más títulos que el conjunto blanco. El propio Atlético de Madrid, pasó de siglo y ascendió con el Féminas a primera.

L.R: Qué bueno!!! lo voy a estudiar, no conocía este dato. Es curioso ese dato es muy bueno Carlos.

C.F: Te acerco otro dato del libro: Al fútbol se le denomina el deporte rey, a raíz de que la mujer comienza a practicarlo, es decir, la mujer reina en el deporte rey. Ya pasó en el atletismo, en la medicina, en la escritura...

L.R: Hay una cantidad de mujeres que pueden trabajar en funciones directivas, Javier Tebas (presidente de La Liga) ha creado una sección única de fútbol femenino de la mano de Pedro Malabia de Valencia, están llegando al fútbol femenino consiguiendo algo importante, y es que la mujer empiece a ver este deporte con el mismo respeto que el fútbol masculino, creo que sería un avance grande que las jugadoras que se retiren, vean una salida en este deporte, por fin. Y no solo como entrenadoras o árbitros, las necesitamos en todos los ámbitos (marketing, comercial, coaching, RSC) y esperemos que en un futuro no muy lejano lo veamos.

Y esto es caviar: que dejen dirigir a las que han sido jugadoras, trabajar en los estamentos donde se toman decisiones. Tenemos jugadoras en el equipo que estudian para ser entrenadoras en el futuro y eso enriquece este deporte; que sepan el trabajo arduo que hay detrás y eso lo ven las jugadoras que ya son entrenadoras, no las exigimos nada pero algunas sienten que esto las gusta y deberíamos de facilitarles todo lo posible.

C.F: Eso me hace recordar que todas las revoluciones que se han realizado hasta la fecha, ya fueran religiosas, económicas, sexuales o políticas, fueron lideradas y escritas por los hombres y todas fracasaron. Por otro lado la historia de un pueblo es la historia de su escritura.

L.R: Totalmente de acuerdo

C.F: Entonces si me permite fantasear un poco: ¿La próxima revolución puede liderarla la mujer a través del deporte y la escritura?

L.R: Yo creo que el deporte lo transmiten tanto los hombres como las mujeres, por ejemplo actualmente ya no se utiliza a los artistas o políticos tanto, cada vez se ponen más en escena a los deportistas para el marketing y la publicidad, las marcas la representan deportistas como Nadal, Alonso, Mengual, Gasol… y escogen deportistas no sólo a las mujeres también a los hombres, porque en general los deportistas transmiten unos valores que son reflejos que marcan en la vida.

C.F: ¿Las chicas son más grupales o individualistas que los chicos en la práctica deportiva?

L.R: Es compleja la respuesta… Las chicas en el fútbol somos muy autónomas, somos muy individuales aunque al final nos cuesta mucho vivir en soledad. Pero a nivel de grupo somos más complicadas, creo que cuestionamos demasiado (yo también…), pero suplimos dicho "vicio" con la "constancia" en las cosas importantes. Igual si me apuras van un poco ligadas, necesitamos analizar bien cada cosa para tener claro que si le dedicamos tiempo y esfuerzo, va a merecer la pena.

C.F: Y los sentimientos, los celos, las envidias, los miedos, la culpa actúan positiva o negativamente en el rendimiento del equipo?

L.R: En el femenino, actúa, muy negativamente. Y ese es uno de los mayores defectos que tenemos, al igual que nuestra mayor virtud es que somos muy constantes en el trabajo y el ¡no todo vale!. Para eso somos muy tozudas, muy meticulosas para llegar hasta el final y también para llevar la razón entre nosotras. Algunos entrenadores les ha costado mucho más llevar equipos femeninos que masculinos, somos muy exigentes; en un equipo de chicos, a veces, con unas cervezas se puede resolver cualquier problema, en el femenino es diferente. Seguro que para nosotras un problema lo sentimos como tal, ellos no, a veces les envidio…

C.F: Podemos pensar, entonces, que si se analizasen los sentimientos, si se entrenasen, si se pudiera canalizar esa energía afectiva redundaría beneficiosamente en la eficacia deportiva del equipo.

L.R: Claro, sin duda, y esa es la clave del éxito, saber encauzar esos momentos difíciles. Las mujeres tenemos una virtud innata, y es la "inteligencia emocional". Si esto se canaliza bien, es un éxito seguro. Igual te digo que no deja de ser peligroso en algunos momentos, porque dependemos demasiado de nuestro estado de ánimo, a veces hablamos demasiado y escuchamos poco, esto juega en nuestra contra en muchas ocasiones y entre nosotras más todavía. Pero al final sale la cordura y tenemos mejores resultados que ellos.

C.F: La técnica y el talento deportivo es ¿algo con lo que se nace o se construye?

L.R: Hay un poco de todo eso, creo que es algo con lo que se nace, se nace con esos genes, es curiosa esta pregunta por ejemplo: mi padre quería que yo fuese música y me compro un órgano, una flauta, un acordeón, he tocado la guitarra y sin embargo me he decantado por el deporte; en esta vida todo va en función de la gente con la que te juntas y eso te marca, yo me he juntado con gente del deporte, yo veía a mi hermano entrenar y quería ser como él, Judoka, y además el entorno me gustaba, y me decanté por el deporte. Yo siempre fui muy disciplinada y cuando tengo una idea la llevo hasta el final, me comprometí con el deporte y al igual que una empresaria o una ejecutiva con su empresa, las mujeres somos más disciplinadas, más constantes y llevamos las ideas hasta el final.

C.F: Lola, entonces podríamos decir que lo más importante no es tanto con lo que se nace sino lo que se hace, con lo que se ha nacido, es decir si hay disciplina y compromiso, como tú dices, se consiguen plasmar las ideas.

A Picasso le preguntaron y ¿usted maestro cómo hace, cuando le llega la inspiración se lanza sobre la tela a pintar? Y el pintor malagueño respondió "a mí, la inspiración siempre me pilló pintando". Trabajo, trabajo y trabajo.

L.R: ¡Qué bueno Carlos! La verdad es que el entorno es muy importante, hay gente que encuentra su sueño dorado por el camino y hay gente que todavía lo está buscando y seguramente lo tiene delante. Creo que las señales de la vida son una parte importante de nuestra educación y futuro, solo hay que escucharlas y elegir la que mas nos llene; esto me pasó a mi con el fútbol y la empresa, no puedo vivir sin ninguna de las dos asociaciones, me complementan, las siento y vivo con la misma pasión, una porque me viene de niña y la otra porque me encontró en el camino y no la dejé escapar.

C.F: Según habla Lola Romero, recuerdo que son posibles dos amores si hay poesía. Entonces le pregunto: ¿Qué representa el vestuario para el fútbol?

L.R: Para mi mucho, porque vengo del mundo del judo que es muy respetuoso, para todo se pide permiso, se respeta al rival, hay una gran disciplina y fue donde aprendí esos valores, por suerte el fútbol se está educando poco a poco y cada día es mas importante la docencia por encima de ganar y ser mas fuerte que el contrario. Si nos damos cuenta, la disciplina es la parte más importante de una deportista. Porque si lo eres llevas la disciplina y el respeto en la cancha, eres capaz de llevarla al hogar, a tu trabajo, pareja, etc...

Yo siempre digo hay jugadoras para clubes y clubes para jugadoras, a veces a las jugadoras hay que disciplinarlas y otras jugadoras no lo necesitan. Pero mira, a veces pasa que hay grandes futbolistas que llegan al club, pero no aguantan ni la pretemporada sufren las normas y la disciplina; se caen siendo grandes jugadoras que podrían aportar mucho al equipo, pero igual solo quieren divertirse jugando al fútbol. Es respetable, pero en el Atlético de Madrid la disciplina es muy importante.

C.F: La entrenadora, el entrenador de un equipo de fútbol femenino debe conocer y desempeñar diferentes funciones en su profesión como madre, profesora, asesora o sólo debe actuar en lo deportivo con las jugadoras?

L.R: Debe conocerlas y a veces hacer todas esas funciones. Un entrenador sabe hacer todo eso; hemos tenido entrenadores que nos decían después de los entrenamientos: "me maravilla la constancia de estas jugadoras y su forma de trabajar", algunos me decían: "si a mi me dicen de joven que hubiera corrido todo lo que las mando, me escondo en un seto y cuando la vea volver me incorporo".

Mira, para un entrenador, aunque el fútbol femenino no le dé tanto como el masculino, pero del fútbol femenino los entrenadores se enamoran, les marca en la vida, porque se vive con ¡tanta intensidad, tantas emociones! Hemos tenido entrenadores que estuvieron con nosotras que se fueron enganchados al fútbol femenino.

Cuando un entrenador les habla, por lo general, ellas atienden todas las indicaciones y eso para un entrenador es muy reconfortante y se siente valorado dentro del vestuario, por eso te digo que el fútbol femenino enamora. Y ojo es mucho más difícil llevar un equipo femenino que uno masculino, por eso que las rentas son mayores para el entrenador.

Creo que viste, Carlos, lo espectacular que jugaron las chicas en el partido de Champion, tenía a Clemente Villaverde a mi lado emocionado y me decía ¡como juegan! ¡madre mía, cómo han cambiado, cómo han crecido desde que no las veía jugar! Además tenemos la gran suerte que el fútbol femenino ha crecido mucho en muy poco tiempo, ahora es más táctico, más técnico y más fuerte, en general ha cambiado y mejorado mucho. Y lo curioso, es que esto crece enormemente día a día.

C.F: Es un honor conversar contigo, una de las representantes más importantes del fútbol femenino.

L.R: Gracias te lo agradezco Carlos, no se si te servirá de mucho para tu libro, porque soy pura emoción y eso es difícil de transmitir solo con la lectura.

C.F: Escucho la emoción y te lo digo porque, para mí, tampoco ha sido fácil llegar a mantener una conversación amable e inteligente con la Presidenta del Atlético de Madrid Féminas.

L.R: Hay que ser natural siempre Carlos, para mi no puede faltar el sentido del humor nunca. Me gusta mucho contar chistes, me rió de mí y me gustan las fiestas sanas, sin embargo cuando trabajo tengo que ponerme el disfraz de presidenta, a veces dejar de disfrutar y trabajar para que otros puedan disfrutar. El trabajo de los Presidentes de Fútbol Femenino es muy sacrificado, a veces, rozamos la degradación y se hacen cosas por las jugadoras que no se hacen ni por la familia, cosas que ellas desconocen y sin embargo a veces hasta se les olvida felicitarte por tu cumpleaños...

Pero, al margen de todo, es gratificante conseguir cosas, creo que es nuestra recompensa, ver que todo avanza porque no cejas en tu empeño de conseguir y conseguir para ellas y el club crezca; en algunas ocasiones conseguimos que los patrocinadores y colaboradores se enamoraren del proyecto; finalmente son ellos los que nos ofrecen cosas y nos tienen siempre en cuenta, porque lo que te da el fútbol femenino es muy difícil de olvidar.

C.F: ¿Cuando es tu cumpleaños?

L.R: El 26 de diciembre, capricornio, a ver si te dice algo... dicen que somos muy cabezotas los capricornios... (rie).

C.F: Aunque ya lo mencionamos, socialmente la mujer ocupa muchos menos puestos directivos en todos los deportes y en el fútbol también, ya sea en la FFM, RFEF, UEFA, FIFA...

L.R: Aunque lo mencionemos mucho, nos tendrían que escuchar más, en las grandes empresas siempre hay detrás grandes directivas. Hay que apostar por el papel de las mujeres en las empresas deportivas, es éxito asegurado.

C.F: El mayor rival de la mujer no es el hombre, si no la propia mujer. La mujer inventora del amor le cuenta todas las historias que después él escribe. Y es la mujer la que en su práctica consigue que al fútbol se le conozca como el deporte rey.

L.R: Estoy de acuerdo contigo. Contradictorio por otra parte...

C.F: Durante siglos la mujer estuvo condenada sólo a la reproducción y alejada de la producción, producción en el deporte, producción en los negocios, el arte...

L.R: Qué bueno ¡me encanta escucharte Carlos! y me gustaría que conocieras a Maria Vargas, nuestra directora deportiva, os entenderíais a la primera. Es una de las heroínas de este proyecto y la que más cree en la evolución de este deporte. Fue jugadora de la Selección Española y una de las mejores jugadoras de España, ella vivió esa época de la que hablas y ahora a las mujeres nos dejan "producir" como tu dices.

C.F: Estamos comenzando una conversación, así como el Atlético de Madrid Féminas cometió los errores necesarios, para poder crecer, en su primera participación europea en Champion. Ojo! jugó su primer partido no el último, jugó el primero.

L.R: Gracias Carlos, vamos a tener muchos momentos para conversar.

C.F: En el 2014 los 12 equipos del Féminas del Atlético de Madrid, acabaron entre las cuatro primeras clasificadas en sus diferentes categorías y se clasificó por primera vez en su historia para la Champion. ¿Qué idea lidera el proyecto deportivo, cual es el organigrama del club?

L.R: Me gustaría invitarte un día a una conferencia mía y verás cómo ha crecido el fútbol femenino, cual ha sido la evolución del club; porque en su día nos marcamos una hoja de ruta y la hemos seguido a pies juntillas.

Hace 15 años nos marcamos uno de los objetivos mas importantes de este éxito, intentar crecer poco a poco sin límite, pero con respeto, para qué el capricho de alguien nunca pueda cargarse la ilusión de tantas niñas e intentar conseguir que la afición llegue a pensar "esto es algo grande en el club que tanto quiero" y al final hemos conseguido lo más importante, que el propio club se enamore del Féminas. No nos marcamos un techo ni un objetivo, vamos al día a día, muy al estilo de la senda del Cholo, el partido a partido.

Pero éste club tiene más de cien años de historia y es evidente que en el club hay un saber mayor que el de cualquiera de nosotros. Yo intento captar del club cada cosa que puedo aprender. Si quieres que me marque un objetivo a largo plazo? ganar la Champion. Pero date cuenta de una cosa Carlos, hace 15 años jugábamos en campo de tierra, entonces mi objetivo era jugar en césped artificial, mas adelante vestir mas identificada con el club, mas adelante que el equipo viaje mas cómodo en los desplazamientos, conseguir títulos, clasificarnos para jugar en Europa y te vas dando cuenta que la evolución no es a dónde quieres llegar, sino el día a día, el partido real, y esto es vivirlo cada día.

Ahora puede un club poderoso, con dinero, hacer un equipo y estarán ahí arriba rápido y ganarán títulos de una forma rápida, pero para conseguir disfrutar hay que vivirlo paso a paso, y evolucionar despacio, sintiendo las derrotas, disfrutando y llorando durante el camino. Y eso de una forma vertiginosa es complicado, además de peligroso, lo que se consigue rápido, se pierde rápido...

C.F: Claro no es un tiempo cronológico, es un tiempo psíquico, es un tiempo productivo el del deseo, es un tiempo histórico el del Féminas.

L.R: Correcto y que nadie nos lo puede quitar. Hay que sobrevivir y sobrevive el que mejor se adapta.

C.F: No se trata que no haya ricos en el fútbol, se trata de atender a los clubes más humildes.

L.R: Que bueno!! me encanta, la voy a poner en algún momento en mi facebook.

C.F:¡Ya estoy asesorando a la presidenta del Atlético de Madrid Féminas!

L.R: Ja ja ja, qué grande eres!!! Todo llegará somos gente normal.

C.F: Somos gente normal, gente del pueblo.

L.R: Hay mucha gente anónima trabajando para el fútbol, para mi son héroes anónimos. Gente que hace mucho por los demás y pasan cada día a nuestro lado.

C.F: Ahora se puede interpretar ingenuamente como noticia deportiva, pero en realidad estamos haciendo historia; dentro de 30, 40 o 50 años se podrá leer lo que estamos escribiendo hoy como parte de la historia deportiva del club.

L.R: Sin duda, estoy de acuerdo. Y yo creo que no tan lejos.

C.F: La medicina deportiva desaconsejaba, hace algunos años, la práctica de ciertos deportes en la mujer. ¿Actualmente en el club los profesionales que trabajan para los equipos del Féminas (sean entrenadores, preparadores físicos, fisios, médicos…) y los medios con los que cuentan son los mismos para los chicos y las chicas?

L.R: En nuestro caso si, de hecho es el primer año que trabajamos de manera conjunta. Este año, imagino que la Champion ha influido mucho y el club ha querido hacer paulatinamente una absorción total y absoluta de los equipos femeninos. El Féminas somos un club jurídicamente independiente, trabajamos con la academia pero no estamos integrados al cien por cien, éste será un año de transición, pero ya estamos realizando ciertos pasos, como yo digo, hasta ahora el club nos ha cuidado y ahora nos protege, esto se nota a cada instante.

Al final quieren que estemos todos unidos, porque ellos están maravillados de la posibilidad que tiene esta sección de crecer. Miguel Ángel Gil está totalmente volcado en ello, me gustaría que lo conocieras, escucha a todo el mundo, cómo se vuelca con el equipo, y la verdad, si no fuera por Miguel Ángel y antes con Jesús, esto no hubiera sido posible.

En un club en el año 2001 que por segundo año transitaba por el infierno, que estaba intervenido, que económicamente no podía hacer grandes gastos, con penurias y qué acogiera a 40 muchachas, que les dieran camisetas, estructura, apoyo y cariño para formar el Féminas, ¡ no se me olvidará de por vida!, porque acompañaron un sueño personal.

En ese momento Miguel Ángel me dijo, quiero que utilices todos los departamentos del club; que sientas esto como tuyo y recurre a lo que necesites y crees que podamos darte.

C.F: Y ¿porque se acercaron al Atlético de Madrid?

L.R: Porque María Vargas, entonces era la entrenadora, ahora es la Directora Deportiva, es atlética de siempre y dijo lo conseguimos en el Atlético o en ningún equipo. Y nos escucharon y al año nos dieron más y así hasta hoy y el próximo año quieren que formemos parte del club de una forma integra.

Entre la faceta deportiva y administrativa hay mas de 30 personas trabajando para el féminas, son gente comprometida y para nosotras es fundamental, creo que lo mas importante es la huella que vas dejando en la vida, y nuestra gente son lo que mas nos marca.

A veces, tanto María como yo, recibimos propuestas de otras instituciones importantes, y claro que queremos llegar lejos, pero… en el Atlético de Madrid.

Si en agosto del 2001 me hubieran dicho que en octubre de 2015 íbamos a participar en la Champion le habría dicho que se fueran al psicólogo y ahora, no sé, a lo mejor la que necesita algo de psicoanálisis para creérselo es la presidenta…

C.F: Hay delirios grupales que mantenidos en el tiempo se pueden transformar en proyectos sociales. Y cuanto más grande seamos más enemigos tendremos.

L.R: Seguiré contando chistes, y siendo la persona que soy… no lo dudes.

C.F: Muchas gracias Lola por tu tiempo y mucha suerte para el jueves en Rusia.

L.R: Gracias Carlos, seguimos hablando.

El jueves 15 de octubre de 2015, el Atlético de Madrid Féminas disputaba el partido de vuelta en tierras rusas después de perder en casa el primer partido por 0 a 2 con el Zorky. Las colchoneras ganaron 0 a 3 y pasaron de ronda, a octavos de final, en la Champion por primera vez en la historia del club.

CAPÍTULO SIETE
LA PERSONALIDAD EN EL DEPORTE Y SUS AFECTOS

INTRODUCCIÓN

En diciembre del 2007 mantuvimos una conversación con don Alfredo Di Stéfano, publicada en el libro Poetas del Fútbol, en la que nos dice: "En el fútbol no hay nada escrito".

Días antes de jugar la semifinal de la Champion con el Schalke 04 en abril de 2011, se le preguntó a Raúl González por el buen estado físico que mantiene, a lo que respondió el delantero: "Todo está en la mente".

En noviembre de 2014 hablando de la función del entrenador, declara Arrigo Sacchi en una entrevista: "No es sencillo. Cuando tienes un montón de jugadores de talento, cada uno de ellos tiende a pensar que los otros deben correr por él. Salen las envidias, los celos… hay que controlar todo eso".

Y se pueden atribuir diferentes paternidades a la frase: "El fútbol es un estado de ánimo". Valgan estos testimonios para rescatar la importancia que entraña para nuestras relaciones particulares, tanto con las personas como con las cosas, el punto de partida.

Comienza para ustedes una formación tan necesaria como interminable y entre las materias que en la RFEF se imparten para los Directores Deportivos se encuentra FÚTBOL Y PSICOANÁLISIS, efecto de un trabajo realizado.

Hablar por primera vez a jugadores, técnicos, directivos y otros profesionales del fútbol sobre conceptos generales de la personalidad (desde la "gestión" de la misma) y de los afectos (en su aspecto de "variable") sin que se postule la formación continuada de los propios dirigentes en estos temas es pretender impartir alguna fórmula mágica; sin embargo, algún concepto pueden llevarse para su trabajo cotidiano: los futbolistas tienen deseos inconscientes. Los dirigentes, los técnicos, los federativos y en todos ustedes también, anidan deseos sexuales, infantiles y reprimidos. Nos diferenciamos unos de otros en cómo renunciamos a esos deseos, es decir, qué hacemos con las distintas formaciones del inconsciente: el sueño, el síntoma, los afectos, los lapsus, las repeticiones, la mala suerte, los olvidos, los fracasos, los éxitos, el miedo a triunfar, las equivocaciones y un largo elenco de efectos que se manifiestan permanentemente en la vida cotidiana de nuestro trabajo deportivo.

Dando por sentado que el auditorio al que se dirige la ponencia, representa una amplia y exquisita formación en el mundo del fútbol, entonces hablar de Psicoanálisis y Fútbol ¿Para qué? Nada ni nadie es ajeno a los temas que hoy trataremos y, lejos de todo dogmatismo, podemos afirmar que en todo comienzo se padece de una ignorancia docta, necesaria para aprehender lo nuevo, sin compararlo con lo ya conocido, ya que cuando comparamos, casi siempre gana lo malo por conocido ante lo bueno por conocer. Y ¿por qué? porque lo desconocido genera incertidumbre y cierta cuota de angustia que se puede aprender a tolerar para adquirir un saber como director deportivo.

Ejemplo práctico y apuesto sobre seguro: todos los presentes en la sala: ¡sueñan!

Todos los presentes en la sala proceden de seres sexuados (padre y madre) es decir, en algún momento de sus vidas fueron ayudados, por otros humanos, para crecer, no les dejaron morir y prueba de ello es que hoy estamos aquí.

Antes de nacer cualquiera de ustedes ya existía mundo, fútbol, amor, traiciones y… después de nosotros, seguirán naciendo otros hombres y mujeres.

Nacer, como humano, se nace sólo la segunda vez, la primera se cae por el canal del parto y la segunda por el canal del lenguaje. Por ello todos "tenemos" necesidades semejantes por pertenecer a la misma especie y a la vez "somos" diferentes por sujeto hablante y deseante. Semejantes y diferentes, esa singularidad nos acompaña en cada acto, en todos los partidos, en cada beso y en todo final.

Todos los presentes en la sala, como semejantes, deseamos las mismas cosas y simultáneamente, como diferentes a su vez renunciamos, postergamos, trabajamos, nos implicamos o fantaseamos de manera singular.

En fútbol no existe la media naranja, ni un doble exacto de uno mismo, ni hay dos imaginarios iguales, es decir no existen dos maneras de pensar exactamente iguales, y sin embargo somos capaces de realizar proyectos "conjunta-mente". Hay eso sí, "un Otro" en cada uno de nosotros, desconocido, que nos acompaña y a veces nos lleva a hacer y decir cosas que a "nosotros mismos" nos puede sorprender. Todos hemos fallado balones imposibles de fallar, todos hicimos alguna jugada irrepetible que ni sabemos cómo se produjo. Ese Otro desconocido forma parte del sujeto psíquico que nos habita.

En todo deporte tenemos el derecho a reconocer, atender, cuidar y trabajar en cada humano tanto al Sujeto Biológico como al Sujeto Psíquico. Hoy haremos una primera presentación. Espero que les resulte de interés por su eficacia.

El psicoanálisis es EFICAZ en el fútbol, deben saberlo todos aquellos dirigentes que opten a desempeñar cargos en una institución deportiva. Y ¿en qué resulta eficaz?

- En la producción de Salud Deportiva en los integrantes del equipo, tanto de los futbolistas y técnicos, como de los ex jugadores. La Salud es necesaria para usufructuar el cuerpo y el psiquismo en la competición. La salud no es lo opuesto a la enfermedad.

- Para escuchar y atender los mecanismos psíquicos que intervienen en toda lesión deportiva, en especial en las lesiones musculares. El cuerpo es escenario temporal de la vida deportiva y algo habla en cada lesión.

- También asesora en la orientación vocacional y en la metamorfosis de la pubertad de la cantera, por representar un momento crucial de abandonos o éxito, en los jóvenes, tanto en el deporte como en los estudios. El fútbol base es la base del fútbol.

- En la producción del grupo deportivo para capitalizar en el juego de equipo lo entrenado física y tácticamente. Si hay grupo hay equipo.

- Supervisar y coordinar la junta directiva, en la que intervienen momentos de incertidumbre y angustia en la toma de decisiones: contratos, empleados, publicidad, acuerdos internacionales, fichajes, pagos, despidos, prensa…

- Y también es eficaz para el club en su labor social: premios, títulos, ascensos y descensos, peñas, aficionados, socios, museos, hospitales, historia deportiva. El fútbol es un paradigma cultural y grupal. El grupo ambiciona la historia y la Institución busca la eficacia deportiva.

LOS PACTOS PERMITEN
MATERIALIZAR EL PROYECTO

¿Qué nos reúne hoy? Un pacto, un acuerdo ¿de ustedes conmigo o viceversa? No. El pacto de ustedes es con la Dirección Deportiva. El mío lo es con el Psicoanálisis, es decir los conceptos teóricos nos ponen en relación en la RFEF. Previamente debió haber habido un proyecto, el desarrollo de ideas, hombres y mujeres trabajando, y como no hay ideas vigorosas sin una economía fuerte, un estudio financiero para poder llevar adelante el plan estratégico, las consiguientes alianzas sociales que lo desarrollen y permitan lo más difícil: sostener las diferentes convocatorias del curso, la creación de un departamento de fútbol o el mantenimiento de un club...

Desde aquí partimos. Salón de Actos de la RFEF en la Ciudad del Fútbol en las Rozas. Un día singular, especial, como todos, porque el día de hoy no volverá nunca, y ésta es una de las características de lo humano: nada existe sin la puntuación, sin la interpretación que produce los hechos y así puedan ser estudiados y transmitidos a otras instituciones deportivas.

Un partido de fútbol son noventa minutos de juego, algunos minutos añadidos y siempre un resultado y desde ahí se genera una realidad, cualquier realidad deportiva de la que se trate. La realidad no existe previamente, es efecto del trabajo realizado.

El psicoanálisis con su método científico es capaz de leer cualquier realidad y de interpretar donde hubiera participación de sujetos dotados de lenguaje, por eso decimos los hechos sólo existen después de ser interpretados.

La articulación de Psicoanálisis y Fútbol es eficaz: produce efectos en la realidad material del fútbol y la presencia en las aulas de la RFEF es una muestra de ello.

También se construyen los afectos y la personalidad, dos de los grandes temas de los que vamos hablar hoy, porque juegan un papel en el grupo deportivo y participan en los pequeños detalles de cada partido de fútbol.

-Gestión de la Personalidad
-Manejo de la Variable Afectiva en la Alta Dirección.

Estos temas van dirigidos a todos aquellos que viven por y para el fútbol, sobre todo si aceptamos alguna implicación en lo que nos sucede. Y esto es ya una primera fórmula de aplicación directa y fundamental: todos estamos implicados, de alguna manera, en lo que sucede en nuestras vidas. Si negamos esta situación de entrada (que podemos conversar) nada de lo que sigue les servirá.

¿Continuamos?

Hablamos de Implicación. Quiere esto decir que los partidos de fútbol ¿se ganan o se pierden solamente en el terreno de juego? y ¿son únicamente los futbolistas los que ganan o pierden? ¿no influye en los resultados del equipo el estado de ánimo de los integrantes? Y no digamos nada de las conversaciones en el vestuario, la relación con los familiares, técnicos, directivos, los pactos y afectos entre compañeros, los conflictos y desacuerdos no analizados, la relación con la prensa, la paternidad, los desamores, las lesiones, lo grande de los pequeños detalles… Todo juega en el sujeto deportivo.

Alguno de ustedes puede decir ¿somos culpables de todo lo que nos pasa? Dije implicados, por ende responsables. La responsabilidad puede sentirse de manera individual (portándola sobre la espalda) o de forma grupal (actuando entre palabras). Si alguien se siente culpable de lo que le sucede puede revisar el carácter de excepción en su manera de pensar.

Cuando conversamos con los organizadores del curso (a los cuales aprovecho para agradecer la oportunidad de participar con esta ponencia) nos preguntamos qué podría resultar de mayor utilidad para los Directores Deportivos en particular y para cualquier profesional que participe del fútbol en general, ya que los asistentes son futbolistas, agentes, entrenadores, directivos, profesionales que trabajan en clubes de las diferentes categorías nacionales y concluimos que partiendo de los temas que se trabajan en los diferentes módulos, hablar de la Personalidad y los Afectos, representa un interés directo, concreto y de gran importancia en el trabajo de cada uno de ustedes.

CONCEPTOS FUNDAMENTALES

Comencemos rescatando algunos conceptos básicos de psicoanálisis. Sigmund Freud, médico neurólogo vienes, nace en 1856 y fruto de sus investigaciones, publica en el año 1900 "La Interpretación de los Sueños", texto de ruptura donde se muestra por primera vez, en la historia del pensamiento científico, los mecanismos y principios del aparato psíquico, así como el funcionamiento de las tres instancias que lo conforman: El Inconsciente, el Preconsciente y la Conciencia.

Copérnico, Darwin y Marx, han producido en la historia del conocimiento otras rupturas (descentramientos con respecto a una realidad vigente) al develarle alguna ceguera al hombre. Por ejemplo después de Copérnico la tierra no es plana, ni es el centro del universo, ni el sol gira alrededor de nuestro planeta, pero antes de Copérnico la tierra era el centro de todo. Después de Freud la conciencia no es el centro del psiquismo, las palabras y las cosas no coinciden, hay una realidad material no corpórea, el cuerpo está sostenido por el lenguaje, existen mecanismos psíquicos que dan cuenta del pensamiento, lo más importante del sujeto está fuera de él y, no hay nadie indispensable ni siquiera en nuestra propia y entrañable familia o equipo de fútbol.

Decíamos que el aparato psíquico consta de: La conciencia, que funciona como un órgano receptor de información, como una pantalla, tanto de los estímulos que proceden del exterior como de aquello que sentimos por "dentro". La conciencia no tiene capacidad de almacenamiento (se saturaría si lo que percibe se quedase en ella) de modo que todo aquello que le impacta al sujeto pasa a otra instancia: El Preconsciente.

El Preconsciente, con un pequeño ejercicio de reflexión, es capaz de hacerlo consciente de nuevo, y si lo percibido tiene una carga afectiva muy grande, como algunos sucesos de la infancia, estos son guardados en otra instancia: El Inconsciente.

Inconsciente al que sólo se puede acceder, sólo se produce a través del Método psicoanalítico de Interpretación-Construcción. Interpretación de deseos y Construcción de la historia de deseos.

El Inconsciente es el lugar donde se producen los recuerdos, la memoria, los afectos, los sentimientos y desde donde se estructura la personalidad, la inteligencia y el pensamiento, determinando todo acto humano, ya sea en el amor, al lanzar un penalti, estudiar idiomas, o decidir ser individualista…

Todos tenemos deseos, ambivalencias afectivas, sentimientos hostiles, sed de venganza, capacidad de amar y dimensión suficiente para odiar. Todos sentimos en algún momento tristeza, agresividad, intolerancia, angustia, inseguridad, supersticiones y un largo elenco de afectos, un catalogo completo, de modo tal que les aseguro que a lo largo de la jornada laboral pasamos por diferentes estados de ánimo. Por eso decimos que un equipo es un estado de ánimo, que se puede manifestar en los entrenamientos e incluso en el mismo desarrollo del partido se puede pasar por diferentes estados de ánimo y puede ser normal; lo sintomático o patológico sería quedarse anclado en un único sentimiento o que no aparezca el que corresponde a cada situación vital del sujeto.

No voy a llenarles con datos científicos (no se trata de eso hoy) quiero señalar que en todos hay mecanismos que funcionan sin ser conscientes de ello el sujeto, hay instancias temporales donde se fraguan nuestros pensamientos, afectos, memoria, recuerdos e inteligencia. Asimismo hay estructuras que intervienen en estas relaciones como son: el Super Yo, el Ello, el Yo, energía como la Libido, operaciones como la Negación, la Condensación, el Desplazamiento y la Puesta en Escena, principios como el del Placer y la Realidad...Todo un entramado estructural acontece en el Aparato Psíquico dando cuenta de cómo y para qué: amamos, trabajamos, nos agrupamos, peleamos, envidiamos, sentimos celos, nos ponemos agresivos, soñamos, jugamos, ambicionamos, aprendemos a perder y lo más difícil ganar.

Podemos asegurar que en el sujeto todo se hace para algo y/o para alguien.

Diseccionamos la Personalidad en un Yo, un Ello y un Super Yo.

El Super Yo tiene entre otras las funciones de autoobservación, conciencia moral y se relaciona con los ideales del sujeto. A su vez es el heredero del Complejo de Edipo y con ello una especie de juez tendente a la perfección, además mantiene relaciones con la realidad exterior. Veremos más adelante como interviene por ejemplo en las lesiones, sanciones y expulsiones.

El Yo representa en la vida anímica la razón y la reflexión. Una de sus funciones principales es el movimiento, fundamental en la formación del grupo deportivo y en la dinámica de todo el equipo.

Mientras que el Ello representa las pasiones indómitas, es un caldero hirviente de pasiones, no conoce tiempo ni espacio, únicamente le interesa mostrarse, aparecer, aunque con ello pusiere en peligro al sujeto. Por eso a veces realizamos actos que no nos benefician, a sabiendas del perjuicio deportivo.

El Yo tiene tres amos a los que sirve: la Realidad, el Super Yo y el Ello. Por encargo del Ello rige el Yo los accesos a la motilidad, pero interpola entre la necesidad y el acto un aplazamiento en forma de actividad del pensamiento, durante el cual utiliza los residuos mnémicos (memoria). De este modo destrona al Principio del Placer, que rige ilimitadamente el curso de los procesos en el Ello, y lo sustituye por el Principio de la Realidad que promete mayor seguridad y eficacia. De aquí se deduce la importancia de la repetición de ciertos ejercicios en los entrenamientos para poder automatizar, inconscientemente, los movimientos grupales.

El Yo del sujeto es débil frente a los amos a los que sirve, así cuando el Yo tiene que reconocer su debilidad se anega en angustia. Angustia real ante el mundo exterior, angustia moral frente al Super Yo y angustia neurótica ante la fuerza de las pasiones en el Ello. La angustia es una señal, decimos que hay cierta cuota de angustia necesaria, de incertidumbre que hay que aprender a tolerar para poder crecer o mantenerse. Y ésta es una de las señales que intervienen en las diferentes "rachas" por las que pasa un equipo o un jugador en la competición.

El psicoanálisis de un sujeto permite robustecer el yo, hacerlo más independiente del Super Yo, ampliar su campo de percepción y desarrollar su organización, de manera tal que pueda apropiarse de nuevas partes del Ello, algo así como ganarle terreno al mar. Donde Ello era, ha de llegar a ser Yo. Donde hay buenos resultados hubo de haber habido trabajo. Y si hubo trabajo y no acompañan los resultados, debe revisarse lo grupal, los pactos, las relaciones sociales y los afectos en el equipo. Un Director Deportivo no tiene porque saber cómo resolver estas cuestiones pero se debe saber a quien recurrir.

Estarán de acuerdo o no, pero dicen que: "Se juega como se entrena" y a veces el resultado no acompaña los esfuerzos realizados durante la semana en intensas jornadas de preparación; Y ¿entonces qué pasa? Puede ser que se entrene intensamente el sujeto biológico y se descuide al sujeto psíquico que también entrena y juega en cada partido.

Podemos continuar desplegando conceptos que a la humanidad siempre interesó y sin embargo hasta el año 1900 no se descubrieron: ¿qué son los afectos? ¿te hubiera gustado nacer en otra familia, estar en otro club? ¿tu entrenador no te entiende? ¿a qué se deben los celos y la envidia? ¿actúan los afectos en el rendimiento deportivo? ¿Qué significan los sueños? ¿estás conforme sexualmente con tu vida? ¿todo te va bien y sin embargo...?

Hay un dato biológico y psíquico fundamental: el largo periodo de indefensión y dependencia que el recién nacido presenta bajo la autoridad de los padres, hasta alcanzar la edad adulta. En este periodo de tiempo infanto-juvenil, la figura de los padres, cuidadores, tutores y profesores es importante para la futura persona adulta, siendo fuente de identificación para lo que querrá ser, estudiar y trabajar en el futuro. Otras figuras importantes son los hermanos y compañeros de juego. Estos procesos tan complejos transcurren de manera inconsciente. Se sabe que lo más correcto es dejar crecer, que jueguen a lo que prefieran y no intervenir salvo que la salud del niño pueda correr peligro.

Si señalo estos datos es por la importancia que tienen posteriormente en las relaciones: de cada futbolista con el entrenador y los compañeros; de los directores deportivos con los directivos del club; del presidente, técnicos y jugadores con otras instituciones. Estamos hablando de las diferentes "relaciones transferenciales" que se ponen en acto inconscientemente y el "mecanismo de identificación" que se produce en todo deportista.

Los vínculos grupales, los pactos y alianzas en el vestuario, el sentimiento de culpa, los fallos incomprensibles, la mala y buena suerte, la intolerancia al éxito y al prestigio, las lesiones y expulsiones, la relación con la masa social, la crueldad del resultado final...son temas en los que intervienen mecanismos inconscientes a través de la personalidad y los afectos.

Capítulo aparte merece la prensa deportiva, por la difusión de valores que genera y por representar el mayor vehículo de transmisión ideológica en la industria del fútbol. Debemos conocer los diferentes tipos de lectura que se pueden producir, pues no existe una realidad armónica y hecha esperándonos como directores deportivos. Tendrán en algún momento que implicarse y realizar una lectura de la realidad deportiva como metáfora de todo lo posible en la competición.

GESTIÓN DE LA PERSONALIDAD

La personalidad puede caminar entre refranes: "de médico y abogado o de ángel y diablo todos llevamos algo" de modo que ante la pregunta ¿qué es la personalidad? cada cual gestiona una opinión.

La base material que sustenta los conceptos científicos parte del psicoanálisis. Y en todos los textos pueden leer algo común: la personalidad es psíquica. Es decir, la personalidad no es innata, se construye y por ende se puede transformar, interviniendo en dicho proceso factores: hereditarios, ideológicos, educativos, religiosos, sociales, históricos y sexuales. Siendo la personalidad, la articulación de los diferentes factores mencionados.

Como Directores Deportivos ¿la personalidad puede ser un obstáculo en su trabajo?. Nos hacemos eco de otra pregunta ¿el fútbol es un juego, un deporte o un negocio? El fútbol es todo eso y aún más pues genera puestos de trabajo, ocio y cultura generando en cada club funciones profesionales altamente cualificadas.

Las cifras del año 2007, dan cuenta de 700.000 licencias federativas en España; significa eso que existen miles de familias que trabajan por y para el fútbol.

El trabajo (concepto central de la humanidad) es la capacidad que el hombre adquirió, para con otros semejantes, poder transformar la naturaleza y hacer más confortable todo aquello que forma parte de la vida, el estudio, el trabajo, el ocio, la familia, sus ideales, la salud...

Todos los pensamientos que el sujeto tiene con respecto al trabajo son producto efecto de una ideología. La ideología es ese modo particular de hacer y pensar que todos tenemos, esa manera en la que nos fueron transmitidos nuestras primeras experiencias, hábitos, afectos, ideas, gustos, ambiciones, temores, sexualidad... Es decir la ideología que nos habita nos fue transmitida (no es algo natural u original). En algún libro se encuentra escrito esa manera de ser, esa personalidad, alguna tradición la sostiene, algo heredamos que nos fue transmitido inconscientemente.

¿Se han preguntado de donde procede esa manera de hacer y pensar que tienen? Podemos incluso llegar a creer que el quehacer de cada uno es siempre el mejor. Por ejemplo un director deportivo debe saber escuchar y con quién está hablando, para que sea el proyecto deportivo, y no los gustos personales, los que dirijan la función.

Para un director deportivo es de gran eficacia conocer la posible existencia de: "deseos inconscientes contrarios al proyecto" ya se manifiesten en lo deportivo, lo económico o lo social. Estos deseos se pueden expresar en cada sujeto, siendo visibles en su actividad laboral y familiar. Los deseos inconscientes contrarios a un proyecto, más temprano que tarde, se terminan mostrando y con ello algo consigue el sujeto, algo se beneficia en esa traición, algo goza perniciosamente de esa manera.

Ser rico o pobre, ganar o perder, conseguir proclamarse campeón o ser mediocre son propuestas de la mente, que en cada proyecto deportivo, a través de mecanismos psíquicos se elaboran de manera inconsciente.

Siempre hay un beneficio secundario en la enfermedad, así dice el refrán: "no hay mal que por bien no venga", quiere esto decir que en toda derrota puede subyacer un beneficio, en toda traición un goce, en todo desamor una venganza. Entonces se puede trabajar, inconscientemente, más para el beneficio secundario (individual y privado) que para el pacto deportivo (el proyecto grupal) que sostiene a cada profesional en su función. La escucha del psicoanalista puede escuchar los obstáculos y afectos que acompañan toda actividad deportiva, haciendo posible transformar los errores pretéritos en futuros aciertos y poder gozar del triunfo.

Si no fuéramos tan buenos en la derrota, seriamos mejores en el triunfo.

Nadie regala goles sin esperar algo a cambio, pues "el que regala bien vende, si el que lo compra lo entiende".

La cuestión es que todo acto conlleva unas consecuencias, tanto hacer cómo no hacer, trabajar para el equipo o trabajar contra alguien tiene consecuencias y será en cada caso diferente el resultado final del partido. Trabajar a favor del club, de la empresa es un trabajo, también se puede trabajar individualmente sólo a favor de uno mismo. Sucede que cuando se trabaja en la posición que nos otorga la función (lugar construido por la institución) entonces el proyecto cuida lo social e individual de cada trabajador y, cuando se trabaja sólo para "mi", se depende de "mi" estado de ánimo y de las variaciones de "mí" personalidad (generalmente infantil, neurótica y asocial). Cuanto más implicado se encuentre en el proyecto, más libertad y eficacia tendrá en las decisiones que todo director deportivo debe asumir. Cuanto más se trabaja para el grupo mejor será el equipo y más importante será ese profesional en el club.

Aconsejamos a todos los dirigentes deportivos la lectura de la "Disección de la personalidad psíquica" de Sigmund Freud.

ES MÁS FÁCIL DESINTEGRAR UN ÁTOMO QUE UN PREJUICIO

Rescatando a Albert Einstein, podemos decir que los avances tecnológicos, la calidad en bienes de uso y consumo, las normas de control en los productos que utilizamos y la cuantiosa información que se genera permiten, a la mayor parte de las instituciones deportivas, acceder a los mejores medios de preparación en centros de alto rendimiento con grandes especialistas y el más moderno equipamiento para jugadores de diferentes nacionalidades y cultura.

Sin embargo algunos clubes, aún disponiendo de los mejores presupuestos y medios, no triunfan y otros con menos medios, alcanzan lo soñado por las grandes instituciones. ¿Tiene alguna explicación? ¿Es posible aunar a los éxitos deportivos, los económicos y sociales en una misma Institución deportiva?

Desplegamos la cuestión discerniendo para ello dos conceptos: "medios de producción" de "método de trabajo". Una lógica paradojal da cuenta de dicho proceso experimental en el que existen ciencias tan exactas como conjeturales (es el caso de las matemáticas) y ciencias que son tan conjeturales como exactas (es el caso del psicoanálisis) donde sabemos que siempre hay ganancia en el sujeto, siendo diferentes los beneficios del que trabaja sólo para sí mismo, a los réditos de aquellos que trabajan desde el grupo para el equipo. Según el concepto grupal que dirija la producción y el método de trabajo del club obtendremos con los mismos medios de producción resultados diferentes a nivel deportivo, económico y cultural.

Para desplegar estos conceptos, comencemos por describir los diferentes tipos de necesidades en el sujeto y el club:

a) Necesidad Básica corresponde con cubrir una serie de cuestiones (casa, comida, puntos suficientes para alcanzar puestos europeos, para no descender...) y conseguidas esas "necesidades básicas" se puede bajar el nivel de entrenamiento y no implicarse más ¿para qué?

b) Necesidad Creada (donde la oferta genera la demanda) es decir ya son necesidades "deseantes" que corresponden con otros principios, otras realidades, donde se huye del confort intelectual, se tiende a las utopías, aún sabiendo que no existen. Se parte del principio que siempre hay alguien más grande, mejor que uno mismo, siempre se puede otro escalón más, siempre existe la posibilidad de otro campeonato, ser internacional, más puntos, dinero, record, siempre hay un amante mejor que uno mismo y ésta es una manera de pensar para un buen amante, un líder o un campeón. No se trata de "ser" el mejor sino de encontrarse "entre" los mejores.

Resumiendo estas necesidades pueden ser:
económicas, afectivas o sociales.

Necesidades donde nos podemos conformar con lo justito y que no me molesten: ganar el dinero suficiente para pagar la hipoteca, el colegio...y que no me molesten con más. Esto corresponde con la satisfacción de una necesidad psíquica, la del Principio del Placer, que tiende al menor gasto posible de energía, a la ley del mínimo esfuerzo, huye de cualquier tensión que aleje al sujeto del reposo, tiende a un consumo de energía cero. Sucede que éste Principio no puede funcionar sólo por mucho tiempo pues resulta peligroso para el propio sujeto, ya que la tendencia a la parálisis completa, a la quietud total lo llevaría a enfermar y la muerte. Todo especialista sabe que si sales a empatar un partido existe más riesgos de perder que jugando a ganar. Por eso que existen otras necesidades psíquicas gobernadas por el Principio de Realidad que puntúan al Principio de Placer, promoviendo inconscientemente al sujeto a crecer y huir de todo confort intelectual y deportivo.

Los límites del saber son los límites del principio de placer, por eso que cuando los límites del saber los impone el conocimiento (el saber ya conocido) no hay goce del saber. El goce del ejercicio del saber es el goce de su adquisición, y si el encuentro con el saber fue doloroso, angustioso o produjo culpa, habrá que saber arreglárselas con estas señales que el Yo emite para el sujeto cada vez que ejerza el saber, o no habrá goce del saber y el sujeto vivirá sin poder gozar de sus conocimientos, de sus triunfos, de su saber múltiple y vivirá en pensamientos anteriores, vivirá en frases primitivas de otros, estará viviendo una vida que no es la suya, recordando las derrotas del pasado en lugar de producir las nuevas victorias.

Esto se detecta claramente en los clubes de fútbol centenarios, instituciones que perduran más tiempo que sus dirigentes, y si los directivos no modifican la ideología que anida en ellos (tendencia del Principio de Placer) repiten modelos válidos en otras épocas pero sin la aceptación de lo nuevo que aporta el Principio de Realidad.

La única manera de transformar la ideología es a través de la interpretación psicoanalítica pues la ideología actúa y se transmite de manera inconsciente, por eso que no sirve ni los buenos propósitos familiares, ni los consejos psicológicos personales. Pretender arreglar los problemas sin analizarlos, condena a la reiteración indefinida de lo mismo. Un Director Deportivo debe saber que los problemas no se resuelven se analizan y sólo ahí existe la verdadera posibilidad de transformación.

El hombre necesita siempre una zanahoria para andar, un compromiso que lo haga levantarse de la cama, ya que si nos dejamos gobernar por el llamado Principio de Placer, empezamos cediendo en las palabras y terminamos cediendo en los hechos. Se empieza dejando de entrenar, se abandona la dieta no comprometiéndose con nada y así se puede lesionar el deportista, enfermarse e incluso, antes de tiempo, alcanzar un desenlace fatal. La muerte, la propia muerte no se puede vivir, se puede simbolizar por el camino más largo, la vida.

Todo se construye en el sujeto. Se construyen grandes equipos y también se construyen equipos mediocres. Ganadores natos, significa no que nacieron ganando, ya que todos nacimos perdiendo, sino que fueron capaces de poner límites al Principio del Placer, de renunciar a lo cómodo e inmediato, postergándolo para conseguir algo mejor. Aprender a decir NO, es civilizador, y sólo el que sabe decir no, puede emitir un SI verdadero. No se puede, ni se debe recuperar el pasado (cosa imposible), se trata de producir un presente determinado desde el futuro (posible con trabajo).

Generalmente las necesidades afectivas, los reconocimientos sociales son más importantes que los económicos, y suponen un motor para que el jugador continúe entrenando, los directivos sigan trabajando y se lleve adelante el proyecto deportivo, aunque no lo necesite para ganar o tenga cubiertos los objetivos.

Trabajar más allá de lo que se necesita, es un acto deportivo de amor, porque se genera más trabajo para otros, la creación de puesto de trabajo enriquece a la institución, circula más dinero y estas extensiones en el equipo, de lo grupal, son las que pueden hacer histórico a un club. Por eso insistimos que la fama es efímera, a la Institución le interesa la eficacia y al Grupo la historia.

LA VARIABLE AFECTIVA EN LA ALTA DIRECCIÓN

Todos tenemos necesidades económicas y afectivas. Las necesidades afectivas de sentirse querido, valorado y reconocido son, muchas veces, más importantes que las necesidades económicas. De estos dos tipos de necesidades se desprende una demanda, un pedido de sueldo, de reconocimiento social, de pertenencia al club. Las necesidades, siempre subjetivas, son las que generan el deseo. Sin necesidades no hay deseo y sin deseo el futbolista solo será un mediocre jugador de fútbol y el directivo un preocupado hombre de negocios. No hay en el sujeto ninguna necesidad que no pase por la demanda de amor y por el deseo sexual.

En la preparación y formación de todo profesional deportivo se deben reconocer tres variables que no pueden faltar en la ecuación y que, por separado, no son la fórmula de nada: 1) LO FÍSICO, 2) LO TÁCTICO y 3) LO PSÍQUICO. Y los directores deportivos debe encontrarse asesorados por los profesionales más adecuados en cada una de estas materias. El afán de buscar la perfección fomenta lo bélico por pretender ser lo que no somos y en la maestría se cumple que el maestro lo es, no por lo que enseña, si no por lo que te permite aprender. La enseñanza es grupal y el aprendizaje singular en cada caso.

Se puede desear lo mejor para uno mismo y para los demás. Pero a veces no se desea lo mejor, se rechaza cualquier tipo de ayuda, mostrándose desprecio en cada acto. Como directores deportivos se pueden encontrar en el desempeño de su función con colaboradores que padecen ataques de envidia, maltratan a los compañeros, mostrando "inconscientemente" un complejo de inferioridad y un gran sentimiento de culpa. Son situaciones de gran intolerancia que boicotean los proyectos. Y en estas circunstancias ¿qué hacer? Para desplegar la pregunta partamos de la siguiente hipótesis de trabajo: los afectos son mentirosos y los sentimientos nos engañan, Dice la canción: "Rencor temo que seas amor" o "hay amores que matan" cuando sabemos que la verdad se cocina en el vestuario.

La conciencia percibe sólo lo que puede. Decíamos antes que la conciencia funciona como los órganos de la percepción (ojos, oídos, piel…). La conciencia tiene ojos para fuera y para dentro y aquella información que más le interesa al sujeto, como la conciencia no la puede acumular, pasa en forma de recuerdo al inconsciente y, allí lo almacena en la memoria. En la memoria está todo lo aprehendido (los sentimientos también se aprenden) Todos tenemos dimensiones del amar y el odiar que adquirimos principalmente en el entorno familiar.

Los sentimientos son susceptibles de engaño, prueba de ello es que a veces amamos lo que nos hace mal, odiamos a alguien que nos ayudó, tropezamos varias veces con la misma piedra, creemos firmemente que el sol gira, se mueve alrededor de nosotros y que uno mismo es el centro del universo, de su familia o lo más importante de su equipo, cuando en realidad es la tierra la que gira alrededor del sol, somos todos reemplazables y nuestra manera de amar, de trabajar o negociar ya están escritas en algún libro aunque no lo hayamos leído.

Los sentidos nos dan una información de la realidad que siempre se desdobla al llegar a la conciencia en manifiesto y latente, es decir, una apariencia de las cosas (conocimiento) y un desconocimiento de los hechos (saber). Miramos el sol y vemos como se muestra y oculta, se genera la ilusión que nos dan los ojos de que el sol se mueve cuando en realidad es la tierra la que gira alrededor del sol. Conocer el sol no significa conocer su movimiento real y se puede confundir con el movimiento aparente del que nos informan los órganos de la percepción generando la ilusión de movimiento.

En cada acto humano se realiza un deseo inconsciente, por ejemplo conozco el equipo y desconozco el alma de los jugadores o conozco mis prejuicios y desconozco mi talento.

Otro ejemplo de que los sentimientos nos engañan: conocemos a una persona y el primer día sin apenas hablar con ella, nos puede caer mal; unas semanas después nos hacemos amigos íntimos y terminamos confesando lo que el primer día nos pareció.

En realidad cuando rechazamos a alguien, es algo de nosotros lo que se rechaza, es algo de "uno mismo" con lo que no se está de acuerdo, aunque pongamos la culpa en el otro o en la realidad. Siempre vemos la paja en el ojo ajeno en lugar de revisar el ombligo propio.

Los errores, las equivocaciones y los malos pensamientos que acontecen en el sujeto se pueden y suelen "desplazar" gracias al mecanismo psíquico de Identificación y a la puesta en acto de la Transferencia. La Identificación, actuando inconscientemente a través del desplazamiento, desliza sobre otros sujetos de nuestro interés, características de lo que fuimos, de lo que somos o de lo que nos gustaría ser.

Entonces la hipótesis de partida: "los sentimientos y los sentidos nos engañan" habría que transformarla en que "tal vez nos interese dejarnos engañar por los sentidos y los sentimientos" por un interés individual y narcisista. Es decir, vemos lo que no hay, esperamos que se cumpla lo que nunca pactamos, pretendemos que nos quieran sin hacer nada a cambio. Y así vamos, a veces, por la vida con un carácter de excepción (si por ejemplo tuve mala infancia me considero con derechos extras e impunidad para delinquir o llegar tarde a los entrenamientos...). Los sujetos, a veces, nos engañamos a nosotros mismos para portar la razón, para imponer nuestra verdad, aunque con ello perjudiquemos las relaciones sociales de nuestra vida. Y cuando no queremos reconocer algo que nos sucede, eso que no queremos reconocer maneja nuestros actos, porque siempre retorna desde el exterior.

Cuando escuchamos y miramos, siempre lo hacemos desde modelos ideológicos aprendidos. Para todos existe lo que llamamos "nuestra verdad".

Hacer responsables a los jugadores, al compañero, al entrenador, a los árbitros, al terreno de juego y no hacerse responsable cada uno de estar implicado en esa derrota, en esa clasificación inadecuada, en esos conflictos permanentes con la prensa o en la debacle económica es propio de personas muy narcisistas que utilizan sus sentimientos para engañarse y vivir engañados; aunque no engañen a nadie que no sea cómplice y por ende responsable de un narcisismo exacerbado que sólo le puede ganar al espejo.

La valentía de la autocrítica psicoanalizada, termina venciendo la cobardía silenciosa, del que todo lo critica. Cuando queremos llevar la razón en cualquier conversación, esa es otra manera clásica de engañarse, poniendo en peligro el trabajo.

Recomendamos en estos casos: primero reconocer el error, después aceptar que uno está implicado en ese error y en un tercer paso rectificar en el próximo acto. Sólo así se puede llegar a verdaderas transformaciones en el saber hacer deportivo.

Las transformaciones en el sujeto social permiten pasar de una vida de segunda a una de primera división, dejar de ser un equipo mediocre y aspirar a ser campeón, dejar de ocupar puestos sin gran relevancia a trabajar en clubes con gran prestigio y cambiar el individualismo de la soledad por el trabajo grupal y liderar deportivamente un club.

Todo se construye. Cuando sostenemos un engaño de nuestros sentimientos y afectos (que no son otra cosa que sentimientos edípicos, es decir, pensamientos infantiles, perversos e individuales que reprimidos siguen latiendo vivos en cada sujeto) es para no reconocer algún deseo inconsciente contrario a lo que decimos que queremos.

Cuando queremos algo y no podemos conseguirlo, en realidad lo que queremos es otra cosa, que no reconocemos. Porque cuando uno tiene las condiciones necesarias para conseguir algo y "no puede", en realidad "no quiere".

Y si preguntan ¿cómo se aprende a desear? A desear se aprende deseando, es decir con la repetición. Por ejemplo ¿cómo se desea leer? primero hay que leer, y manteniéndose en la lectura se llega a desear leer. A jugar se aprende jugando y después se produce el deseo de jugar y, desde ahí se pueden reconstruir las operaciones y los mecanismos que intervinieron en ese proceso de aprendizaje.

La realidad que todos tenemos es la realidad que hemos sido capaces de producir y, algo tiene que ver con nuestros deseos inconscientes, aunque nos vaya mal. Algo se satisface en cada sujeto aunque sea una derrota, un despido, un fracaso o un triunfo. Siempre algún deseo se satisface, aunque conscientemente se sufra, si investigamos el caso, llegamos a ver que algo se satisface en cada acto. A veces los deseos inconscientes de sufrir son tan grandes, tan necesarios para ese sujeto, que prefiere huir antes que perder. Por eso de aprender a perder y aprender a ganar, lo más difícil es mantenerse ganando.

APRENDER A PERDER, A GANAR Y DELEGAR

Un líder, un director deportivo, un entrenador, un coordinador, un hombre debe aprender a ganar, a perder y a delegar. Es más fácil aprender a perder que a ganar. Hay más intolerancia al éxito que al fracaso. Estamos más acostumbrados a los problemas, a la derrota que al triunfo. A lo bueno se "acostumbra" uno rápidamente y hay que huir en la competición de todo confort intelectual, de toda comodidad deportiva, de toda costumbre que te pueda adormilar en los laureles.

La permanencia en la cresta de la ola y los niveles de liderazgo permanente conllevan un trabajo que está al alcance, sólo, del que no se creyó que ya consiguió, que ya ganó... No hay lugar al cual acceder donde poder decir: "ya llegué y no hago más". Todo es con gran capacidad de trabajo deseante y sólo desde la repetición se accede al goce del triunfo. Triunfan los que permanecen. Y, aunque no sea motivo de esta alocución, quiero señalar todos los errores que se cometen con los mal rotulados "ex", exfutbolista y con aquellos que se consideran "víctimas" del fútbol. Son deportistas y profesionales que necesitan elaborar sentimientos inconscientes tocados por la culpa, los celos, la pertinencia y la pertenencia no grupal sino familiar.

SENTIMIENTO DE CULPA

Otro de los sentimientos que conforman la personalidad, con repercusión en la actividad laboral, familiar y social, es el sentimiento de culpa inconsciente asociado generalmente al sentimiento de inferioridad. Para acercarnos a este tipo de sentimientos inconscientes, debemos recordar el Super Yo del que hablamos antes como heredero del Complejo de Edipo. ¿Quién no pensó la muerte de algún ser querido, quién no hurtó algún objeto, quién no realizó algún acto prohibido, quién no rompió un plato...?

En todo sujeto hay un abogado interior que nos juzga, una moral que dice lo que está bien y mal, de modo que las actitudes contrarias al bienestar en el club deportivo acaban generando culpa, por mostrar la existencia de deseos en conflicto con el buen quehacer. Deseos que arrancan de épocas pretéritas y anidan en los mejores corazones o en las peores almas.

En todas las empresas y clubs de fútbol existen los llamados "delincuentes laborales" que son aquellos trabajadores con tendencia a robar, estafar o agredir a la empresa, teniendo comportamientos poco éticos, aún sabiendo que serán descubiertos. Cometen actos inconscientemente y justamente por estar prohibidos, ya que tras realizar el delito, y al ser sancionados sienten un alivio. Lo que se alivia es la culpa que les llevó a delinquir. Es decir que la culpa es previa al acto punitivo. El origen del sentimiento de culpa es desconocido para el sujeto, reconocen su mala acción, y aceptan tranquilamente la consecuente sanción que les produce alivio, un reposo en ese sentimiento de culpa.

El SENTIMIENTO DE CULPA se reconoce como una falta ética que el sujeto experimenta ante el pensamiento de actos pocos lícitos, morales o éticos. A veces no es necesario que cometa ningún acto, les alcanza con pensarlo o fantasearlo para que aparezca este sentimiento. Cuanto mayor es el sentimiento de culpa sin sanción, mayor será la trasgresión, por lo que es importante sancionar estas situaciones para que pueda reintegrarse el trabajador a su tarea.

Hay situaciones en la vida, como la lesión de un compañero o la muerte de un ser querido que puede traer un beneficio al sujeto (ser titular o recibir una herencia). La intolerancia para aceptar como propios ciertos deseos inconscientes (que entran en contradicción con la ética y la moral que nuestro abogado interior nos dicta como adecuados) puede llevar a la necesidad de un castigo y acarrear con la penitencia.

Esto se puede apreciar en los jugadores de fútbol con cierta frecuencia, en las expulsiones, sanciones, incluso en el mecanismo de las lesiones musculares, que impiden al jugador participar en importantes eventos.

LA RESIGNACIÓN (el afecto del que siente que nada bueno se merece) y el AUTOREPROCHE (el que piensa que no vale para nada) del ESCLAVO (que busca trabajos inadecuados o mal pagados) son otras formas de expresión del sentimiento de culpa.

Heredamos un cuerpo y una mente por hacer, sobre los que tenemos derecho de apropiación, si se trabaja. Se puede malvivir sin cuidarlos, pero tanto el cuerpo como la mente son imprescindibles para producir la salud. La salud no es lo opuesto a la enfermedad, se puede padecer alguna enfermedad y poseer una gran salud y viceversa. Según qué conceptos de salud y enfermedad nos trabajen, esos criterios nos permiten una u otra calidad de vida.

Al cuerpo hay que darle alimentos adecuados, reposo, mantener un permanente tratamiento higiénico-dietético. Las investigaciones científicas señalan cualquier desvío de los parámetros considerados normales en el cuerpo y en la mente, siendo la medicina deportiva y el psicoanálisis los encargados de los diferentes tratamientos. La Medicina es la ciencia que se encarga del tratamiento de las enfermedades corporales y el Psicoanálisis se encarga de la producción de salud mental y corporal, por eso que al psiquismo, también, hay que proporcionarle lo que precisa, los goces, novedades y cuidados pertinentes. La soledad y el aburrimiento embrutecen al deportista.

El psiquismo siempre avisa cuando algo no funciona adecuadamente en el sujeto o cuando surge un conflicto en el pensamiento. El psicoanálisis se encarga de escuchar y tratar aquello que sea un obstáculo, con la característica de que no es necesario estar enfermo para psicoanalizarse, pues el psicoanálisis es la ciencia encargada del talento que lo grupal construye en cada integrante del equipo.

Pasemos a otro afecto la AGRESIVIDAD, para comenzar a pensarla, debemos diferenciar agresión y agresividad. La agresividad es estructural, necesaria y una cierta cuota de ella es imprescindible en los deportes de contacto. La agresión habla de una dificultad para hablar, un lugar donde no se pudieron poner palabras y entra en escena la fuerza bruta de un cuerpo sin límites. No hay animal más salvaje que el hombre.

Y esto nos lleva a puntuar de manera concreta y precisa que el fútbol no genera violencia. La agresividad es constitutiva del sujeto que siente fragmentado e incompleto su cuerpo frente a la perfecta armonía del otro semejante. Lo más importante es cómo hacemos, cómo nos manejamos con esa agresividad, cómo se elabora esa indefensión frente al otro completo. Siendo diferente trabajarlo y canalizarlo a través de la palabra (en los pactos) o pretender resolverlo con actos corporales y venganzas. El fantasma del cuerpo fragmentado es una simbolización que el sujeto debe realizar en su humanidad.

Al fútbol como en cualquier otra actividad acuden, a veces, violentos lo que no significa en absoluto que el fútbol genere violencia. Cualquier medida coercitiva en el deporte que no tenga en cuenta las semejanzas, la intolerancia, la agresividad, la envidia y el narcisismo de las pequeñas diferencias (que anidan en el inconsciente) estará trabajando desde la ceguera del investigador.

El sujeto oscila, desde que nace, en un intervalo entre la vida y la muerte. El límite entre ambos es prácticamente inexistente, estando representado por unas fuerza llamada "Pulsión". Hablamos de Pulsión de vida y Pulsión de muerte. La pulsión de vida, se parece a los instintos de supervivencia en los animales y su principal misión es colaborar en mantener la vida del individuo. El sujeto busca satisfacer sus necesidades básicas de alimento, reposo, sexualidad, orden, higiene, etc. Así mismo sabemos que toda vida tiene una dirección inevitable hacia un final y, en el hombre conviven ambas fuerzas, ambas pulsiones: la de vida o Eros y la de muerte o Tánatos.

La vida se prolonga cuando hay un equilibrio entre ambas pulsiones. En caso de conflicto entre ambas fuerzas, por norma general, gana imponiéndose la pulsión de muerte, "avisando" previamente con algunos síntomas, alguna enfermedad, dolencias varias, aburrimiento excesivo, minusvalía... Todos conocemos gente que debe cuidarse mejor con respecto al tabaco, comida, compañías, velocidad con el coche, consumo de sustancias, amores perjudiciales y sin embargo no lo hace, y generalmente hay varios avisos (pequeños percances) antes de un desenlace fatal (un accidente, una depresión o un cáncer). También todos conocemos personas que llegan a edades avanzadas y tienen una energía y vitalidad encomiables (deben haber cuidado salud y trabajo con intenso deseo) ya que la salud se construye en todos los casos. No existe salud sin trabajo.

La vejez es aceptar la edad alcanzada, el que la acepta puede hacer todo lo que corresponde a esa edad y deseo. Las funciones no envejecen, la mirada y la voz pueden tener toda la energía del deseo y Menassa nos dice que el sexo no cae. Tratar de ocultar el paso de los años es la única vejez.

Los "ex deportistas" deben ser pensados por las diferentes instituciones del fútbol, ya que jubilarse del deseo produce soledad y enfermedad, existiendo en los veteranos una sabiduría que pueden transmitir. En fútbol el "Consejo de Sabios" es un estamento que debe construirse.

Cuando trabajamos construimos vida, cuando descuidamos el trabajo o las relaciones sociales, construimos muerte. La riqueza de un hombre es la riqueza de sus relaciones sociales, y a veces durante la vida vamos cometiendo pequeños micro-suicidios, excesos en la comida, la bebida, el amor que puede alimentar una actitud suicida. Ningún negocio, ningún club deportivo fracasa de un día para otro. Cuando una Institución o una empresa zozobran, revísenlo y verán que se han ido construyendo, a veces durante años, actos contrarios al proyecto empresarial que abocan al abandono, el despedido, el descenso de categoría o la desaparición del club.

Todos los hombres somos para otros humanos como espejos, donde se reflejan nuestras virtudes e imperfecciones. Por ejemplo cuando nos enamoramos, el otro es perfecto, semanas después cuando desaparece ese efecto de enamoramiento y detecto en el otro una imperfección, por nimia que sea, a veces le quiero abandonar, porque esa imperfección en el otro, me recuerda que yo también soy imperfecto e incompleto.

Cualquiera que, con su presencia, nos recuerde que no somos completos, perfectos y únicos, tendemos a romper esa relación que se vive con inquietud. ¿Qué me quiere el otro? ¿Qué desea ese otro de mí? En ese momento se despierta en el sujeto una agresividad (rivalidad del otro semejante recordándome las diferencias ideológicas) que puede desencadenar sed de venganza, soberbia o desprecio. Cualquier situación que despierte intolerancia por sentimiento de frustración (al no conseguir rápidamente lo que se quiere) genera agresividad.

El club que pretende ganar campeonatos sólo con dinero y, comprándolo todo quiere imponerse al resto de equipos, deportivamente se equivoca al hacer del elemento (dinero) en la ecuación (de la competición) una fórmula (del poder).

Quien sabe esperar no necesita hacer concesiones, sin embargo existe en todos los trabajos los llamados "eyaculadores precoces" que quieren ganar el campeonato antes de empezarlo o copiar un método de trabajo sin investigar... Son estas actitudes infantiles de la personalidad, donde se tiende a romper los objetos, los juguetes y las relaciones por verdaderas pataletas, echando la culpa siempre al otro.

Reconocer la imperfección y los errores son grados de humanidad y así como la fiebre es un signo clínico que avisa de una infección; la angustia, la culpa y el dolor son límites que nos señalan algo psíquico.

La agresividad en si misma no es mala. Todo es en general cuestión de cantidad, economía psíquica (libido) que como energía ni se crea ni se destruye, se transforma en la escena. Podemos afirmar que la agresividad es un aliado de la pulsión de vida, ya que todo tiene que hacerse con cierto grado de agresividad, pero en su exceso (por detención del proceder psíquico en un punto) se alía con la pulsión de muerte, pudiendo llegar a la agresión, sancionable en todos los casos. Un ejemplo clásico es la diferencia entre la caricia y la bofetada, el deseo le imprime diferente velocidad a la acción, resultando de ello una caricia o una bofetada.

LA TRISTEZA se encuentra dentro de los afectos considerados normales, que suelen acontecer por regla general ante situaciones de cambio en la vida. Aquellas nuevas oportunidades, que no se logran elaborar como ganancia, pueden invadir al sujeto como un estado anímico de pérdida. Por ejemplo en un traspaso con destino a un mejor equipo en el que se alcanza la élite deportiva puede desencadenar un estado de tristeza porque se extraña lo conocido, el barrio, la familia, los amigos etc. Esto puede acontecer en los jugadores que cambian de club, especialmente a los que cambian de ciudad o país, aunque el fichaje sea un crecimiento con una mejora en la calidad de vida, un club más poderoso, una economía resuelta y aunque aparentemente todo eso se busque con pasión, puede conllevar una situación de tristeza.

Si la situación es transitoria (semanas de adaptación) no hay que hacer nada especial, salvo acompañar la elaboración normal del duelo por la pérdida de situaciones queridas. Si el proceso se mantiene varios meses habrá que escuchar al deportista porque puede estar desarrollando una melancolía, situación anímica que puede detener la progresión deportiva del profesional por afectarse inconscientemente la capacidad de adaptación (mecanismo psíquico de sustitución). El mecanismo de Sustitución forma parte de la salud deportiva.

También hay situaciones de tristeza en nuestra actitud ante la muerte, que casi nunca es sincera. Ya que "creemos" en la muerte (de los demás) y casi nunca pensamos en la propia. Se considera de mal gusto hablar del tema y generalmente lo silenciamos. La propia muerte es verdaderamente inimaginable, en nuestro inconsciente estamos convencidos de ser inmortales y, a veces, postergamos tareas de la vida y comenzamos de nuevo sin tener en cuenta los intentos fallidos o queremos insistir y repetir hasta conseguir la perfección en actos y rituales obsesivos y actos maniáticos buscando lo imposible, para negar la muerte.

Al triste conviene zarandearle y despertarle si después de un tiempo persiste la tristeza. Al melancólico hay que tratarlo urgentemente con psicoanálisis.

LA TOLERANCIA nos habla de la aceptación de lo diferente como semejante. El gran mal de finales del siglo pasado y principios de este siglo XXI, es la intolerancia, nadie tolera a nadie, a veces ni a uno mismo. Los humanos solemos ser para los otros como cuerpos extraños, esas reacciones inmunológicas donde se reacciona contra lo nuevo, considerándolo extraño y perjudicial. Algo así como que, todo aquello que no hubiera pensado previamente el propio sujeto no fuera válido y se tiende a despreciar la novedad y los mejores valores son los de la propia familia donde uno nació y creció; no aceptando ninguna imperfección pues la culpa de todo está fuera de uno mismo siendo la realidad la que ataca al sujeto. Cuando deberíamos saber que el mayor tirano de uno mismo, el peor enemigo de uno, está dentro de la piel. Lo mejor de cada uno está fuera del sujeto, lo que mejor puede hablar de uno mismo son sus productos, sus resultados, los efectos del trabajo en la realidad y no los fantasmas a los que se atribuyen todas las zancadillas.

La gran tendencia individualista en los sujetos es uno de los factores más importantes en el fracaso del equipo de fútbol o de la institución deportiva. Es el grupo, en todos los casos, el que produce los sujetos, el que produce directivos, entrenadores, jugadores. Siendo la Institución la que nos cobija, es la empresa la que crea funciones que un trabajador puede desempeñar y no al revés.

La intolerancia al dinero y al éxito es otro de los factores que influyen en un equipo de fútbol. En los afectos y sentimientos se ve la ideología que tenemos de nuestros actos y de las personas. Y la ideología no es tanto lo que digo sino lo que hago. Un patente ejemplo de ello se da cuando el club le otorga el poder deportivo a un profesional y éste lo utiliza para imponer una queja o una táctica de manera pública, lo que debe ser conversado de forma privada. En el uso del poder la fuerza del entrenador del primer equipo puede ganar a la del filial, pero ha perdido el poder por intolerancia. La toma del poder no consolida el poder; lo que consolida el poder son los movimientos ideológicos, es decir lo que se hace y no lo que se dice con ese poder que solo pertenece al grupo deportivo.

La ideología se hereda, transmitiéndose de manera inconsciente lo aprendido en la familia, el colegio, el barrio y aunque consideremos como propia y original la manera de pensar, no lo es. La ideología son frases, pensamientos, ideas, costumbres, hábitos, habilidades y opiniones que dirigen nuestra vida inconscientemente. Por ejemplo nadie nos suele enseñar a escribir y pensar más allá de lo que necesitamos. Hay pensamientos populares, ideológicos que transmiten: ¡trabajar mata! o ¡parece que quieres ser el más rico del cementerio! etc. Sin embargo si se produce más de lo que se puede gastar, podemos estar produciendo plusvalía, y con ello generar una riqueza social también para otros. Es un verdadero gesto de amor social producir más de lo que se necesita, y es un gesto de amor egoísta producir solo lo que se necesita de manera individual.

Nuestra manera de pensar está determinada por la personalidad y ésta se conformó durante la infancia en la cual la familia, como transmisora de ideología, es determinante. La ideología se transmite de manera inconsciente. No se puede no tener ideología, se puede interpretar y transformar así las relaciones en el equipo.

LA SEGURIDAD en uno mismo o la inseguridad hablan en todos los casos de la aceptación de la función que desempeñamos en el club. Si estamos bien plantados en la función, esta nos protege ante los vaivenes y dificultades de nuestros afectos, pero si dudamos de los directivos o de la táctica, si chocamos con el entrenador aunque no lo expresemos, aunque no se lo digamos, si discrepamos con la ideología del club o la ciudad que representa, si cuando no juego es por favoritismos del entrenador ya que no hay nadie mejor que yo, si nadie tiene más conocimientos que yo, y los otros siempre quieren engañarme… esos pensamientos trabajan la zozobra y los resultados del trabajo no serán los mejores.

Los directivos, jugadores, técnicos y profesionales del club son su envoltorio, son los representantes de la institución deportiva; lo que hacemos y decimos es la imagen que damos del club, y cuando discrepamos (si no se analiza el obstáculo) mostraremos inconscientemente el desacuerdo y serán visibles las consecuencias deportivas. El representante no es la representación. El presidente no es el club.

Las dificultades en el club, es decir todas las relaciones a nivel horizontal con los compañeros y todas las relaciones verticales con los superiores e inferiores, se muestran en nuestro quehacer y en nuestro decir, y no se pueden ocultar porque lo inconsciente siempre se muestra.

Un jugador puede entrenar intensamente pero fallar en los partidos, un director deportivo puede trabajar permanentemente pero fallar en los fichajes, un entrenador se puede dedicar plenamente al equipo pero los resultados no acompañan; entonces hay que preguntarse por los deseos inconscientes de estos sujetos con el proyecto deportivo. Tal vez se sientan incomunicados, tal vez sean individualistas y no acepten ayudas, tal vez triunfar les abrume, tal vez no exista dirección o liderazgo.

Al sujeto por haber sido ayudado a crecer se le genera una deuda y ambivalencia afectiva que conlleva la no aceptación, con agrado, de las ayudas de otros. Recuerdo el caso de un famoso magistrado (esta información apareció publicada en la prensa) que una vez acabó sus estudios de derecho y aprobó sus oposiciones de juez, le quiso devolver a su padre todo el dinero que se había gastado en su formación desde los 18 años. El padre no lo aceptó, pero el hijo demostró poco agradecimiento con sus progenitores, porque primero éste dinero que pagaba ahora, no es de ninguna manera aquel que le permitió estudiar, y segundo la deuda simbólica que uno adquiere con la familia, la puede pagar con otros más jóvenes, para colaborar con la civilización.

Podemos pensarnos como seres privilegiados que hemos nacido en un mundo con universidades, hospitales, campos de hierba, luz, agua caliente y también podemos pensar en dejar algo para los demás.

LA FUNCIÓN ES UN LUGAR
QUE LE PERTENECE AL CLUB

Antes de finalizar la exposición debemos saber que los conceptos se articulan entre sí, hablan entre ellos. Un profesional tiene derecho a estudiar y permitir que la teoría lo trabaje. Para que los conceptos psicoanalíticos se hagan "cuero" (cuerpo y letra) en cada sujeto, deben saber que sin psicoanalista no hay psicoanálisis.

No existe el autoanálisis, ni existe lo autodidáctico. Solos no podemos nada, hasta el onanismo requiere dedicatoria. Y al maestro lo construye cada discípulo.

El afecto por excelencia, LA ANGUSTIA, es una señal que nos avisa de lo previo, lo previo de cada competición, la incertidumbre de los inicios, los preliminares del encuentro en donde saber escuchar y esperar.

Los errores son necesarios (están siempre en el camino del aprendizaje) son obstáculos que se deben reconocer y analizar para su posterior transformación en un saber psíquico, un saber hacer en el momento preciso. Equivocarse es un arte, rectificar pertinentemente también para que lo grupal produzca otro destino en cada balón. La prepotencia del que no quiere o no reconoce sus errores solo le lleva al aislamiento, pobreza y mezquindad.

Cuando el error se repite, se hace síntoma y hay que intervenir.

No hay nada natural en el planeta, la naturaleza también es artificial, todo se ha construido. Freud nos ofrece un ejemplo didáctico: cuando queremos conocer las tres provincias del aparato psíquico: Inconsciente, Preconsciente y Conciencia, no coinciden exactamente con funciones precisas del Super Yo, Ello y Yo, pero no tenemos ningún derecho a esperar que así sea, y para ello nos acerca una comparación, sabiendo que las comparaciones no resuelven nada, pero pueden orientarnos. Escribe: "Imaginemos un territorio de configuraciones muy variada: montes, llanura y lagos, en el que habitan alemanes, magiares y eslovacos, dedicados a actividades muy diferentes.

La distribución de los elementos podría ser tal que los alemanes habitaran los montes y se dedicaran a la ganadería; los magiares poblaran las llanuras y se consagrasen al cultivo del trigo y los eslovacos moraran en las márgenes de los lagos y vivieran de la pesca. Si esta distribución fuera precisa y exacta sería comodísima para la enseñanza de la geografía, pero lo más probable es que el viajero que atraviese esas zonas hallara en ellas menos orden y más mezcla. Los alemanes, los magiares y los eslovacos viven confundidos entre sí; en los montes hay también tierras de cultivo, y en la llanura, pastos. Sin embargo es tal y como se esperaba, pues en las montañas es imposible encontrar pesca y en el agua de los lagos no crece el trigo".

Separarse de uno mismo, al ocupar la función que el club te asigna, produce un descentramiento de lo afectivo, evitando que se contaminen los productos laborales en el tiempo de producción de tal manera que lo entrenado se ponga en escena en el partido, que la táctica sostenga al equipo y la improvisación de cada talento juegue libre sobre el césped en cada futbolista. Aceptar que eso que no nos gusta de nosotros mismos nos pertenece, es beneficioso para el desempeño de un Directivo.

A veces los lideres, generan inseguridad en los otros, por no saber esperar, por precipitarse en la toma de decisiones, por no escuchar la demanda de los pupilos.

Para aprender a escuchar hay que "jugarse", conocer el tiempo psíquico como diferente del tiempo del reloj, por eso hay situaciones que pasan tan rápidas y otras se hacen eternas, habiendo transcurrido el mismo lapso temporal.

Cuando estamos entrevistando al candidato para un puesto de trabajo en la empresa, ya sea un agente que nos trae información, un entrenador del fútbol base o un directivo para poder escucharlo, debemos quitar los prejuicios de la puerta de entrada, no hay que precipitarse en pretender llegar a un acuerdo en la primera entrevista. Las primeras imágenes y palabras del otro nos pueden molestar o gustar y debemos saber que ahí se están poniendo en juego las Identificaciones psíquicas, donde el otro (a modo de espejo) es alguien que despierta en cada uno, aquello que nos gusta y también lo que se rechaza de uno mismo.

No es con los ojos de la cara con lo que se ve, ni con las orejas que se oye, sino que son los ojos y las orejas de la ideología los que ven y escuchan. Construir una mirada y una voz en los directivos es posible por el deseo grupal del proyecto deportivo.

Lo que se desea son deseos. Si ocupamos una posición adecuada y deseante, con alegría, tolerancia y humildad, se despiertan deseos de conversar en el equipo, de implicarse y colaborar; pero si entramos en conflicto con la empresa, el compañero o el entrenador (inconscientemente recibe las dudas) y eso genera desconfianza.

Cuando es el amor lo que nos une, se genera odio y violencia.

Cuando es el deseo lo que nos une, "nos pone" en relación con otros deseantes.

En el amor, es la envidia y los celos lo que comanda mientras que en el deseo, lo que comanda son la admiración y los pactos.

Para poder escuchar hay que aprender y saber tolerar la incertidumbre.

La tolerancia y la paciencia son fórmulas invencibles en cualquier equipo.

Hay negociaciones que se estropean a última hora por la intolerancia a los finales o por la angustia de pretender concluir rápidamente. Y ello es debido a que negamos el movimiento progresivo que la vida tiene hacia un final seguro, hacia el pago de una deuda con la especie por ser deudores de una muerte segura a la naturaleza.

A veces se trabaja bien e intensamente pero acontecen problemas con las últimas asignaturas, con los finales, con la puntuación y ahí se angustia el sujeto, pudiendo terminar huyendo o arremeter contra los proyectos y estropear sus relaciones.

Otra situación que puede generar angustia es cuando surgen afectos hacia los compañeros de trabajo que perturban las relaciones del equipo.

Para ir concluyendo rescatar que hay tres cosas que generan deseos, interés y atracción en los humanos: la mirada, el habla y la escucha.

Cuando nos sentimos mirados, cuando alguien nos habla y sobre todas las cosas cuando nos sentimos escuchados es cuando más deseos se genera.

Con respecto a LAS SUPERSTICIONES, decir que no hay casualidades, hay causalidad. Existe el azar, pero tiene leyes, nada ocurre en el hombre porque sí.

Todo lo que sucede en el Departamento de un equipo de fútbol es para algo o para alguien. El fútbol es un paradigma cultural y grupal, por eso que lo estudian y lo investigan los preparadores físicos, médicos, abogados, informáticos, fisioterapeutas, psicólogos, periodistas, dentistas, psicoanalistas, arquitectos, ingenieros, sociólogos...

El deseo inconsciente, aunque no se reconozca, es el mejor aliado del sujeto.

Es cierto que hay personas que prefieren creer en el mal de ojo, los gatos negros, el número trece, el color amarillo, la mala o la buena suerte, pero debemos saber que en estos casos, el sujeto no toma una actitud participativa en lo que le sucede y prefiere poner fuera de sí, los sucesos de la vida en lugar de implicarse.

Sabemos que en la historia de la civilización hemos atravesado estructuras de pensamiento de larga duración como el pensamiento mágico-animista donde nace la superchería, y como el sujeto lo hereda todo, sabemos también que cada cual tiene la edad de sus prejuicios.

La humanidad no vive jamás por entero en el presente, de modo que en las ideologías del Súper Yo perviven el pasado, la tradición racial, nacional, y solo ceden muy lentamente a las influencias del presente, desempeñando en la vida de los hombres mientras actúan por medio del Súper Yo un importante papel, independiente de las circunstancias económicas.

EL GRUPO ES EL ALMA, LA MÁQUINA DEPORTIVA, DEL EQUIPO

Un grupo es psíquico y social, es decir es una reunión de individuos que han introducido a una misma persona o ideal en sus respectivos Súper Yo, y que, a causa de esta comunidad se han identificado unos con otros en su Yo. Fórmula, nos enseña Freud, que sólo sirve para aquellos grupos que tienen un líder. Y esto es un grupo, y si hay grupo hay equipo. Un grupo anhela el triunfo, la victoria y siempre es más grande, fuerte y poderosa que un sujeto solitario o un genio aislado.

No todos están preparados para el éxito y el prestigio. Debemos saber que hay tendencias sufridoras en la personalidad, de modo que no todos queremos afrontar más beneficios, más trofeos, superar record, ganar más dinero, ya que con ello se transformaría la personalidad. Es más fácil cambiar de sexo que cambiar de clase social, y esto a su vez es más sencillo que cambiar de barrio. Hay un gran temor en el sujeto a volverse tiranos, soberbios, dictadores y despertar la envidia ajena o la propia. Porque uno también puede envidiarse así mismo. Puesto a envidiar el sujeto puede envidiarlo todo. A veces no se quiere ganar más para no compartir o no reconocer haber sido ayudado.

Estas notas son un primer acercamiento a conocimientos básicos para un Director Deportivo en el desempeño de sus funciones. Quedan otros temas estructurales por desarrollar como son:

FUNDAMENTOS TEÓRICOS EN LA DIRECCIÓN DEPORTIVA

La ley del deporte. El reglamento del juego. Prensa deportiva. Fútbol base. Mujer y deporte. Organigrama del club. Liderazgo.

EL GRUPO, EL EQUIPO Y EL CLUB DEPORTIVO

Producción del grupo. Construcción del equipo. El grupo, alma del equipo. El líder, el capitán, el vestuario. La afición y la familia.

PSICOANÁLISIS Y MEDICINA DEPORTIVA

Metabolismo y Libido. Las lesiones musculares. Dopaje.
Lo físico, lo táctico y lo psíquico. El entrenamiento invisible.

PSICOANÁLISIS Y FÚTBOL

Los pactos. El fútbol compromete. El fútbol como paradigma grupal.
Los afectos y la personalidad en el vestuario, el palco y la grada.

CAPÍTULO OCHO
FÚTBOL AFICIONADO

En este capítulo desplegamos la competición del fútbol aficionado en un club de la segunda regional madrileña durante la temporada 2014-2015.

Mostramos el método grupal de trabajo con los jugadores, técnicos, directivos y aficionados. El Método nos permite escuchar los mecanismos psíquicos que intervienen en el grupo deportivo y con ello la posibilidad de construir un equipo más competitivo a través de la interpretación psicoanalítica. Escucha poética e interpretación psicoanalítica conforman la escritura de un liderazgo.

Los antecedentes de este equipo (temporada 2012-2013) los pueden encontrar en el libro "Club Deportivo Grupo Cero" –nacimiento, record y ascenso–.

COMIENZA LA TEMPORADA 2014-2015
PRIMERA JORNADA (14 de septiembre de 2014)
C. D. SPORTING SAN MARTÍN — — — — — — — — — 1
C. D. GRUPO CERO — — — — — — — — — — — — — 2

Comenzó la temporada 2014-15 en la Segunda Regional de la Federación Madrileña de Fútbol. Encuadrados en el grupo 6, disputaremos el campeonato un total de 18 equipos.

El grupo se incorporó en agosto al trabajo de planificación y entrenamientos con algunos partidos de pretemporada. Se construyó un plantel de 20 jugadores, con el que arrancamos nuestro tercer año de existencia en las competiciones de la FMF.

En su fundación, el club parte de tercera regional; el primer año ascendimos a segunda en donde quedamos los cuartos en la pasada temporada y, en ésta, haremos lo posible por seguir disfrutando del fútbol y ascender; ganar el campeonato también forma parte del proyecto deportivo.

No hay dos sin tres!! exclama la afición del C. D. Grupo Cero que, una vez más, nos acompañó alentando al plantel de jugadores y cuerpo técnico. Sabemos que cuando gana el equipo, ganamos todos y en la derrota, todos perdemos. Lo más importante del equipo, reside fuera del equipo.

El domingo, los futbolistas suplentes jugaron su papel desde el banquillo y sobre el terreno de juego, lo grupal, hizo titulares a los veinte jugadores de la plantilla, todos presentes en el campo y cada uno en su función. Hoy quiero destacar al mister, Roberto González, por el planteamiento táctico del partido: "jueguen para divertirse, aunque nos marquen gol, nosotros sigamos jugando con balón al fútbol". Esta consigna lanzada en el vestuario, lejos de anticipar nada, es uno de los fundamentos del proyecto deportivo para construir cada victoria.

Después de unos minutos de juego donde se mostraron todas las imprecisiones y nervios iniciales necesarios, el equipo empezó a tocar el balón a dos toques en el centro del campo y presionar arriba al rival.

El equipo ha ganado en altura y rapidez, con respecto a los dos años anteriores y conservamos el buen trato técnico con el balón. Los errores cometidos en la última campaña, nos hacen prestar más atención al compañero en toda acción del juego, sin ser tan individualistas. Algún obstáculo yoico, se ha sorteado. El grupo juega de nuevo.

El fútbol compromete y los jugadores pusieron el cuerpo grupal en escena, es decir el deseo y la cara. Ganamos los tres primeros puntos. Iremos afinando el equipo con los sucesivos entrenamientos y partidos.

En un precioso paraje en Morata de Tajuña, escuchamos en la grada del estadio, cantar nuestro el himno el del Grupo Cero!!!!

Felicidades a todos.

SEGUNDA JORNADA (21 de septiembre de 2014)
C. D. GRUPO CERO — — — — — — — — — — — — — — - 2
C. D. FORTUNA "B" — — — — — — — — — — — — — — - 0

La experiencia no otorga ningún saber, cada partido de fútbol es un encuentro nuevo, insospechado e inesperado en la competición. Tolerar la incertidumbre antes del partido y el goce del después, produce un saber deportivo que sólo se puede compartir, no se puede exportar ni regalar, se puede grupalmente compartir. Por eso que todas las fantasías en los jugadores, prensa o aficionados de quién será titular, suplente o no irá convocado, son nociones donde lo individual pierde siempre frente al concepto grupal.

Era el debut en casa y todo encuentro con lo nuevo, entraña una satisfacción y un matiz de hostilidad inconsciente. La satisfacción puede detener el crecimiento del equipo, la hostilidad instala los mecanismos de defensa e inhibición necesarios en el encuentro con el otro semejante, ya sea, auxiliar, compañero o rival deportivo.

Así comenzó el partido con buen juego en defensa, sacando el balón con dos toques y circulando con apoyos en el centro del campo, hasta llegar al área rival, donde la inhibición se apoderaba del equipo frente al gol; ello a la vez permitió leer desde el banquillo la complejidad del partido.

Los puntos se ganan sobre el terreno de juego, los campeonatos se ganan desde el banquillo y la competición se genera desde el proyecto deportivo. Actividades todas ellas posibles y diferentes por la tarea inconsciente que comanda en el grupo.

Jugar al fútbol hasta alcanzar la humildad grupal del que sabe aceptar la táctica del equipo y las indicaciones del cuerpo técnico para crear un estilo de juego en donde jugar sea crecer, es una tarea tan inconsciente como gratificante es la victoria.

Los compañeros, los aficionados, los directivos, los rivales son necesarios en toda competición y ante los obstáculos que aparecen, se puede pretender cambiar al otro (entrenador, compañero o rival) o transformar la manera de relacionarse con ese otro.

No es fácil alcanzar la victoria y más difícil, aún, permitirse el goce del triunfo y continuar entrenando, creciendo y ganando.

Queremos insistir en la importancia de la formación de los directivos y de los árbitros en la función que desempeñan con respecto a la autoridad que representan. No debemos confundir la fuerza con la ley, la autoridad con el poder y la palabra hablada con la escrita. No es fácil dirigir ni legislar, tal vez por ello la formación de estos profesionales (también en el futbol aficionado) debe considerar la diferencia entre los conceptos teóricos y las nociones ideológicas que dirigen el pensamiento deportivo.

Volvimos a escuchar en nuestro estadio las canciones del ¡¡Grupo Cero, Grupo Cero!! y pudimos dedicarle una victoria al Presidente Honorífico del Club, don Miguel Oscar Menassa por su 74 cumpleaños.

Aupa el Fútbol y Viva La poesía!!!

TERCERA JORNADA (28 de septiembre de 2014)
C. D. GRUPO CERO — — — — — — — — — — — — — — 1
C. F. INTER DE VALDEMORO — — — — — — — — — 0

Máxima tolerancia y límites precisos son necesarios en todo proyecto deportivo para disputar el campeonato liguero. La mirada y la voz del equipo son, por grupales, productos del deseo y no responden a demanda alguna de amor, de odio o de ignorancia futbolera.

La letra sostiene el cuerpo del equipo y a las palabras se las lleva el viento de la opinión. Sabemos que la letra, los puntos, señalan el criterio deportivo. La letra es saber inconsciente que puntúa al equipo. La palabra siempre es ambigua y como instrumento de conocimiento sirve para la comunicación de nociones. La palabra es razonable, la letra es deseante.

Éste domingo el equipo realizo un gran trabajo y el único gol marcado en la segunda parte decidió un encuentro en el que supimos manejar los tiempos en la producción de la victoria.

Es muy difícil leer un partido: saber mover el balón hasta producir el tiempo del pase al compañero desmarcado, saber mantener las marcas y el dibujo táctico, saber esperar para realizar los cambios, saber defender e inclinar el campo en el momento preciso, saber aguantar con tarjetas y soportar una nueva victoria sin cesar de entrenar.

Tres partidos jugados y los tres ganados, nos sitúan colíderes con cinco goles a favor y uno en contra. Los números cantan y la palabra es engañosa, pero la letra no; la letra es nivel del deseo inconsciente y determina cada palabra. Tal vez un ejemplo proyecte sombras ante la claridad de las opiniones.

Ejemplo: las matemáticas no se entienden, se estudian, se aplican pero no se puede entender y el que pretende entender no avanza en las matemáticas, pues bien el psicoanálisis tampoco se puede entender. Ambas ciencias (matemáticas y psicoanálisis) son del orden de la letra, son puro significante y como significante representan al sujeto para otro significante, es decir, ahí se encarna la división del sujeto y desde la división la posibilidad de sumar manzanas y peras o pensamientos y amores o fútbol y goce.

En el fútbol no hay nada que entender. El fútbol se juega, se estudia, se entrena, se filma, se goza o sufre, pero no se puede entender. El fútbol es nivel de letra, es puro significante grupal, por eso acuño Vujadin Boskov: "fútbol es fútbol".

Hay equipos de fútbol que son más demandantes y otros son más deseantes. Los equipos deseantes prefieren lo bueno por conocer a lo malo conocido. La energía grupal del equipo no desaparece, se transforma, se distribuye según sea necesaria para el mejor funcionamiento en el desarrollo del partido. La distribución libidinal (energía psíquica) que permite el grupo, puede construir un equipo de fútbol que además de ganar los partidos genere un buen fútbol, como sucedió el domingo.

Felicitamos a la totalidad de la plantilla, cuerpo técnico, directiva y afición que supieron jugar, cada uno, desde su función.

CUARTA JORNADA (5 de octubre de 2014)
ATLÉTICO CLUB DE SOCIOS — — — — — — — — — — 1
C. D. GRUPO CERO — — — — — — — — — — — — — 2

Cuarta victoria consecutiva que nos aupa al primer puesto en la clasificación con 12 puntos, 7 goles a favor y 2 en contra.

La entrega de los jugadores a los significantes del proyecto deportivo, y no a las personas, permite que se despliegue un fútbol grupal y estético para los aficionados.

Los pactos posibilitan la movilidad del sistema táctico en el devenir del partido, permitiendo el oleaje preciso del ataque y el acordeón defensivo para construir el juego estratégico y singular de cada jugada.

Cuando el equipo abre el campo, se despliegan las bandas "celestes" creando el tiempo de la rapidez donde mover el balón sin prisas. La rapidez grupal cede el balón al compañero con precisión; las prisas individuales confunden los colores, dejando desprotegida la espalda del cuerpo grupal o haciendo infructuosa la jugada de gol.

Entrenar para alcanzar la humildad de la disciplina grupal en el club, es tarea de todos, de todos los que deseen formar parte de la poética historia en un club de fútbol.

Una vez más, éste domingo nos acompañó gran parte de la afición y aquellos seguidores que no pudieron acudir, nos dejaron sus mensajes de felicitación nada más terminar el partido. Cada vez somos más, las miradas sobre los resultados del equipo florecen en la prensa deportiva, en los despachos de la federación y en las celestes almas de nuestros socios, cuerpo técnico y plantel de jugadores.

No olvidamos el fútbol base como la base del fútbol y por ello seguimos trabajando los criterios que así consideramos deben estar presentes, porque ¡¡poron pom pom al Grupo Cero le gusta el gol!!! Es decir la formación de los directivos y el fútbol femenino forman parte, como la cantera, de la base del fútbol.

Y para concluir, rescatar algunas frases sobre las lesiones musculares en los futbolistas:

Las grandes Escuelas de Medicina Deportiva coinciden al destacar, que en toda lesión muscular, uno de los tres grandes factores que intervienen en el mecanismo de producción de la lesión es el propio deportista. El llamado "entrenamiento invisible" y "el estado de ánimo del practicante" inciden directamente tanto en el proceso de la lesión como en el pronóstico. Por eso que la escucha psicoanalítica alcanza un alto poder de resolución sobre estos casos.

En toda contracción muscular intervienen filamentos proteicos de actina y miosina deslizándose en las fibrillas musculares, mecanismos de condensación y desplazamiento, regulación de la placa motora, intercambios iónicos... es decir: en todo y cada uno de los movimientos, ya sea para iniciar una carrera, saltar o frenar, siempre intervienen una serie de mecanismos psíquicos, factores fisiológicos y sustancias químicas sobre el músculo esquelético.

Las "decisiones conscientes" en el deportista se producen inconscientemente, siendo el efecto último: un movimiento de alta precisión (dribling), otras veces una torpeza manifiesta (resbalón) o la lesión muscular resultado de un conflicto.

QUINTA JORNADA (12 de octubre de 2014)
y (7 de diciembre de 2014)
C. D. GRUPO CERO — — — — — — — — — — — — — — — 0
C. F. SAN JUAN ZARZAQUEMADA — — — — — — — 0

Partido suspendido por lesión muscular del árbitro, en los isquiotibiales de la pierna derecha, a los cinco minutos de la segunda parte. El resultado en ese momento era de empate a cero. Ante la imposibilidad de sustituir al árbitro se declaró suspendido el encuentro.

El C. D. Grupo Cero dominaba el centro del campo y la posesión del balón sin poder traspasar la doble línea defensiva del rival.

En fechas próximas se continuará el partido. Aprovechando la crónica de hoy para dejar algunas pinceladas sobre la Salud Deportiva de todos los agentes que participan en el fútbol. La "salud como producción" es un concepto que lo descentra de la dicotomía médica que sume en un maridaje la salud con la enfermedad. Este concepto de salud no recupera ningún estado anterior, sino que produce un sentido nuevo.

Sabemos que la ideología del estado nos transmite que "más vale lo malo por conocido que lo bueno por conocer" y esta transmisión se realiza inconscientemente.

Así como la medicina trata la enfermedad, el psicoanálisis atiende la salud desde el inconsciente. Por ende podemos acuñar que el Psicoanálisis y la Medicina trabajan en la formación del especialista. Y cuando un psicoanalista se ocupa de su salud, también se ocupa de la salud del grupo de trabajo y por transmisión ideológica de la población en general.

Un sujeto social transforma la realidad en todos los casos. En el caso que nos incumbe la realidad deportiva en su vertiente de salud. Por ejemplo para poder producir salud se debe aprender a sustituir y toda sustitución implica un duelo, el duelo de retirar la ignorancia como pasión del ser y sustituirla por un saber. También se debe distinguir en toda enfermedad: la estructura base de toda dolencia de la estructura de fachada con la que se presenta y los criterios de salud posibles a ser producidos en todo tratamiento.

Una triada debe dirigir el tratamiento en toda lesión deportiva:

a) la distribución libidinal ya que el estancamiento es doloroso e inmoviliza al sujeto.

b) la presencia de lesión funcional o lesión orgánica y

c) la elaboración de los estímulos somáticos y psíquicos, ya que todo estímulo, sea interior o exterior, debe ser elaborado por vía somática y/o vía psíquica. A veces hay dificultades en la elaboración de los estímulos dándose estancamientos de la libido o elaboración somática cuando correspondía que fuese psíquica la vía utilizada.

Las lesiones deportivas comprenden todos aquellos aspectos que dificultan el desarrollo deportivo de lo entrenado, así deben ser escuchados y tratados desde los vértigos, nauseas, angustia o insomnio hasta las lesiones musculares ya se traten de microroturas o graves desgarros, roturas de ligamentos, fracturas, heridas y quemaduras. Y en cada lesión deportiva se debe escuchar la estructura de base, la estructura de fachada y la salud del deportista.

Pdta: la segunda parte del partido se jugó el domingo 7 de diciembre y concluyó con empate a cero goles. Los errores del comité nacional de árbitros impidieron alinear a los equipos el once entrenado para la ocasión. Días antes preguntamos a la federación y por escrito autorizaban a jugar a todos aquellos jugadores fichados y no expulsados antes del encuentro; pero el árbitro sólo permitió alinear a los que figurasen en la convocatoria del 12 de octubre.

Las indicaciones contradictorias que por escrito circulaban de los 43 minutos de juego fueron un despropósito, un equipo no quería perder y el otro un supo ganar.

SEXTA JORNADA (19 de Octubre de 2014)
C. D. EL CHULETÓN PANADÉS ————————— 0
C. D. GRUPO CERO ————————————— 4

Ningún acto deportivo se puede repetir de manera idéntica. Lo que se repite es el encuentro fallido con lo real, es decir, el encuentro con lo imposible e irrealizable del deseo grupal en cada jugada. Y aún sabiendo que nunca alcanzaremos la perfección, el equipo ayer realizó un partido de fútbol de alto nivel.

En la primera mitad los jugadores desplegaron un trabajo encomiable sobre la defensa rival, estudiando sobre el terreno de juego las vías de acceso para ganar el partido. En la segunda mitad el equipo demostró que los partidos se ganan por los pequeños detalles y que en el fútbol no hay un discurso fuerte, sino un discurso débil y así terminaron goleando a un rival muy serio.

La afición, cantó el ¡¡porom pom pom al Grupo Cero le gusta el gol!! y jaleó con pompones celestes a los jugadores que estrenaban indumentaria nueva.

No es fácil ganar, más difícil es golear jugando un buen fútbol y en el C. D. Grupo Cero se está generando un estilo grupal: jugar y divertirse, ganar y estudiar, jugar y seguir entrenado, caer y levantarse, jugar y ganar y volver a ganar.

Estamos construyendo una salud deportiva con nuestro método grupal: poesía y psicoanálisis. Producimos una salud por considerar que tanto jugadores y técnicos como directivos y afición son capaces de desplegar en la escena deportiva una realidad psíquica en la que el cuerpo no sea un obstáculo para jugar, en donde el balón circule con la rapidez y precisión de las letras, en donde la imaginación y la capacidad creativa se produzca entre todos. Una salud deportiva que considera lo inconsciente de toda lesión, en especial las lesiones musculares. Una salud deportiva cuya orientación vocacional se entrena en grupo. Una salud que asesora y forma a los directivos, conversa con la afición, estudia y escribe.

Don Miguel Oscar Menassa, nuestro Presidente Honorífico, nos dice: "estoy encontrando el camino de la poesía. Habrá varios que trabajen para mí y yo escribiré para todos".

Seguimos trabajando para el próximo partido y escuchando la demanda que el fútbol nos realiza. Renunciamos al poder para acceder a la verdad y contamos contigo si quieres asociarte al equipo desde 10 euros al mes.

JORNADA SÉPTIMA (26 de Octubre de 2014)
C. D. GRUPO CERO — — — — — — — — — — — — — 8
AT. TRABENCO ZARZAQUEMADA — — — — — — — 1

El deseo de golear no es confesable, es interpretable. El deseo siempre circula entre las palabras, entre las jugadas, entre los pactos y no en las palabras, en los pies del futbolista o en la pizarra del entrenador.

Un equipo grupal sabe que durante siglos el hombre era la medida de todo y todo pensamiento era geométrico y medible. Con el psicoanálisis descubrimos que somos juguetes de nuestro pensamiento, es decir que dejándonos producir por el deseo grupal, jugamos y conseguimos más allá de lo imaginado.

En la soleada mañana del domingo el equipo dispuso del balón para jugar al fútbol frente a un rival defensivo, llegando al descanso con una ventaja mínima de 2 a 1. No es fácil marcar 8 goles y como sabemos que la lastima es un prejuicio moral, los jugadores trenzaron jugadas con la precisión del imaginario universal poético, marcando el arco del rival como el abrazo grupal de cada gol.

Seguimos trabajando y creciendo con la libertad que el proyecto deportivo nos permite. Los deseos suman puntos para aupar al equipo en las primeras posiciones de la clasificación. No necesitamos nada que no sea el deseo de colaborar con pertinencia y pertenencia al equipo. Sabemos que cuando no se busca la causa del fútbol, nace la ciencia que pone mirada y voz al gol.

Nuestro Presidente Honorífico, don Miguel Oscar Menassa, muy contento por la nueva temporada del equipo nos dice: "Estoy barajando la posibilidad de crecer en dirección a la grandeza. No envejecer del todo pero, tampoco, quedarme joven del todo".

Queremos nombrar a cada uno de los jugadores que conforman la plantilla actual del C. D. Grupo Cero con sus dorsales correspondientes:

Con el 1 Robles Martínez, Oscar
Con el 3 Gil Robles, Sergio

Con el 4 Real Rosillo, Victor (Chip)
Con el 5 Boukanoun Auhammi, Hicham
Con el 6 Motto Lobede, Juan Elpidio (Nanin-Elpi)
Con el 7 Fernández Guiseris, Víctor
Con el 8 Fernández Guiseris, Alejandro
Con el 9 Clemente Moreno, Cristian (Clemen- Chino)
Con el 10 Chele Ebuera, Héctor
Con el 11 Molina Jiménez, Raúl (Ruly)
Con el 13 Lucuix Pacheco, Sergio (Luky)
Con el 14 Pérez Benito, Héctor Manuel
Con el 15 Joao Cruz, Antonio Carlos
Con el 16 Romo Arrivas, Javier
Con el 17 Hammadi Hammadi, Achraf
Con el 19 Cintas Borrego, Carlos (Carli)
Con el 21 Pola Lopete, Francisco Javier
Con el 22 Rodríguez García, Raúl
Con el 23 Arias López, David
Con el 99 Harbouli Nassiri, Karim

Roberto González es nuestro entrenador y Domingo Vicente López nuestro ayudante.

OCTAVA JORNADA (2 de noviembre de 2014)
A. D. ANCORA ARANJUEZ —————————— 0
C. D. GRUPO CERO ————————————— 1

Vivimos y jugamos en el lenguaje. Es decir, el lenguaje universal cuyas avenidas recorremos jugando al fútbol, con el incorruptible balón, nos permite articular: poesía, pasión, deseo y psicoanálisis en defensa, con un centro de campo dirigido por el proyecto grupal del trabajo, por las bandas deportividad y goce, en la delantera imaginación y fantasía forman parte de la alineación que cada domingo salta a jugar en el C. D. Grupo Cero.

Una mañana de tibio sol nos recibió en la bella Aranjuez. Enfrente un rival serio con el que cruzamos victorias y derrotas el año pasado. En el vestuario jugadores y cuerpo técnico se jaleaban continuamente, recordando el mister antes del encuentro: ¡¡Salgan a jugar como saben y diviértanse!!

Cada partido es el nuevo lienzo del tiempo grupal: representación clásica de las credenciales en la posición de salida, primeros marcajes y escarceos para comprobar el sistema táctico, fluidez en los movimientos de todas las líneas y una vez que todos los jugadores tocaron el esférico se comienza a construir la jugada de gol. El tiempo de producción se puede acortar en base a los pequeños detalles: lapsus o despistes del rival en el marcaje o el pase del balón.

El equipo busca el balón, sabe defender desde la delantera y sabe atacar hasta el portero. Un estilo está conformándose en el equipo. No es fácil adquirir un estilo y respetarlo, por ejemplo: el equipo se construye en cada partido desde la defensa y una vez realizado el acordeón de acoplamientos y líneas del fuera de juego, entran en liza los instrumentos de percusión, es decir la medular con movimientos de emboscada o como carpinteros de la intuición, hacen posible la llegada al área rival de los mejores poetas del fútbol para hacer el gol.

Se marcó un gol en jugada por la banda izquierda con vaselina al portero. Lo marcó el dorsal número 5 del equipo y traigo el detalle por ser efecto, y no causa, del proyecto grupal. Es una anécdota grupal: hace tres partidos a nuestro número 5 le otorgaron, por error, dos goles que realizo otro compañero; en el penúltimo partido el 5 realizó tres goles y en este partido volvió a marcar el dorsal 5 siendo otro compañero el que lo portaba. Los goles son grupales.

Nos dice nuestro Presidente Honorífico, don Miguel Óscar Menassa: "Hacia una vejez sin dogmas significa, para mí: escribir, escribir, amar, amar, jugar, jugar, es decir, la vejez queda asegurada en una forma de declinación".

De las ocho jornadas disputadas, el equipo ha ganado siete partidos, llevamos 20 goles a favor y con solo 3 en contra, somos la escuadra menos batida. Con 21 puntos en la clasificación ocupamos los primeros puestos con un partido menos.

Porom pom pom al Grupo Cero le gusta el gol!!!

NOVENA JORNADA (9 de noviembre de 2014)
C. D. GRUPO CERO — — — — — — — — — — — — — —- 4
C. D. CENTELLA — — — — — — — — — — — — — — —- 0

Confianza le tenemos al método de trabajo, al proyecto que nos dirige y a la idea que nos lidera. Ganar, ganar, ganar y volver a ganar es diferente cada vez.

El partido lo comenzamos con un gol a los tres minutos de partido y en los diez siguientes una expulsión en el rival y dos lesiones, una por cada bando, generó una primera parte sin la pausa necesaria, carente de trama en el proceder de cada jugada y sin la puntuación precisa que como mínimo arrancara los aplausos del nutrido público que nos acompañó en el partido.

Al descanso un 3 a 0 dejaba el partido encarrilado. Dos cambios en jugadores amonestados con tarjeta amarilla y la vecina melancolía pintaron una segunda parte gris.

Los amantes del buen fútbol reconocen la trayectoria de nuestro equipo. Hoy dormimos cómo líderes en solitario con dos puntos de ventaja y un partido menos.

Queridos aficionados: liberamos su energía psíquica, si desea soñar en voz alta y cantar los goles del equipo celeste ¡¡Compruébalo tu mismo!! canta la letra de nuestro himno.

El que pan cena sin hambre sueña que marca y todos los partidos gana. Sin embargo no es fácil producir la costumbre del triunfo en un equipo para volver a ganar. El público pidió más fútbol y más goles en la segunda parte y, empezó a cantarle a los jugadores: ¡¡porom pom, porom pom, al Grupo Cero le gusta el gol!!! Y llegó el cuarto ya sin sol en la tarde dominguera de la patrona madrileña.

Mentimos al rival respetando el reglamento, es decir, regateamos con la cintura y, jugando el balón, un orden simbólico se instala en cada jugada. Al fútbol, la buena fe y el engaño juegan, por eso la mentira sólo existe después de la verdad del resultado y ahí, lo que sucede en el terreno de juego, se queda en el terreno de juego.

Cuando un jugador está atenazado o juega cohibido, algo habla en su cuerpo y nadie le puede otorgar la confianza grupal necesaria, sino dispone su libertad hablando. De los técnicos y directivos, en su función, podemos decir lo mismo.

Hay una debilidad mental en el fútbol, que no es deportiva, es moral. Ejemplo: el proyecto grupal se encuentra en su tercer año de existencia, en pleno proceso de habitar la competición liguera y construir, del Club Deportivo Grupo Cero, un referente en la Federación Madrileña de fútbol.

Seguimos dibujando sobre el césped, las metáforas del sujeto y el errático deseo de jugar con la pelota un futbol de primera. Pueden contar con nuestro proyecto.

Aúpa la poesía y viva el fútbol!

JORNADA DÉCIMA (16 de noviembre de 2014)
A.D. NORTE — — — — — — — — — — — — — — — — — — — 2
C. D. GRUPO CERO — — — — — — — — — — — — — — 3
Remontar el resultado adverso es una propuesta de la mente. El domingo perdíamos por 2 goles a 0 y así alcanzamos el descanso. En balompié los duelos individuales no existen y, cada vez que algún jugador quiere sólo frente al rival, sucede lo mismo que cada vez que un entrenador, directivo, aficio-

nado o técnico quiere ganar individualmente el partido. Lo individual no es defecto ni virtud, es un recuerdo infantil con los reyes magos del balón que nunca le gana a nadie.

Cuando jugando al fútbol se produce un error, una grieta de verdad late en el equipo, un saber futbolístico se produce en la próxima jugada, si hay grupo.

El domingo 200 espectadores presenciaron el gran espectáculo de remontar el marcador jugando un gran partido de fútbol en la segunda parte. Así los propios rivales y el árbitro dijeron: "perder contra un gran equipo duele menos" o "han jugado muy bien y se han ganado los tres puntos".

Los títulos son un beneficio extraordinario al competir en buena lid.

Felicitaciones y gracias a todo el plantel de jugadores, junta directiva, cuerpo técnico y a la maravillosa afición que volvieron a cantar ¡¡¡Porom pom, pom… porom pom, pom al Grupo Cero le gusta el gol!!!

Aprovecho para agradecer las diferentes reflexiones deportivas que nos acercan los lectores en la crónica de cada jornada. Sería bueno que otros se animaran a escribir sobre el tema.

Y si alguien se pregunta ¿qué pasó en el vestuario durante el descanso del partido?. Recordamos en el vestuario las herramientas del método grupal: poesía y psicoanálisis como propuesta para jugar al fútbol. Por eso el mister realizó un cambio táctico que generó la confusión en el rival y una vez tomada las playas del área contraria, sacó del banquillo a los rematadores precisos hasta empatar el partido a diez minutos del final. El equipo quiso más, versando con el balón frases completas de una banda a la otra en un campo estrecho.

Los dos goles recibidos fueron fallos tan ofensivos como defensivos, lapsus grupales y los tres goles marcados los materializaron jugadores de equipo.

Leyendo poesía antes de dejarme escribir me encontré con un aforismo de don Miguel Oscar Menassa "No pierda una vez más su posibilidad. La historia no espera ni perdona. Porque esperar y perdonar sólo le interesa a Dios y no a la historia del Hombre.

Aúpa la Poesía y Viva el Fútbol manque se pierda!!!

JORNADA ONCE (23 de Noviembre de 2014)
C. D. GRUPO CERO –––––––––––––––– 6
C. F. TORREJÓN de la CALZADA "A" –––––––- 1

Otra victoria más y no se trata de entender. ¿Cómo es posible que un equipo de fútbol aficionado, despliegue un fútbol tal que enamore, también, a la afición rival? Podríamos exagerar o inventar el humo, también podemos desplegar los resultados en estos dos años y algunos meses desde que se fundó el club. Pueden revisar los datos. ¡Compruébalo tú mismo!

El Real Madrid quiere festejar su 15 victoria consecutiva, nosotros llevamos 18 (los 8 últimos partidos de la anterior temporada y 10 de la actual) está escrito se puede leer. Y sin embargo sólo anhelamos trabajo, techo y comida para todos y algún verso, porque es posible jugar y ganar y leer y cantar y crecer y cuantos más, mejor para todos.

Para otorgar hay que apropiarse primero y para ganar hay que jugar. Y sabemos que nacemos perdiendo frente a la imagen y la palabra. También sabemos que el recorrido de la pelota durante el partido es grupal, es decir las jugadas (ensayadas o no) no van por donde vuelven porque el futbolista es pura pulsión en acto.

Sin demanda, sin habla no hay deseo; con la boca no se ganan los partidos y con el culo tampoco se evitan las derrotas. La Mirada y la Voz de los protagonistas juegan con el balón, creando sobre un rectángulo imaginario el juego de la asimetría estética, la contingencia del regate ausente de reciprocidad y se despliega el trabajo del equipo en la satisfacción grupal del gol.

Es sencillo, por ejemplo el próximo lunes 1 de diciembre, impartiré la ponencia "Fútbol y Psicoanálisis" en el Curso Superior de Directores Deportivos de la RFEF en la Ciudad Deportiva de las Rozas. Les dejo alguna reflexión de la ponencia:

"El psicoanálisis es un método EFICAZ en el fútbol, deben saberlo todos aquellos dirigentes que opten a desempeñar cargos en una institución deportiva. Y ¿en qué resulta eficaz? Despleguemos la pregunta:

- En la producción de Salud Deportiva en los integrantes del equipo, tanto de los futbolistas y técnicos, como de los ex jugadores. La Salud es necesaria para usufructuar el cuerpo y el psiquismo en la competición. La salud no es lo opuesto a la enfermedad.

- Para escuchar y atender los mecanismos psíquicos que intervienen en toda lesión deportiva, en especial en las lesiones musculares. El cuerpo es el escenario de la vida deportiva y algo habla en cada lesión.

- Asesorar en la orientación vocacional y en la metamorfosis de la pubertad de la cantera, por representar el momento crucial de abandono o éxito en los jóvenes, tanto en el deporte como en los estudios. El fútbol base es la base del fútbol.

- En la producción del grupo deportivo para capitalizar en el juego de equipo lo entrenado física y tácticamente. Si hay grupo hay equipo.

- Supervisar y coordinar la junta directiva, en la que intervienen momentos de incertidumbre y angustia en la toma de decisiones: contratos, empleados, publicidad, acuerdos internacionales, fichajes, pagos, despidos, prensa...

- Y también es eficaz para el club en su labor social: premios, títulos, ascensos y descensos, peñas, aficionados, socios, museos, hospitales, historia deportiva. El fútbol es un paradigma cultural y grupal. El grupo ambiciona la historia y la Institución busca la eficacia deportiva".

Y para despedirnos hoy, agradecer el trabajo de no menos de 50 personas que colaboran en éste proyecto deportivo. Felicidades al Grupo Cero.

JORNADA DOCE (30 de noviembre de 2014)
C. D. GRIÑON "B" ————————————— 0
C. D. GRUPO CERO ———————————— 1

Ganamos sin jugar un gran partido. Ganar tal vez sea lo más importante en el fútbol. Sufrimos para ganar, pagamos con una lesión muscular y una expulsión. Estos datos se pueden leer desde el proyecto grupal, pero también se puede individualizar: hablar del árbitro, la mala suerte o buscar tres pies al gato que los tendrá pero los resultados son efectos grupales del trabajo realizado por el equipo. Llevamos once victorias en once partidos jugados este año y el domingo próximo disputamos el partido que fue suspendido por lesión arbitral en el minuto 47 de juego con empate a cero.

En este proceso deportivo de sombras, reflejos, deslumbramiento y soledades no falta el proyecto grupal que nos piensa creciendo y disfrutando en todas las direcciones, a pesar de cada "uno mismo", a pesar de cada imaginario singular. El proyecto deportivo piensa el goce abierto a la estética del deseo. Sabemos que habrá derrotas de las que nos levantaremos, victorias que dejaran un sabor agridulce y también partidos inolvidables para los integrantes del club.

La historia de los campeones siempre la escribe el futuro. Somos estos renglones de la segunda regional madrileña, los únicos renglones que han ganado todos los partidos disputados. No ambicionamos nada para lo que no estemos trabajando, son otras nuestras metas, si nos dejan queremos seguir jugando al fútbol.

Esta mañana en la RFEF, los directivos, entrenadores, jugadores, árbitros... que acudieron pidieron supervisión institucional y plantearon los obstáculos que acompaña su labor profesional. Se les dijo que un líder: escucha, escribe y eso marca las diferencias. Sufrir todos sufrimos, eso no puede ser condición de liderazgo. Gozar sobre lo vencido tampoco asegura nada, ya que la ideología del poder te hace sentir la responsabilidad por cada acción, antes de escribir.

Siempre hubo líderes, la humanidad no los olvida, esculpe grandes estatuas de bronce al aire libre de la paz para el excremento de sus palomas, inmortales estatuas de mármol bajo los techos ornamentales donde la corona o la soga circunden las ideas. Siempre hubo líderes, la humanidad no olvida ni perdona.

Sí. Estamos hablando de fútbol y ¿de qué escucha hablamos? Desplegar la cuestión es uno de los elementos que incide directamente en el proceso deportivo del equipo y la clasificación final del campeonato. Escuchar es "un hacer" inconsciente que requiere una exquisita formación por parte del líder.

El líder siempre es elegido por el grupo deportivo, al que sirve para cohesionar, siendo esa la principal función de la tarea grupal del líder, aún en soledad, pues no hay grupo sin líder y el tiempo del liderazgo es una producción que no vuelve nunca.

Tomar decisiones siempre es interpretar, hacer lecturas grupales de una realidad concreta con la incertidumbre de no poder saber nada a priori; y a la vez, mantener la responsabilidad del desarrollo y la materialización del proyecto deportivo y empresarial.

El método grupal que trabajamos nos permite pensar la escucha y la escritura en la función del líder. La escucha, esa lectura poética, sobre la realidad de la competición en donde no hay más verdad que: la escritura produce el tiempo grupal del proyecto deportivo.

Estudiar la fisiología de los afectos del deportista, la histología del músculo que con dicho afecto se modifica o las sustancias químicas que participan en la experiencia deportiva no explican el talento del jugador o cómo pudo fallar ese balón, ni la técnica en el manejo del balón, ni el mecanismo psíquico presente en toda lesión muscular, por ser fenómenos tan grupales como el gol. El líder escucha, escribe e interpreta.

Gracias a la afición que a pesar de la fría mañana en Griñon nos acompaño y a los jugadores que supieron aguantar el resultado.

JORNADA 13 (14 de diciembre de 2014)
C. D. GRUPO CERO ————————————————— 0
FEPE GETAFE "A" ——————————————— 1

Caer no es una derrota si levantarse inaugura volver a jugar. Primer partido que perdemos en el campeonato, frente a un rival que se jugaba continuar en la lucha por el ascenso.

De los 13 partidos disputados, once victorias consecutivas y en los dos últimos partidos un empate y una derrota que nos sitúan líderes en la tabla de clasificación con dos puntos de ventaja sobre el segundo y cuatro sobre el tercero, con 34 goles a favor y 7 en contra.

Jugamos un gran partido y cuando se pierde jugando bien al fútbol eso remarca, aún más, la buena temporada que el C. D. Grupo Cero viene haciendo en el complicado grupo 6 de la segunda regional madrileña.

Los directivos, los técnicos y los jugadores nos equivocamos en casi todos los partidos, los árbitros también. La reiteración del error y la pretensión de compensarlo no soluciona nada, suele generar otro error peor; anula la posibilidad de rectificación y con ello obtener el aprendizaje necesario en toda práctica deportiva.

Para una lectura productiva de la realidad deportiva, rescatamos del Presidente Honorífico del club, don Miguel Oscar Menassa, un aforismo: "La crueldad de los grupos es la crueldad de las máquinas. La programación se cumple siempre al pie de la letra".

Sabemos que las lesiones musculares, las dolencias inespecíficas, los retrasos repetidos, las expulsiones y los fallos sobre el terreno de juego son siempre grupales e intervienen en su producción mecanismos psíquicos. Y son los mismos mecanismos los que intervienen en los goles, las jugadas trenzadas, el posicionamiento táctico, la salud del grupo y el estructural apoyo de los aficionados que, en el último partido, volvió acompañarnos a pesar del frío de la mañana.

Ni caer en las alabanzas que nos regalan ni en las críticas que nos realizamos. El próximo domingo disputamos un nuevo partido, el último del año. Hemos cumplido un tercio del campeonato y deseamos competir en buena lid con nuestro estilo de juego grupal, tocando con pericia el balón construir las jugadas de gol.

A los medios de difusión hemos enviado un artículo sobre la violencia en el deporte en el que interpretamos que el fútbol no genera violencia. A los violentos no les gusta el fútbol, ni la poesía, ni la cultura grupal.

La rabia que anida en cada aficionado, jugador, periodista o directivo es de índole anal, es decir infantil, perversa e improductiva aunque sea ella todopoderosa.

Los sentimientos, las emociones sólo tienen sentido desde la mirada y la voz que cabalga entre las palabras, fluyendo por los intersticios del deporte, allí donde un proyecto deportivo nos piensa como grupo, creciendo y tolerando todos los deseos de sus integrantes.

Y si nos volvemos a dirigir a los medios de difusión es porque desde la teoría de la comunicación que rotula los titulares de la prensa, las emociones son estados anatómicos de ánimo que no transmiten nada. Sin embargo la mirada y la voz, es decir la escucha poética y la interpretación psicoanalítica son los verdaderos medios de comunicación. Transmiten lo que el pueblo desea: trabajar y jugar, salud y educación, fútbol y poesía.

JORNADA 14 (21 de diciembre de 2014)
C. F. EUROLEGA — — — — — — — — — — — — — — — — 1
C. D. GRUPO CERO — — — — — — — — — — — — — — 2

Para dar cuenta del último partido del año, partimos del libro Psicoanálisis del Líder de nuestro Presidente Honorífico don Miguel Oscar Menassa: "Estoy decapitado. Necesito para conversar un hombre decapitado. Un hombre, que tampoco se crea a sí mismo".

Sí. Estamos hablando de fútbol, del partido que ganamos el domingo. Escuchar es "un hacer" inconsciente que requiere una exquisita formación por parte del líder.

El líder siempre es elegido por el grupo deportivo, al que sirve para cohesionar, siendo esa la principal función de la tarea grupal del líder, aún en soledad, pues no hay grupo sin líder y el tiempo del liderazgo es una producción que no vuelve nunca.

Tomar decisiones siempre es interpretar, hacer lecturas grupales de una realidad concreta con la incertidumbre de no poder saber nada a priori; y a la vez, mantener la responsabilidad del desarrollo y la materialización del proyecto deportivo y empresarial.

El método grupal, que trabajamos nos permite pensar la escucha y la escritura en la función del líder. La escucha esa lectura poética sobre la realidad de la competición en donde no hay más verdad qué la escritura produce el tiempo grupal del proyecto deportivo.

Queremos insistir en que los retrasos, las lesiones y las expulsiones son grupales en todos los casos y en un equipo de fútbol sin líder no hay grupo y por ende no se pueden explicar los complejos mecanismos psíquicos que intervienen en el proyecto deportivo.

Deseamos felices fiestas a todos nuestros aficionados que ayer, una vez más nos acompañaron.

JORNADA QUINCE (11 de enero de 2015)
C. D. GRUPO CERO — — — — — — — — — — — — — — 3
C. D. PARQUE VERDE — — — — — — — — — — — — — 1

Un día precioso para jugar al fútbol: brisa de enero sin viento y sol en el cenit con luz ideal para gozar del gol. Comenzó el partido con nuestro tradicional sistema de juego: 1-4-1-4-1 con las variantes tácticas que el desarrollo del encuentro solicita en el 1-4-4-2. Para ello comenzamos a llevar el balón al campo rival, sacando el cuero jugado desde la portería al compás del deseo: diagonales en la subida de los laterales, pase interior al abrirse las bandas, juego de asociación al primer toque o volver a empezar si la rapidez del juego no consiguió crear los espacios para llegar al área rival.

Por eso que el lanzamiento de larga distancia, las diagonales o la estrategia del balón parado son tan eficaces en estos casos. Los grandes jugadores, en visión cenital (a vista de pájaro) observan, cual partida de billar, el posicionamiento táctico de los compañeros en el ataque que comienza desde la defensa y en la retaguardia compacta que se inicia en la delantera.

En el primer tiempo marcamos dos goles en jugadas precisas de todo el equipo.

El delantero centro creó el tiempo (abrió espacios en el campo contrario) necesario para que los extremos del equipo marcasen sendos goles. Y hay que felicitar a todos los jugadores, disputasen el partido o no, como artífices de una nueva victoria.

"Hace años que no presenciaba tan buen fútbol en esta categoría" así dijeron técnicos de otros equipos que nos visitaron el domingo y, no es la primera ni la segunda vez que recibimos estos halagos, anzuelos en los que no se debe picar.

Los árbitros tienen opiniones diferentes sobre el reglamento, no es la primera ni la segunda vez, ni será la última. Los árbitros se merecen una formación en la que se cuide: la personalidad del juez de la contienda, el saber hacer y la escucha para generar la diferencia entre sancionar y castigar, discerniendo entre autoridad y ley. Es un trabajo que debemos asumir entre todos.

Con 15 partidos jugados lideramos con 40 puntos la clasificación. Somos el equipo con más puntos conseguidos de los 8 grupos (144 equipos) que componen la segunda regional madrileña.

El fútbol es posicional, el futbolista es pura temporalidad grupal jugando sobre el verde rectángulo. Por eso se trata de trabajar más que de correr, de la rapidez más que de la prisa, se trata del goce a construir más que del inmediato placer, de entrenar con alegría para movilizar la energía grupal sin preocuparnos de los efectos.

Nuestro Presidente Honorífico, don Miguel Oscar Menassa, nos dice: "Escribir sin conciencia de estar haciéndolo, eso es lo que mejor escribe".

Deseamos a todos nuestros aficionados un Feliz año 2015.

JORNADA 16 (18 de enero de 2015)
C. D. RAYO LA CIERVA — — — — — — — — — — — —- 3
C. D. GRUPO CERO — — — — — — — — — — — — — 2

Cuando se pierde la segunda vez se aprende a perder; ahí aprendemos, cuando se pierde el miedo a ganarnos. Sí. El peor rival del equipo se encuentra dentro de cada individualidad y lo mejor del equipo se encuentra fuera del "nosotros mismos". Entre los jugadores, entre las palabras, en los pactos radica nuestra grandeza grupal y el talento deportivo del equipo.

No es sencillo ni complejo, ganar o perder, son propuestas deportivas en cada sujeto. El grupo puede más y, cuando se buscan justificaciones o causas a la derrota, cuando al error se lo considera infantil o la culpa la tuvo el otro, entonces la razón juega su individual partido, es decir, me quedo sin equipo y volver a caer se hace síntoma.

Y no se trata sólo de entrenar más o estudiar mejor al equipo; el cómo cumplo lo pactado, el cómo uso el entrenamiento, eso nos distingue. Nuestro goce deportivo es el uso que hacemos de lo que trabajamos previamente. Sabemos que la fuerza de nuestra pasión reside "entre" los jugadores, entre los directivos, entre los aficionados y los jugadores y los directivos. Nuestra pasión está en los pactos y al resultado del partido le corresponde la ética y la estética del deseo puesto en la escena sobre el rectángulo.

Y si en el club, el equipo o el grupo deportivo acontece alguna dificultad con el gozar o el desear, debemos revisar la pertenencia y pertinencia de la función materna y paterna respectivamente en cada sujeto. Por ejemplo podemos tener una gran economía deportiva aunque no se tenga mucho dinero, y sólo un nuevo goce (una nueva victoria) rectifica el anterior goce (de la derrota), pudiendo producir nuevas maneras de gozar.

Para ello dejarse trabajar por el proyecto que rescata los conceptos de la familia, la personalidad y el cuerpo como los obstáculos para la producción del grupo deportivo. Los obstáculos de la familia como aquella estructura presimbólica que aprendimos de los animales con su innata moral que nos prejuzga como doblemente perdedores. De la personalidad única, siempre en posesión de la verdad y la razón sobre todo acto humano y del cuerpo sólo biológico dirigido por los órganos de la percepción, desprovisto de sentimientos y deseos. Conceptos que pueden ser entrenados para la capitalización grupal de un equipo competitivo.

En un equipo de fútbol más que instinto o fortuna hay pulsión, trabajo y deseo.

No hay nada constituido en un equipo, ni la alineación está constituida, todo es constitutivo, rectificable. El fútbol requiere un saber más que un conocimiento, un saber hacer más que un conocer mil trucos.

Nos ubican como favoritos nuevamente, es decir, nos quieren derrotar. Debemos entrenar con alegría y sonreír entre nosotros, porque la sonrisa civiliza la comunicación en el equipo.

Agradecemos a los aficionados que el domingo, con un frío inmenso, nos acompañaron nuevamente en el partido. Os debemos una victoria.

Aupa el fútbol y viva la poesía!!!

JORNADA 17 (25 de enero de 2015)
C. D. GRUPO CERO — — — — — — — — — — — — — 2
C. D. SITIO DE ARANJUEZ — — — — — — — — — — - 0

El último domingo de enero en Madrid quiso el sol, que el buen fútbol se gozara en nuestro estadio. El equipo jugó frente a un gran rival (tercero en la tabla y máximo goleador del grupo) un PARTIDAZO de FÚTBOL.

Táctica, estratégica y anímicamente grupales supimos leer el encuentro, el rival nos esperaba en el centro, juntando líneas para dificultar nuestra especialidad: el juego asociativo en campo rival.

Una interpretación certera del mister, enrocó cual pieza de ajedrez al equipo pasando del 4-4-2 al 4-3-1-2 y el nuevo tiempo del partido construyó una autopista para que Víctor marcase un gran gol soportando la salida del portero con un disparo raso y pegado a la cepa del poste izquierdo. Intervinieron todos los jugadores en la jugada y Alex generó con su cambio táctico un desajuste en el rival.

Pola, Chip, Nanin y Joao sacaban una y otra vez el balón jugado desde la defensa basculando al rival que no paró de correr tras el balón.

Los campeones saben que la defensa gana los campeonatos, que la delantera sola no podría, sin un centro de campo soberano como el que Romo y Carli desplegaron cortando y tejiendo constantemente jugadas para el equipo.

Ayer les tocó en la primera parte a Achraf y Karim abrir las bandas del ataque celeste para producir la playa del peligro en el área rival, allí donde la pasión nos hace cantar el gol!!

Oscar, posiciona la retaguardia cuando el rival ataca, mostrando la importancia de contar con porteros que saben jugar el balón con el pie, hablar en el campo y parar todo lo posible. Una prueba es que somos el equipo menos batido del grupo (nos han marcado 12 goles en 17 partidos).

En la segunda parte salieron desde el banquillo los magos del balón para reemplazar el gigantesco trabajo realizado y así Ruli, Clemen y Héctor posibilitaron que se marcase el segundo gol en otro ataque combinado.

Los lesionados (Lucuix, Raúl, Sergio, Hicham, Chele y Arias) nos acompañaron en el partido y pronto volveremos a contar con su saber estar en el terreno de juego. La salud deportiva debe construirse en todo equipo, tal vez por eso llame la atención que nuestros jugadores además de jugar, consideran el estudio y el trabajo como elementos deportivos de su quehacer.

Como Director Deportivo del Club, estoy muy orgulloso de todo lo conseguido hasta aquí. Hemos acabado la primera vuelta con el honorífico título de Campeones de Invierno y con 43 puntos somos el líder con más puntos de los 8 grupos de segunda regional, es decir, de los 144 equipos que conforman toda la segunda madrileña de aficionados.

Felicitar a nuestro entrenador Roberto González por el trabajo realizado y a nuestro ayudante Domingo que arenga a todo el equipo desde el precalentamiento.

Por supuesto que sin la junta directiva y la afición no podríamos gozar las victorias. El vestuario ayer vibró…

Y sin embargo sabemos que la vana espuma se deshace si dejamos de trabajar para el grupo que nos sostiene. Nuestro Presidente Honorífico Miguel Oscar Menassa escribe: "Tanto va el cántaro a la fuente que al final no se rompe".

Aprovecho para felicitar a Guinea Ecuatorial que se ha clasificado para los cuartos de final en la Copa de África, por segunda vez en su historia, entrenado por nuestro amigo Esteban Becker.

El mejor poema del domingo, el gol.

JORNADA 18 (1 DE FEBRERO DE 2015)
C. D. GRUPO CERO — — — — — — — — — — — — — 1
C. D. SPORTING SAN MARTÍN — — — — — — — — 0

La gran rivalidad entre los dos equipos se resolvió a favor del que más buscó la victoria. Con 9 jugadores sobre el campo marcamos el gol del triunfo faltando cinco minutos para el final. Dos expulsiones, tan rigurosas como innecesarias, dejaron al equipo en franca inferioridad; sin embargo se ganaron tres puntos que, tal vez, se recuerden como vitales al final del campeonato.

Las enseñanzas de nuestro Presidente de Honor, don Miguel Oscar Menassa, nos dicen que: "ganar el partido no supone aprobar el examen".

El campeonato es largo, quedan 16 partidos por jugar, y casi todo por decidir. Nadie reclama nada a nadie, todos sabemos que debemos un ascenso y un campeonato al grupo deportivo que nos produce como jugadores, técnicos, directivos y afición.

Después de jugar con todos los rivales del grupo, ninguno se mostró netamente superior al C. D. Grupo Cero.

Somos esa brisa celeste que cada domingo, por la mañana, acaricia las mallas rivales para cantar el gol. Somos ese empecinamiento que comete los errores necesarios para crecer como equipo de fútbol. Somos la estética deportiva que sostiene el deseo de jugar al fútbol y ganar, jugar y ganar y volver a jugar y ganar.

Estudiamos, trabajamos y entrenamos como todos los equipos… nuestro secreto: leer poesía y la decisión de psicoanalizarnos para jugar mejor los partidos futuros.

En diciembre de 2012 (está publicado en la página 62 del libro C. D. Grupo Cero) apareció por primera vez una pancarta, en nuestro estadio, con una leyenda que en grandes caracteres decía: GRUPO CERO ¡¡¡PODEMOS!!!

Gracias al proyecto deportivo que nos pensó y al esfuerzo, de no menos de 50 personas, estamos pudiendo.

Porom pom pom al grupo Cero le gusta el gol!!!

Aúpa la poesía y viva el fútbol!!!

JORNADA 19 (8 de FEBRERO de 2014)
C. D. FORTUNA "B" — — — — — — — — — — — — — — — 1
C. D. GRUPO CERO — — — — — — — — — — — — — — —- 1

En una mañana fría empatamos a uno con un rival que peleó todos los balones. "No supimos plasmar el mayor dominio de balón en más goles. Nos faltó profundidad y hemos bajado la intensidad defensiva, eso hizo que hubiera un equipo de ¾ para delante y otro de ¾ para atrás" según relataron los propios jugadores al finalizar el partido.

Y para lo que resta de temporada (17 partidos) el equipo ha pedido: 1) reforzar el compromiso de todos los jugadores, técnicos, directiva y afición. 2) aprovechar los entrenamientos para que prime el juego de equipo ante el juego personal. 3) aceptar los riesgos que conlleva mantener nuestro estilo de juego y en definitiva valorar el trabajo que realiza un equipo de fútbol aficionado sin dejar de ser por ello profesionales.

Es decir estamos buscando PATROCINADOR. Si le interesa invertir en su negocio no dude en contactar con la directiva del club.

Queremos resaltar la labor del trencilla en este partido, fue el mejor arbitraje de toda la temporada: escucha con tolerancia para penalizar sin castigar a ningún equipo.

Aprovechamos con ello para rescatar del proyecto deportivo del Club Deportivo Grupo Cero los Objetivos en la Alta Dirección del fútbol:

Partamos de la Implicación y la Tolerancia en la Escucha del Líder, conceptos anudados, entre sí, pues la seguridad, el prestigio o el dinero que arriesga el club no son comparables a la ganancia histórica que lo grupal ambiciona.

Los números son operaciones y ya que la teoría de conjuntos permite sumar elementos diferentes, enumeremos cinco objetivos:

1) Trabajar la tolerancia y la humildad, como base de toda diferencia, para que surja la semejanza entre los integrantes del grupo.

2) Discriminar el trabajo del trabajador y lo laboral de lo familiar, para poder alcanzar un nivel ético en la toma de algunas decisiones: contratos, despidos, sanciones, relaciones sociales, premios, prensa deportiva, lesiones, publicidad...

3) Reconocer y detectar afectos como los celos, el amor, la envidia o la culpa en el grupo deportivo para canalizar esa energía en la dirección basada en la anticipación y la sorpresa. Pues, si bien la escucha no previene, si puede evitar males mayores.

4) Conocer técnicas y estrategias durante las entrevistas y negociaciones, en donde la escucha es una herramienta privilegiada para poder interpretar la implicación del grupo de trabajo y el deseo de los nuevos candidatos.

5) Por último postular la Salud como Producción, concepto fundamental para los proyectos a medio y largo plazo en un directivo, trabajando con ello cuestiones como la incertidumbre y la angustia.

La alta dirección, como la cumbre de una montaña, es una meseta desde dónde mirada y voz no hubieran sido posibles sin la exquisita "tolerancia" del que permite el crecimiento de los técnicos, jugadores y empleados de la institución deportiva.

El Líder sabe que cuando se necesita corregir alguna actitud en un trabajador del club, el primero que se "implica" aceptando que la ley no está para ser cumplida ni para castigar, si no para legislar, el primero que debe estar de acuerdo con el proyecto y las normas es el propio líder.

JORNADA 20 (15 DE FEBRERO DE 2015)

C. F. INTER VALDEMORO ————————————— 0

C. D. GRUPO CERO ——————————————— 2

Una victoria trabajada en un campo estrecho frente a un rival intenso que nos presionó muy arriba y donde pocos equipos pueden ganar. Es con el pacto grupal que se juega al balón. Durante el partido de fútbol el equipo no se adaptó al rival sino que se transformó surgiendo, de los errores, la verdad de un estilo de juego: tocar el balón con el compañero y así crear el lugar de lo entrenado que, inconscientemente, aflora jugando al fútbol. No es magia es trabajo grupal.

Durante la semana los jugadores entrenan y elaboran todos los días el partido a disputar. Los técnicos y directivos trabajan sistemas, tácticas y estudian para maximizar los puntos débiles del equipo y minimizar los fuertes, ya que el discurso balompédico es del orden del error, de los pequeños detalles.

La afición entona canciones y acompaña el crecimiento del equipo. Y cuando el equipo no puede más, inventa la nueva jugada, hace posible lo nunca jugado y marca sobre la meta rival el destino de la palabra: gol.

Don Miguel Oscar Menassa nuestro Presidente Honorífico ofreció el sábado 14, San Valentín, en la Escuela de Psicoanálisis Grupo Cero un recital de Poesía amorosa y social en donde pudimos leer: "Reconozco haber superado, casi ileso, la falta de deseos grupales. A partir de ahora, todo será gloria, progreso, civilización".

Agradecemos el exquisito trato recibido por el Inter Valdemoro en el partido disputado el domingo, en el que despedimos con alegría a Sergio Gil, uno de nuestros jugadores que por estudios se marcha a Turín. "Os voy a extrañar mucho, la próxima temporada volveré para jugar en primera".

En fútbol y Psicoanálisis cuando nos referimos al inconsciente no es lo que se habla en los entrenamientos o se calla en el vestuario ni es todo lo que no se conoce. El método grupal produce el inconsciente, ese saber hacer, que se despliega en la singularidad de cada futbolista. Y eso distingue el juego del equipo.

Somos los portavoces de un instrumento revolucionario, también en el deporte, escuchamos sus sueños y si lo desea indicamos su sentido, es decir los incluimos en la concatenación de los actos deportivos.

Hay factores poderosos que pueden influir (la familia, el ambiente, la genética, la ideología…) pero no son determinantes para la construcción del club deportivo. El dueño de nuestra vida es inconsciente para el propio sujeto.

Ganar es una elección forzosa y perder también puede ser una propuesta de la mente.

JORNADA 21 (22 DE FEBRERO DE 2015)
C. D. GRUPO CERO — — — — — — — — — — — — — — 3
ATLÉTICO CLUB DE SOCIOS — — — — — — — — — 1

Al finalizar el partido se escuchó: "Hemos ganado sin jugar bien, lo importante son los 3 puntos" También se exclamó: "Podemos leer en la realidad deportiva que los partidos no se entrenan, se dirigen desde el banquillo y se juegan en el rectángulo". Se juega como se entrena y cuando el juego se hace ritual debemos escuchar las diferencias que el grupo deportivo propone. La imaginación del grupo, el deseo del proyecto y el orden táctico del equipo se pueden anudar en el juego de cada domingo para sumar.

No podemos dejar de rescatar lo que en los últimos meses está contaminando, inconscientemente, todo el fútbol base: la violencia en el fútbol, los derechos de imagen en televisión, las denuncias por compra de resultados en las apuestas, los conflictos de intereses entre RFEF, LFP y CSD...

No ceder en el deseo nos puede salvar del castigo que genera el actual gobierno con la Ley de Emprendedores en el fútbol aficionado.

Queridos jugadores, entrenadores, preparadores físicos, directivos y aficionados no se dejen engañar por la razón mediocre. La poesía puede regatear y la libido marcar el mejor gol de cada domingo.

Os rescatamos información sobre el tema publicadas en los medios de difusión: "La normativa que el Ejecutivo quiere hacer cumplir es la **ley 14/2013 de 27 de septiembre** de apoyo a los emprendedores y su internacionalización, conocida popularmente como la **Ley de Emprendedores**. La norma obliga a la regularización de todas las actividades que conlleva el fútbol base. Así, **los clubes y escuelas tendrían que dar de alta en el régimen general de la Seguridad Social a todos sus colaboradores, entrenadores, preparadores físicos, utilleros, cuidadores del césped, etc, cobren más o menos, y cotizar por estos rendimientos.**

Según los argumentos defendidos tanto por el **secretario de Estado para el Deporte, Miguel Cardenal,** como por los ministros afectados, **Ignacio Wert (Educación) y Fátima Báñez (Empleo),** la normativa tiene como objetivo proteger los derechos de los trabajadores (entrenadores, monitores, preparadores físicos y demás personal) que no están dados de alta en la Seguridad Social y, por lo tanto, se ven privados de todo tipo de derechos, tanto laborales como de protección social.

Es cierto, que si los clubes tuvieran dados de alta a todos sus colaboradores, estos se encontrarían más protegidos, pues tendrían derecho a una indemnización si fueran despedidos y comenzarían antes a cotizar de cara a una futura pensión, entre otros derechos. Aunque no todos se beneficiarían, pues hay muchos de estos colaboradores que están trabajando y cotizando y que las cantidades que perciben por su labor en los clubes podrían incrementar sus cotizaciones fiscales.

Por el contrario, también hay voces que señalan que lo que realmente pretende el gobierno con la aplicación de la Ley de Emprendedores al mundo del deporte base no es más que elevar el número de afiliados a la Seguridad Social. Esto incrementaría los ingresos del Estado y, de paso, restaría personas apuntadas en las listas del paro, incluso considerando trabajadores a ciudadanos que no ganan más que para gastos. No hay que olvidar que 2015 es un año repleto de elecciones, que culminaría con las generales al final del ejercicio".

En el Club Deportivo Grupo Cero estamos a favor de la salud, la educación y la cultura para todos. La poesía y el psicoanálisis son dos instrumentos del método grupal que de momento nos mantiene líderes en la segunda regional (grupo 6) de la FMF.

JORNADA 22 (1 DE MARZO DE 2015)
C. F. SAN JUAN ZARZAQUEMADA ———————— 0
C. D. GRUPO CERO ————————————————- 1

Llevamos jugados 22 partidos de las 34 jornadas que configuran el campeonato en la segunda regional madrileña. Caminamos líderes con 59 puntos de los 66 posibles con 52 goles a favor y 11 en contra.

Los resultados, en estos dos tercios disputados de la liga, señalan la posibilidad de conseguir el ascenso a la primera regional. De conseguirlo, dos ascensos en tres años de existencia que tiene el Club Deportivo Grupo Cero, debe considerarse un gran éxito deportivo. Es decir, hubo grupo deportivo: salud en los integrantes del club, educación y cultura deportiva no sólo para los jugadores de fútbol, también técnicos y dirigentes forman parte del grupo deportivo, así como afición y prensa juegan su protagonismo.

El domingo ganamos en un terreno de juego muy difícil, frente a un rival al que no pudimos marcar en la primera vuelta.

Debemos saber que el fútbol actual vive un tanto convulsionado por todas las noticias acaecidas mundialmente y, que poco o nada tienen que ver con lo deportivo: compra de resultados, violencia en los estadios, elecciones fraudulentas, conflictos por los derechos de imagen, racismo, xenofobia, doping...

Por ello rescatamos un aforismo del Presidente Honorífico del Club, don Miguel Oscar Menassa: "El asunto está que arde, nadie da la medida ni la dará en varios años. O bajo las exigencias de afiliación o me quedo sin club".

Y para aquellos interesados en conocer la ideología, el imaginario y el deseo grupal que nos trabaja, dejo algunas reflexiones para los jugadores, técnicos, directivos, prensa y aficionados.

En un equipo de fútbol ¿a quién le pertenece el talento? Los jugadores, técnicos y empleados trabajadores del club, lo adquieren sin saber, de la poética del imaginario universal; ahí radica la riqueza en las singularidades de cada jugador, técnico y directivo del club. Esa diferencia es grupal y permite lo que ningún talento personal puede soñar. El lenguaje siempre nos precede, y es el significante el que impide la circularidad de lo absoluto, la armonía de lo imposible y la incertidumbre de nada saber antes del partido.

En los ejercicios de entrenamiento cuando algo se sabe, eso ya es conocimiento que se puede repetir con los ojos cerrados. Eso son malabarismos que pueden llegar al circo. Estamos hablando de fútbol, y sólo se puede jugar en grupo bajo un reglamento y sobre un terreno de juego. La única que besa, acaricia o golpea con precisión científica es Ella, la pelota de fútbol. Y aunque el conocimiento se puede perder u olvidar, el saber no olvida nunca, es una memoria permanente de todo lo posible en el deportista. Los llamados "automatismos" son funciones que la máquina grupal nos permite entrenar y las leyes del lenguaje dan cuenta de su eficacia deportiva.

El grupo sabe, produciendo en el equipo el arte de lo posible y el talento en sus jugadores para competir. Por eso no se puede copiar el fútbol, se pueden estudiar los sistemas o reproducir tácticas, pero siempre será una constante invención su práctica, tan estética cada jugada como deseante sea el equipo de fútbol. Bien lo sabe el fútbol femenino que lejos de contrarrestar alguna fuerza masculina, imprime la técnica y táctica que algunos ya intentar imitar.

Las jugadas como las frases se deben concretar: disponer de sujeto (jugador), verbo (acción), predicado (engaño) y destinatario en el júbilo de cada gol.

Las jugadas de fútbol son leyes psíquicas y las leyes no se entienden, se pueden estudiar. Son los efectos llamados "Amor y Hambre" los que como Padres de la Cultura Humana le permitieron al hombre, transformar con trabajo la naturaleza en ciudades habitables con calles asfaltadas, escuelas, hospitales, estadios de fútbol y servicios para sus habitantes.

Recordemos que el fútbol en sus 150 años de historia (nació el 26 de octubre de 1863 en Londres, donde se reunieron representantes de distintos estamentos deportivos y culturales para redactar el primer reglamento, con 14 reglas, y crear la (FA) Football Asociation). Decimos que ha sufrido, en éste siglo y medio, algunas modificaciones por ejemplo: la presencia del árbitro aparece en 1891, antes eran los capitanes de ambos equipos los encargados de dirimir las diferentes disputas del juego. ¿Se imaginan? Ese mismo año se crea la pena máxima o penalty. La ley del fuera de juego de 1866 se modifica en 1925 y nuevamente en 1990. La posibilidad de realizar cambios no aparece hasta 1958 y en un principio sólo se permitían dos sustituciones. Las tarjetas surgen en 1970, aplicándose por vez primera en el Mundial de México. Desde 1990 son obligatorias las espinilleras en los futbolistas. Al principio las camisetas no llevaban dorsal y desde 1994 además, llevan el nombre del jugador y así podemos enumerar otras modificaciones sobre las dimensiones del terreno de juego, la red en las porterías, las apuestas deportivas, la presencia del cuadro médico, etc.

Somos animales de horda, es decir, no hay instinto de agregación y el hombre primitivo, después de haber descubierto que estaba literalmente en sus manos mejorar su destino en este planeta por medio del trabajo; ya no pudo considerar con indiferencia el hecho de que el prójimo trabajara con él o sin él, jugará con él o sin él. Adquiriendo así los semejantes el carácter de colaboradores o adversarios, con quienes resultaba útil vivir y competir en comunidad. Somos animales de horda y también somos masa, es decir, algunos prójimos juegan contra otros. Mas sabemos, que individualmente poco podemos. Todo deporte es grupal y cada puesta en escena es diferente.

Aupa el fútbol y viva la poesía!!!!

JORNADA 23 (8 de marzo de 2015)
C. D. GRUPO CERO ———————————— 1
C. D. EL CHULETON PANADÉS ————————- 1

En el Día Internacional de la Mujer el equipo empató a uno en un partido que se pudo ganar por goleada y se pudo perder. En un partido de fútbol, aquello que no se comprende también juega y, con frecuencia, determina el resultado final del encuentro.

Preguntamos a don Miguel Oscar Menassa, sobre la cuestión y nos dice: "Entre lo que comprendo y lo que amo, está el delirio del juego. Comprendo lo que me permite moralmente jugar. Amo a quien me permite materialmente jugar".

Y en ese juego de ausencias y presencias que simboliza el juego del fútbol queremos rescatar algunas reflexiones sobre el liderazgo. Un Líder reconoce en su práctica que la eficacia es posible gracias a la articulación de diferentes disciplinas durante el campeonato. En la actualidad no se puede concebir el fútbol sin la medicina, el derecho, la informática, la poesía, el psicoanálisis, las matemáticas, los medios de difusión...

Confundir grandeza con fuerza en el pensamiento y en las decisiones, significa no disponer de mucha fortaleza y desperdiciar la grandeza. Un directivo sabe Escuchar y puede discernir entre grandeza y fuerza, entre el poder de la decisión y la decisión del poder. El poder es muy eficaz cuando no se lo usa. Si se utiliza el poder, entonces, ya no es poder es fuerza y con fuerza se puede vencer al otro, pero no se convence a nadie; se puede jugar contra el rival pero se dificulta el juego grupal del equipo. Un directivo saber Escuchar la diferencia entre vencer y con-vencer.

No es función del Líder contratar o despedir, es la Institución la que toma la decisión amparada en los informes realizados por sus profesionales. En el proceso laboral que se desarrolla en el club, si no fuéramos tan buenos en los errores seríamos mejores en los aciertos. El Líder debe abanderar el pacto en el proyecto empresarial y deportivo del club, pues sabemos que las vigorosas ideas deportivas deben sustentarse en una economía sólida que permita su desarrollo. No interesa destacar individualmente, interesa que se desarrolle el proyecto y ese es el tiempo del liderazgo.

El líder es el tiempo de una escritura.

El liderazgo de la humanidad es la posibilidad de esa metamorfosis.

El lugar del liderazgo es diana de Identificaciones para todos los integrantes del grupo, por ello se deben reconocer los sentimientos comunes de celos, envidia, miedo, amor, odio... porque los afectos grupales, bien gestionados, representan energía a favor del proyecto deportivo.

Desconocer estos conceptos no exime que los mecanismos psíquicos cumplan, inexorablemente, su función en todo obstáculo deportivo, económico o anímico.

JORNADA 24 (15 de marzo de 2015)
ATLÉTICO TRABENCO ZARZAQUEMADA ———- 0
C. D. GRUPO CERO ————————————— 9

En fútbol hay dos campos: el del Sujeto (futbolista, entrenador, directivo o rival) y el del Otro (Ley, colores, escudo o club). El alma del grupo juega el partido en los dos campos y una prueba la tuvimos en este partido con un fútbol grupal de efímera estética. Quedan registrados los nueve goles, algunos antológicos se perderán en la memoria del centenar de espectadores que acompañó al equipo, otros inolvidables como el poema.

En la repetición de cada jugada, por el automatismo entrenado, se produce la diferencia: a veces una triangulación, otras una diagonal, ora un rombo, ora entrelineas un pase... Y cuando no se puede avanzar bueno es permanecer en posesión del balón. Y cuando el intrusismo se cuela en el vestuario no develar la táctica ni al más amado.

Quedan diez jornadas para concluir el campeonato. El Presidente Honorífico del club, don Miguel Oscar Menassa, después del partido nos comunicó la creación del equipo de fútbol Club Deportivo Grupo Cero femenino infantil para la nueva temporada en Alcalá de Henares.

Forma parte del proyecto deportivo del club, atender las peticiones de los medios de difusión y nos pidieron un artículo sobre el fútbol profesional y el fútbol aficionado que titulamos: REAL MADRID C. F. –versus– C. D. GRUPO CERO

El Real Madrid padece en el cuerpo de su equipo de fútbol, la traición que se infringió sobre el alma del grupo deportivo, desde el soporte social del Club. Es un carácter descrito por Sigmund Freud como "los que fracasan al triunfar". Después de conseguir la Décima Champion y proclamarse Campeones del Mundialito de Clubes, el equipo cae inexorable partido tras partido. Y no se trata de buscar motivos o causas, podemos reconstruir desde los resultados actuales las fuentes del vigente naufragio del club.

Cuando la directiva no puede cumplir sus funciones sociales y actúa sobre el plantel de jugadores (fichando lo que no se necesita o vendiendo lo que si funciona) o hace incumplir normativas en los banquillos o quiere imponer la autoridad o no acepta los fallos judiciales sobre las remodelaciones del estadio o… se termina traicionando el proyecto deportivo grupal y se deshace lo pactado. Y entonces un equipo de fútbol, sin grupo, deja de jugar con alma y cualquier desamor, cualquier silbido, cualquier error del partido juega contra el club.

Guti reconoce en una entrevista, recientemente, que los jugadores a veces se deprimen y necesitan ayuda psicológica. Los técnicos y directivos también necesitan psicoanálisis y no me olvido de la prensa deportiva que transmite la ideología del club.

Lo que sucede en la Directiva se refleja en los jugadores. ¿Les parece imposible? Todo padre sabe que cuando los nervios afloran en la familia, los niños se muestran inquietos o los ejecutivos reconocen que los conflictos emocionales en la alta dirección puede romper la empresa o las discrepancias entre los hermanos dificultan la resolución de las herencias o…

Y aunque el C. D. Grupo Cero siga Líder, como equipo de fútbol le sucede lo mismo que al Real Madrid. ¡Qué delirio! compararse con el Madrid y sin embargo conviene recordar que los mecanismos psíquicos que permiten los goles por la escuadra o fallar un penalti son los mismos mecanismos para todos los jugadores de fútbol y son los mismos que intervienen sobre el cuerpo técnico y la junta directiva.

Atribuirle a la ruptura sentimental de Cristiano Ronaldo los efectos actuales del Real Madrid es un fanatismo que no compartimos, pero negar que los gestos del jugador hablan y juegan sobre el terreno, muestra una supina ignorancia. Separarse no es sencillo dice Guti en referencia al jugador y esta identificación (entre jugadores merengues) es del mismo orden que la identificación de algunos presidentes de clubes modestos con respecto a Florentino Pérez, es decir un delirio.

No es un problema de preparación física, ni de actitud dicen los propios jugadores, pero no sabemos qué nos pasa, nos cuesta ganar o no jugamos como hace unos meses atrás. La fuente del naufragio reside en el club y para canalizar esa energía se puede dimitir, renunciar, huir, despedir o contratar psicoanálisis para el club. No es la panacea de nada, en el C. D. Grupo Cero pasa lo mismo que sucede en otros equipos y también tenemos que sortear el oficialismo.

El oficialismo de los Todopoderosos, lo escuchamos con poesía, lo tratamos con psicoanálisis y escribimos:

Aúpa el Fútbol y viva la Poesía!!!

JORNADA 25 (22 de marzo de 2015)
C. D. GRUPO CERO — — — — — — — — — — — — — — 2
A. D. ANCORA ARANJUEZ — — — — — — — — — — 0

El fútbol se puede interpretar con diferentes instrumentos de lectura, no hay más que leer y escuchar a los medios de difusión para dar cuenta que el balompié, a veces, está más cerca de lo rosa que de la información y otras se encuentra manchando el deporte rey de amarillo sin investigación deportiva. El deporte rey, paradigma cultural y grupal, se ha ganado el derecho de la escucha poética y alguna escritura psicoanalítica.

Por eso celebramos, los 40 años de la llegada a España de don Miguel Oscar Menassa, como se festeja el equinoccio de la primavera en el hemisferio norte: con poesía, música, cine, flamenco, pintura, libros y goles. El Presidente Honorífico del Club nos ofrece una semana de arte y cultura Grupo Cero en Madrid.

El partido que jugamos el domingo frente al Ancora (Institución deportiva con 28 años de historia que cuenta en la actualidad con Escuela de Fútbol) se ganó por aceptar los cambios tácticos que el cuerpo técnico generó en la segunda mitad. Desde el banquillo se toman decisiones que serán tan precisas, como lo sea el compromiso grupal con el proyecto deportivo. Y sólo desde el resultado final se puede realizar una u otra lectura de la realidad deportiva.

El gol puede modificar el índice bursátil del deseo.

Saber hacer sobre el terreno de juego sin que dirija el "yo" (siempre individual) frente al "sujeto" (siempre grupal) y saber hacer con la incertidumbre del resultado es propio de los deportistas que toleran ganar campeonatos. También en el deportista el yo, se inventa peligros y los enemigos del pasado se oponen a toda novedad de la que el "sujeto" puede apropiarse. El yo del futbolista (no entreno, no puedo, no estudio, no quiero...) no acepta las transformaciones y en esa dificultad para crecer cualquier inconveniente cotidiano lo asusta, generando miedo, culpa o envidia más disponibles para la derrota que para el triunfo grupal.

Escuchar los mecanismos psíquicos que intervienen en los integrantes del club, permite una interpretación deportiva grupal y, sabemos todos que cuando hay grupo el equipo de fútbol es más competitivo.

Se nace perdedor, los ganadores se construyen y los triunfadores permanecen. No hay campeonato sin sucesor. El gol te puede hacer tan inmortal como el poema.

En un equipo de fútbol se trata siempre de recomenzar de nuevo y no tanto llegar a lado alguno. Se trata de ser nuevos en cada entrenamiento para crecer en cada partido y no envejecer en plena competición. Se trata de integrar las funciones del cuerpo al sistema psíquico, es decir cuando hay problemas con las necesidades y con el amor en realidad hay problemas con el deseo. Y en fútbol se desean deseos y goles son amores.

Nuestra afición sigue cantando su famoso: ¡¡¡Porom pom pom al Grupo Cero le gusta el gol!!!!

JORNADA 26 (29 de marzo 2015)
C. D. CENTELLA ———————————————- 0
C. D. GRUPO CERO ————————————- 11

Para alcanzar los dos dígitos en el marcador final de un partido de fútbol debe articularse el deseo grupal a la demanda deportiva. Algún pensamiento habita y habla en el equipo con esa cifra.

La fuerza, habilidad, velocidad y, sobre todo, el talento son tan grupales como la formación del futbolista. La enseñanza del fútbol es grupal y el aprendizaje es singular.

Les remitimos al capítulo sobre "Medicina Deportiva y Psicoanálisis", en donde escribimos que la Fuerza, la Velocidad y la

Habilidad son paradigmas del cuerpo y la mente. El avance tecnológico no implica progreso en el estado de ánimo deportivo.

Desconocer los conceptos científicos no exime de lesiones ni se puede catalogar algunas recuperaciones como "milagrosas".

El Inconsciente juega y habla sobre el cuerpo grupal del equipo, como escenario de las mejores jugadas y los pequeños detalles que deciden el resultado final.

La fuerza muscular en altas velocidades parece ser lo más relevante en el futbolista, siendo muy importante que estén equilibrados los músculos isquiotibiales y los cuádriceps, especialmente para la acción excéntrica del último en el control del disparo. Recordar que los Isquiotibiales son un conjunto de músculos: Biceps femoral, Semimembranoso y Semitendinoso y se encuentran en la parte posterior del muslo, siendo su función principal la flexión de la rodilla (doblar) y la extensión de la cadera (extensión del muslo sobre la cadera). Y el Cuadriceps es un conjunto de músculos en la cara anterior del muslo: Recto anterior, Vasto Externo, Vasto Intermedio y Vasto lateral convergiendo los cuatro, en la rodilla, a través del tendón Patelar. La función principal del cuadriceps es la extensión de la rodilla, manteniendo la pierna recta y contribuye además a la flexión de la cadera.

Ambos conjuntos musculares colaboran en la articulación de la rodilla, la carrera de alta velocidad, los saltos y el golpeo del balón. El control en la recepción del balón, el pase y el disparo son excéntricos al jugador, es decir, residen fuera del futbolista. Así sabemos que la fuerza sin velocidad no es provechosa para el fútbol y la velocidad sin la habilidad necesaria se vuelve torpeza para el equipo. La técnica es grupal, no reside en las piernas (en los músculos) del jugador, sino que se produce jugando entre otros. Para que se articulen fuerza, velocidad y habilidad en un futbolista, es decir para alcanzar el talento del gran jugador, un buen generador es el deseo. Y el deseo por ser inconsciente se entrena con psicoanálisis. El control del balón responde a mecanismos psíquicos.

El Dr. Gilbert Gleim del Hospital Lenox de Nueva York describe que: "La velocidad es de gran importancia para el fútbol. Pudiendo convertir a un jugador dotado en un jugador excepcional y a un jugador por debajo de la media en un jugador útil. Siendo la velocidad una de las características que distingue, de manera clásica, al futbolista de elite de los jugadores de otros deportes, donde tal vez se precise, fuerza, flexibilidad o resistencia".

Los especialistas en medicina deportiva recalcan que: "la velocidad reside en la integración de un número de factores que pueden ser reales o dar "la ilusión" de velocidad. Ejemplo de esto último son el tiempo de reacción y la capacidad para anticiparse con el fin de poder empezar una acción con ventaja. Si prescindimos de estos factores, la velocidad, es una función con muchas características psicológicas".

Otro factor a tener en cuenta además de la fuerza, flexibilidad y rapidez es la agilidad, es decir el cambio de dirección a elevadas velocidades en reacción a un estímulo que tiene lugar durante un partido. Como factor de rendimiento, la agilidad, difiere del resto de factores en que también depende de un factor "ambiental" en concreto la interacción bota-pie con la superficie. Así se dice que los jugadores sudamericanos suelen tener más técnica por el hecho de jugar sobre superficies no lisas, como la calle o la playa sirviéndole como "buena superficie" para el regate. El cuerpo en sus movimientos puede alcanzar la agilidad que la propuesta mental desea para jugar, bailar, nadar, saltar, driblar...

La velocidad es una capacidad mental en la que el deseo inconsciente permite la producción de otra temporalidad en la carrera. Por ejemplo: sin las matemáticas no hubiese existido la ciencia física, y sin ambas no se hubiera producido la ciencia psicoanalítica. Ciencias tan conjetúrales (simbólicas) como exactas (reales), donde la energía es la cifra de una constante (imaginaria). Así como la física es una experiencia mental (es decir, un trabajo teórico sobre el investigador y no tanto una experiencia del trabajador en la realidad) del mismo modo, lo que aporta el psicoanálisis al universo del pensamiento en lo humano es novedoso y revolucionario, también, en el deporte.

Todo lo científico es novedoso, por ende incomparable, produciendo rupturas y descentramientos con respecto a las nociones anteriores sobre la energía, la economía, la familia, los grupos, la salud, la educación, el sueño, el deseo, el amor y la creación.

Buen descanso de semana santa y lectura para todos.

JORNADA 27 (12 de abril de 2015)

C. D. GRUPO CERO — — — — — — — — — — — — — —6

A. D. NORTE — — — — — — — — — — — — — — — — — -1

Jugar al fútbol, trenzando jugadas al primer toque desde la defensa con rápidas transiciones en el centro del campo, precisión en el juego interior y apertura a las bandas; pudo disfrutarlo la numerosa afición que nos acompañó este domingo.

Tal vez uno de los mejores partidos disputados por el C. D. Grupo Cero en lo que llevamos de campeonato. Marcamos un set de goles y pudieron ser mucho más.

Con 72 puntos lideramos la clasificación del grupo 6 y somos el equipo con más puntos de toda la segunda regional madrileña.

El fútbol modesto forma parte de la base del fútbol y con Albert Einstein decimos. ¡¡Triste época la nuestra!! Es más fácil desintegrar un átomo que un prejuicio.

La calidad en bienes de uso y consumo, las normas de control en los productos que utilizamos y la cuantiosa información que se genera permiten, a la mayor parte de las instituciones deportivas, acceder a los mejores medios de preparación en centros de alto rendimiento con grandes especialistas y el más moderno equipamiento para jugadores de diferentes nacionalidades y cultura.

Sin embargo algunos clubes, aún disponiendo de los mejores presupuestos y medios, no triunfan y otros con menos medios, alcanzan lo soñado por las grandes instituciones. ¿Tiene alguna explicación? ¿Es posible aunar a los éxitos deportivos, los económicos y sociales en una misma Institución deportiva?

Para Desplegar la cuestión discernimos dos conceptos: "medios de producción" y "método de trabajo". Una lógica paradojal da cuenta de dicho proceso experimental en el que existen ciencias tan exactas como conjeturales (es el caso de las matemáticas) y ciencias que son tan conjeturales como exactas (es el caso del psicoanálisis) donde sabemos que siempre hay ganancia en el sujeto, siendo diferentes los beneficios del que trabaja sólo para sí mismo, a los réditos de aquellos que trabajan desde el grupo para el equipo. Según el concepto grupal que dirija la producción y el método de trabajo del club obtendremos, con los mismos medios de producción, resultados diferentes a nivel deportivo, económico y cultural.

Y aún describiremos dos tipos de necesidades tanto en el sujeto como en el club:

a) Necesidad Básica corresponde con cubrir los requisitos contractuales (casa, comida, puntos suficientes para alcanzar puestos europeos, para no descender...) y alcanzado lo básico se relaja inconscientemente el nivel de competición.

b) Necesidad Creada (donde la oferta de la competición genera la demanda de ganar y ganar más) es decir, ya son necesidades "deseantes" que corresponden con otros principios grupales, otra realidad deportiva en donde se huye del confort intelectual, se tiende a las utopías, aún sabiendo que no existen. Se parte del principio que siempre hay alguien más grande que uno mismo, siempre se puede otro escalón más, siempre existe la posibilidad de otro campeonato, ser internacional, más puntos, dinero, record, siempre se puede un amante mejor y ésta es una manera de pensar para un buen amante, un líder o un campeón. No se trata de "ser" el mejor o "estar" en el mejor equipo sino de encontrarse "entre" los mejores.

Resumiendo estas necesidades pueden ser: económicas, afectivas o sociales.

Necesidades donde nos podemos conformar con lo justito y que no me molesten: ganar el dinero suficiente para pagar la hipoteca, el colegio…y que no me molesten con más. Esto corresponde con la satisfacción de una necesidad psíquica: la del Principio del Placer que tiende al menor gasto posible de energía, a la ley del mínimo esfuerzo y huye de cualquier tensión que aleje al sujeto del reposo. Este Principio no puede funcionar sólo por mucho tiempo, resultando peligroso para el propio sujeto, ya que la tendencia a la quietud total lo llevaría a enfermar y posteriormente a la muerte. Todo especialista sabe que si sales a empatar un partido existe más riesgos de perder que jugando a ganar. Por eso que existen otras necesidades psíquicas gobernadas por el Principio de Realidad que puntúan al Principio de Placer, promoviendo inconscientemente al sujeto a crecer y huir de todo confort intelectual y deportivo.

Los límites del saber son los límites del principio de placer, por eso que cuando los límites del saber los impone el conocimiento (el saber ya conocido, los triunfos ya conseguidos, lo ya vivido) no hay goce del saber. El goce del ejercicio del saber es el goce de su adquisición, y si el encuentro con el saber fue doloroso, angustioso o produjo culpa, habrá que saber arreglárselas con estas señales que el Yo emite para el sujeto, cada vez que ejerza el saber o, no habrá goce del saber, de lo nuevo y el deportista vivirá en pensamientos anteriores, jugará en frases primitivas, recordando las derrotas del pasado en lugar de producir las nuevas victorias.

Esto se detecta claramente en los clubes de fútbol centenarios, instituciones que perduran más tiempo que sus dirigentes, y si los directivos no modifican la ideología que anida en ellos (tendencia del Principio de Placer) repiten modelos válidos en otras épocas pero sin la aceptación de lo nuevo que aporta el Principio de Realidad.

La única manera de transformar la ideología es a través de la interpretación psicoanalítica pues la ideología actúa y se transmite de manera inconsciente, por eso que no sirve ni los buenos propósitos familiares, ni los consejos psicológicos personales. Pretender arreglar los problemas sin analizarlos, condena a la reiteración indefinida de lo mismo. Un Líder deportivo debe saber que los problemas no se resuelven, se analizan y sólo ahí existe la posibilidad de transformación.

JORNADA 28 (19 de abril de 2015)
C. F. TORREJÓN DE LA CALZADA —————— 1
C. D. GRUPO CERO —————————————— 2

A falta de seis jornadas para concluir la liga, el domingo se consiguió algo más que tres puntos, se ganó un partido de campeonato. Con 75 puntos el C. D. Grupo Cero lidera la clasificación con nueve puntos de ventaja sobre el segundo clasificado.

No es fácil sobreponerse a la ideología perversa que rodea la salud deportiva y sin embargo los jugadores del equipo, a pesar de ser hurtados en el vestuario, salieron a jugar y ganaron en buena lid.

Ganar en buena lid supone dejarse llevar por el proyecto deportivo y cultural que nos dirige. Un líder, un director deportivo, un entrenador, un coordinador, un hombre debe saber perder y aprender a ganar para sustituir o delegar. Se aprende antes a perder que a ganar, por eso hay más intolerancia deportiva al éxito que al fracaso. Estamos más acostumbrados a los problemas, a la derrota que al triunfo. A lo bueno se "acostumbra" uno rápidamente y hay que huir en la competición de todo confort intelectual, de toda comodidad deportiva, de toda costumbre que te pueda adormecer en los laureles.

La permanencia en niveles de liderazgo conlleva un trabajo al alcance de los que compiten por jugar, más allá del resultado final. Lo invicto es un tiempo con fecha de caducidad. Todo es con trabajo deseante y sólo desde la repetición se accede al efímero goce del triunfo.

Triunfan los que permanecen. Y, aunque no sea motivo de esta alocución, quiero señalar el error que se comete al diagnosticar como "exfutbolista" al jugador que no milita en la competición y el error con aquellos que se consideran "víctimas" del fútbol por no alcanzar la meta de su ambición.

Todos los profesionales necesitan elaborar, en algún momento de su carrera deportiva, sentimientos inconscientes de culpa, celos y pertenencia.

JORNADA 29 (26 de abril de 2015)
C. D. GRUPO CERO — — — — — — — — — — — — —- 6
C. D. GRIÑON "B" — — — — — — — — — — — — — 0
El cielo lloraba sin consuelo y bajo el inolvidable aguacero, el equipo salió a ganar sin apelación posible. A los tres minutos de partido se marcaba el primer gol y al descanso nos

fuimos con un cuatro a cero al vestuario. Rendimos homenaje con ello a todos los familiares, amigos y socios que nos acompañaron.

Quedan cinco jornadas para concluir el campeonato y nos jugamos con los tres inmediatos perseguidores la liga. Necesitamos a la afición para el 10 de mayo, donde disputaremos fuera de casa, un vibrante partido frente al segundo clasificado.

La expectación recorre los entrenamientos frente a la posibilidad de ganar el campeonato de liga por primera vez en la breve historia del club. Todas las dudas pueden surgir y la angustia aparecer como señal que nos indica estar en el camino del deseo en nuestro proyecto deportivo.

Cuando la intolerancia y la culpa por el éxito nos visite, saber esperar es un hacer frente a los halagos y sólo los grandes clubes saben soportar la incertidumbre del triunfo. Tolerar el advenimiento de lo inconcluso en el que cada tarea deportiva presenta un líder diferente.

Verso a verso, partido a partido, el grupo como máquina de máquinas singulares nos ofrece la posibilidad de apropiarnos del trabajo realizado por el proyecto cultural Grupo Cero que lleva desde 1981, como Escuela de Poesía y Psicoanálisis, produciendo salud y educación de la población.

Y la escucha deportiva puede ser tan ingenua como la lectura tendenciosa de los medios de difusión que colorean las noticias según la ideología de su infancia. La escucha poética nos permite que la interpretación sea productiva sobre el deportista y con ello se abre la posibilidad de los nuevos efectos en la realidad grupal del equipo.

El goce del triunfo sólo se encuentra en los hablantes, nunca lo encontraremos en los animales o en los objetos. Sólo habla un ser deseante porque el habla es anterior al goce deportivo. Y no sólo hablando se ganan los partidos, porque el lenguaje es el aparato del goce, pero el lenguaje no goza, el goce está en los sujetos hablantes.

JORNADA 30 (10 de mayo de 2015)

FEPE GETAFE III "A" — — — — — — — — — — — — — — — 0
C. D. GRUPO CERO — — — — — — — — — — — — — — 3

El método grupal no mide la inteligencia del jugador, produce el singular talento futbolístico en el equipo. El C.D. Grupo Cero nos ofreció una sinfonía de juego, frente a un rival que se juega, como nosotros, el ascenso de categoría.

Si el próximo domingo ganamos, matemáticamente seremos equipo de primera regional; si ganamos dos de los cuatro últimos partidos de la competición, habremos ganado nuestra primera Liga.

Agradecemos los cánticos de alegría de la numerosa afición que nos acompañó en una mañana calurosa. Más de trescientas personas presenciaron el partido que se fue inclinando a favor del líder según llegaban los goles.

La óptima preparación física y mental de los jugadores es un efecto más del trabajo que realizan los técnicos durante la semana.

Estamos por concluir la tercera temporada del proyecto deportivo que lleva adelante el C. D. Grupo Cero. Habrá que evaluar y sabemos que se trata de recomenzar, de comenzar de nuevo y no tanto de llegar a lado alguno, sino ser nuevos cada vez.

El deportista habita en el lenguaje, no en la realidad deportiva del encuentro. Se habita en la realidad psíquica del lenguaje, y ahí, saber hacer con la incertidumbre de la competición, de los entrenamientos, de las suplencias, de las sorpresas, saber hacer es imprescindible para ser un ganador.

Y el saber hacer es inconsciente. Los equipos que no saben ganar, que no saben competir, padecen las dolencias deportivas de no saber habitar el lenguaje. El fútbol presenta un orden tan matemático como psicoanalítico, tan conjetural como exacto y la incógnita del resultado final es tan inexistente como el símbolo o el padre.

Lleva años aprehender cuales son las necesidades de un grupo deportivo y cuando hay problemas en el equipo de fútbol con las necesidades, en realidad hay problemas con el deseo. Y así como no se puede hacer del ejemplo un concepto, tampoco se puede de los animales hacer un abecedario. Pero si se puede estudiar un método grupal, cuando los efectos en la realidad deportiva muestran resultados como los del equipo. Somos de los 144 equipos de la segunda regional madrileña el que más puntos (78) ha conseguido en las 30 jornadas con 25 victorias, 3 empates y 2 derrotas.

Felicitamos a todos los aficionados del equipo. Estamos produciendo una jugada en la historia del fútbol modesto, reproducible a escala profesional.

Aúpa la poesía y Viva el fútbol!!!

JORNADA 31 (17 de mayo de 2015)
C. D. GRUPO CERO — — — — — — — — — — — — — 5
C. F. EUROLEGA — — — — — — — — — — — — — — 1
Cuando la escritura acontece sobre una escritura anterior y la transforma, se puede afirmar que hubo proyecto deportivo, tiempo grupal y método psicoanalítico. Hay poesía: SOMOS DE PRIMERA.

Y una vez conquistado el trabajo que produjo el proyecto grupal, corresponde ahora la materialización social: LA LIGA, lo que será nuestro primer trofeo ganado en campeonato oficial si quedamos primeros del grupo 6 en la segunda regional madrileña.

Quedan tres jornadas para conseguir una victoria y queremos que sea la próxima. Y en la jornada 34 (la última) reflejaremos todos los guarismos de la clasificación, que ya les adelanto llaman la atención de no pocos clubs.

Es algo subversivo pensar la producción de deportistas, técnicos, directivos y aficionados desde el método grupal: poesía y psicoanálisis. Subversivo para toda lectura ingenua de la realidad deportiva, subversivo para el pensamiento de los poderosos que ubican la razón y la conciencia en el centro de la competición.

Sabemos que lo inconsciente no es representable por el tiempo cronológico. No es el pasado de los jugadores del club lo que determina el presente. Es desde el tiempo lógico, del método grupal, donde se produce la construcción de una nueva realidad deportiva por la interpretación de una historia de deseos. Y el domingo la alegría inundó el terreno de juego y saltó en las gradas y se desbordó en el vestuario.

Nos dice el Dr. Miguel Oscar Menassa: "Esta vez, jugar será vivir, La muerte y los escollos marinos serán el pasado. La vieja infancia. La familia".

El juego que realiza el equipo se hace social cuando los propios rivales, las diferentes aficiones e incluso el estamento arbitral nos felicitan por la estética del resultado final en cada partido. Jugar y dejar crecer acompañan cada gesto deportivo y eso colabora en la generación de técnica y talento entre los jugadores, lo que nos hace competir cada vez como si fuera verdad.

Discernir el sueño de la realidad, discernir la necesidad de la realidad y la fantasía individualista de la realidad grupal, son herramientas de gran precisión en los entrenamientos. Si se juega como se entrena, entonces, cuando se juega bien es porque está correctamente concebido el método grupal del juego.

La experiencia de satisfacción en la aceptación de los errores deportivos y la experiencia de dolor como señal hostil en la competición, son hitos en la materialización del proyecto deportivo. Primero habitamos el lenguaje y luego hablamos, primero habitamos el lenguaje deportivo y luego jugamos hablando.

Felicitamos a cada integrante del club. "Los demonios gritan fuera, los ángeles cantan gol" y Porom pom pom, al Grupo Cero le gusta el gol!!!!

JORNADA 32 (24 de mayo de 2015)
C. D. PARQUE VERDE ———————————————1
C. D. GRUPO CERO ————————————— 3

En fútbol como en política los votos son goles y puntos suspensivos. Un equipo puede ser el máximo realizador de su categoría y no ganar la Liga. Ya lo había escrito nuestro Presidente Honorífico don Miguel Oscar Menassa: "Ganar la partida no asegura aprobar el examen".

El proyecto grupal del Club Deportivo Grupo Cero en tres años de existencia ha conseguido dos ascensos de categoría, un record de goles y un campeonato.

¡¡GRACIAS JUGADORES!! al conseguir por primera vez, para el club, el campeonato de Liga como torneo oficial.

Durante el partido la grada cantaba el Porom pom pom y al finalizar el encuentro el cava empapó el alma de jugadores, cuerpo técnico, directiva y aficionados celestes coreando todos: ¡¡¡CAMPEONES, CAMPEONES, OÉ, OÉ OÉ...!!!

Ayer domingo 24 de mayo, cumplimos con nuestro deber en las elecciones. Uno de nuestros jugadores ocupaba su cargo en una mesa electoral y el resto del equipo conseguía los tres puntos que nos proclama, a falta de dos partidos, como campeones de Liga.

La alegría nos acompañó en el vestuario, donde todos se mojaron y estrenamos la camiseta azul conmemorativa del campeonato 2014- 2015.

¡¡GRACIAS AFICIÓN!! por saber esperar la llegada de los triunfos, verso a verso, partido a partido y acompañarnos más allá de temperaturas, horarios y distancias.

Teoría y práctica no son separables en el deporte. El que enseña algo aprende y el que aprende algo muestra en el proceso interminable de la enseñanza deportiva. En la enseñanza, transformarse es aprender. Sabemos que en los entrenamientos los objetos técnicos no generan saber deportivo alguno, pero nos ofrecen sus propiedades.

La diferencia entre marcar goles y conseguir puntos se lo debemos a las ciencias. Sabemos que las ciencias no generan saber, por ejemplo, el progreso matemático no es el progreso en la potencia del pensamiento humano. Por eso que solo habremos dado un paso adelante en nuestro proyecto grupal si formulamos adecuadamente los símbolos de nuestra acción deportiva.

Ahora toca festejar y disputar los dos encuentros que nos quedan con el mayor rigor deportivo posible.

Nos felicitamos por los resultados y nos recordamos que el hecho de que todo salga bien, no genera realidad deportiva. Sigamos trabajando como si fuera verdad.

¡¡¡¡SOIS CAMPEONES!!!!
Gracias de nuevo y felicidades para todos.

JORNADA 33 (31 de mayo de 2015)
C. D. GRUPO CERO ——————————————— 0
RAYO LA CIERVA- CIUDAD GETAFE —————— 3

Después de ganar el campeonato el último domingo y recibir propuestas para la nueva temporada perdimos, como se pierden los partidos cuando lo competitivo no sale al terreno de juego, con rotundidad y sin paliativos.

Nos dice Miguel Oscar Menassa: "un paso adelante implica caídos".

Debemos aprender a perder, empecemos por uno mismo. Un Directivo debe apropiarse de lo ya heredado.

Antes de caminar se aprende a caer. Primero nos nacen y luego nacemos, después se descubre que todo es anterior y más grande. Nacemos perdiendo y somos deudores de una muerte segura a la naturaleza. Después de recibir como humanos, todo o casi todo a cambio de nada, y ya crecidos, debemos partir por el mundo, pagando lo que usamos, haciéndonos grandes tanto como la sombra que cobije nuestros pasos.

El partido perdido no puede ser referencia deportiva. Cuando los directivos nos quedamos colgados de los laureles, cualquier equipo te puede ganar. De ahí, que sea más meritorio aún el campeonato conseguido. Los rivales nos hicieron el pasillo con deportividad y después jugaron para ganar. Nada que objetar.

Después de ser grandes podemos adquirir fortaleza y un Líder debe reconocer que la grandeza de un dirigente no se puede producir sin la maestría de otros, donde él se construyó como discípulo. Un líder puede no alcanzar maestría, sin embargo en todo Maestro hay una escucha que lidera, un no hacer que es acción y no habrá posibilidad de estilo sin escritura. Líder puede ser una idea, un grupo, un hombre mortal...

Después de "ser grandes" en diferentes batallas imaginarias donde lo victorioso consiste en salir ileso y tras adquirir alguna formación académica, el trabajo será la plataforma definitiva desde la cual poder empezar a vivir, separados del primer amor, las primeras caricias y el inolvidable "engaño" de no ser el único, ni los primeros, ni lo más grande. Recién ahí, aprendemos las decepciones del caer, del perder partidos, donde lo importante no es la caída sino el "cómo" te levantas después de caer; una hombría diferente en cada puesta de sol habrá de construirse.

Hombría deportiva como la capacidad de amar y trabajar para más allá de lo que cada uno precisa en el orden de las necesidades básicas. Ahí será importante diferenciar necesidad, demanda y deseo, porque lo humano se mueve por dinero y por afectos. Todo Líder hace para algo y/o para alguien, el resto también.

Gracias a la afición, un domingo más.

Queda un último partido entre dos equipos que han ascendido. Será una fiesta de despedida a un año magistral.

EVALUACIÓN FINAL
JORNADA 34 (7 de junio de 2015)

C. D. SITIO DE ARANJUEZ ———————————— 2
C. D. GRUPO CERO --------------------- 2

Llegamos al final del campeonato con un total de 85 puntos y de los 144 clubes que conforman (en ocho grupos) la segunda regional madrileña, somos el equipo que más ha puntuado. Es una cifra que nos otorga el campeonato y ascenso a primera.

En los 34 partidos disputados esta temporada hemos ganado 27, empatado 4 y perdido 3 encuentros; marcando un total de 101 goles y recibiendo tan sólo 24, con lo que también podemos decir que conseguimos nuestro Zamora particular.

En tres años de existencia del Club Deportivo Grupo Cero, hemos alcanzado: dos ascensos de categoría, un record de goles (138 goles en 34 partidos), un Zamora con (24 goles recibidos en 34 encuentros) y un campeonato en segunda regional.

Estamos muy contentos y un poco aturdidos por los efectos del proyecto grupal sobre el individualismo que anida en cada uno. El método grupal que nos trabaja en el club, ha permitido los resultados que canta nuestro himno:

"Compruébalo tú mismo
no te dejes convencer
el Grupo Cero en el fútbol y en la creación entera,
bien claro y en español,
los demonios gritan fuera
los ángeles cantan gol....".

En la próxima temporada (2015-2016) debutaremos en la Primera Regional Madrileña. Sabemos que después viene la Regional Preferente y la Tercera división y el fútbol profesional de la Segunda B y la Categoría de Plata y la División de Honor. Sabemos que las ambiciones desmedidas son delirios de mezquindad.

También sabemos que verso a verso y partido a partido hemos llegado hasta aquí gracias al método grupal que nos produce, es decir: Poesía y Psicoanálisis. Escucha poética y Construcción deportiva por el método de la Interpretación psicoanalítica.

Grupo Cero es un significante, una manera grupal de pensar y hacer; un movimiento científico y cultural que también produce jugadores, técnicos, directivos y aficionados.

Gracias afición. El doce es un dorsal que juega todos los partidos.

Gracias al cuerpo médico, personal de administración y junta directiva. Esa red de significantes que hace posible la competición.

En nombre del club, queremos dedicar el Campeonato a todos nuestros socios y aficionados. Sabemos qué "sí somos más podemos ser mejores" y como escribe nuestro Presidente Honorífico, don Miguel Oscar Menassa: "La templanza es fundamental para el trabajo del psicoanalista y el trabajo del poeta. Tanto en psicoanálisis como en poesía cuando se aprende a esperar, simultáneamente, se aprende a volar". Gracias Maestro por la templanza, fundamental también en el fútbol, donde tantos ganaron y nunca más pudieron levantarse para seguir compitiendo.

Para concluir y continuar esta aventura, como Director Deportivo del Club, quiero dar las gracias a todos los jugadores:

Gracias Achraf, rapidez y talento en acción.

Gracias Carly precisión y táctica de acero.

Gracias Chele, mesura sobre el terreno.

Gracias Clemen dedicación y ariete rompedor.

Gracias Elpi, portavoz y genio del equipo.

Gracias Héctor, lo mejor está por venir.

Gracias Hichi, valentía y pundonor jugando.

Gracias Joao, la izquierda del campeonato.

Gracias Karin, por tu pundonor y estilo.

Gracias Jony por tu compañía y alegría.

Gracias Luky, por los balones recuperados.

Gracias Kike, la sorpresa del campeonato.

Gracias Oscar, nuestro Zamora singular.

Gracias Pola, la potencia del saber en acción

Gracias Alex, timón y ancla del equipo.

Gracias Gonzalo, saber esperar te hace grande.

Gracias Raúl, acorazado y epicentro de operaciones.

Gracias Romo, buen señor del piso y paso.

Gracias Ruly, por permanecer entre los mejores.

Gracias Sergio, el estudiante del regate.

Gracias Chip, fortaleza y guardaespaldas del equipo.

Gracias Víctor, capitán, Oh capitán!!!

Gracias Arias, mesura y tolerancia del equipo.

Y Gracias a toda la directiva y el cuerpo técnico:

Gracias Roberto, mister y poeta campeón.

Gracias Domingo, por tu trabajo y dedicación.
Gracias Martínez, presidente en acción entre campeones.

Felicidades y gracias a todos por todo.

EPÍLOGO

Cumplir el mandato social de escribir y publicar lo investigado, produce un plus goce al entregar el libro en la editorial.

Es un tiempo de exposición en el que se anudan FÚTBOL Y PSICOANÁLISIS - La personalidad del deporte-, con los dos títulos anteriores de la serie: POETAS DEL FÚTBOL (2009) y CLUB DEPORTIVO GRUPO CERO –Nacimiento, record y ascenso– (2014).

Tal vez estudiar medicina, trabajar de psicoanalista, escribir poesía, practicar deporte, jugar y amar el fútbol, hayan sido ingredientes imprescindibles para analizar la Ley del Deporte y los Fundamentos Teóricos en la Dirección Deportiva, como se puede leer en el primer capítulo del libro, en donde se muestran los obstáculos en la redacción de la nueva ley del deporte, la importancia del fútbol base, el fútbol como paradigma grupal o la organización de un departamento de fútbol.

Un segundo y tercer capítulo que postulan el Grupo como el alma de un equipo de fútbol y el Equipo como el cuerpo del club y el Club cómo lo social de toda Institución Deportiva. Así como la presencia imprescindible del Líder y sus funciones en todo deporte grupal.

El cuarto punto a resaltar en el libro es el Psicoanálisis y la Medicina Deportiva, donde se privilegian los Mecanismos

Psíquicos que intervienen en la práctica deportiva por incidir directamente a la hora de llevar lo entrenado sobre el terreno de juego. Un ejemplo de ello son las lesiones musculares que, a veces, interrumpen sin explicación la rentabilidad del jugador y cómo otras lesiones presentan recuperaciones "milagrosas".

El capítulo seis es uno de los epicentros del libro, al transformarse el fútbol en deporte rey desde que la mujer lo comenzó a practicar, señalando la importancia en los proyectos deportivos que representa la función de la mujer deportista en el fenómeno cultural que es el fútbol.

El penúltimo capítulo trabaja la personalidad del deportista y la influencia de los afectos en los resultados tanto a nivel del plantel de jugadores, como en el cuerpo técnico y junta directiva. Trabajando que los pequeños detalles que te hacen ganar o perder son pequeños detalles anímicos.

El libro se cierra con un trabajo realizado durante tres años con el fútbol aficionado, mostrando los efectos en el rendimiento de jugadores, entrenadores, afición, directivos y prensa deportiva al trabajar con un método grupal cuyos instrumentos son la poesía y el psicoanálisis.

*Esta obra se terminó de realizar
en Pinares Impresores, S.L.
en Marzo de 2016.*

EDITORIAL GRUPO CERO
C/ Princesa, 13, 1º Izq. - 28015 Madrid, España - Teléfono 917 581 940
www.editorialgrupocero.com